부부 교과서

사랑이 증오로 바뀔 때

부부 교과서

초판 | 1쇄 발행 2012년 3월 10일
지은이 | 김해영
펴낸이 | 황성연
펴낸곳 | 글샘 출판사
마케팅 | 강호문·함승훈
관리부 | 이은성·이숙희·한승복
북디자인 | 권기용
교정교열 | 석윤숙, 송경주, 채린
주소 | 서울특별시 중랑구 상봉동 136-1 성신빌딩 3층
등록번호 | 제8-0856호
ISBN | 978-89-913-5840-9

총판 | 하늘물류센타 **전화** | 031-947-7777 **팩스** | 031-947-9753

Recipes for
a perfect marriage

사랑이 증오로 바뀔 때

부부 교과서

김해영 지음

글샘

추천사

우리나라는 무역규모가 1조 달러나 되는 경제 대국으로 성장했다. 그러나 생활만족도, 즉 행복지수는 세계 178개국 가운데 102위를 기록하고 있다. 빈부격차로 인한 상대적 빈곤감을 비롯해 여러 가지 이유가 있겠지만, 행복의 가장 중요한 조건이라 할 수 있는 친밀한 인간관계, 즉 결혼생활에서 실패하는 이들이 너무 많기 때문이라고 생각한다. 우리의 행복지수가 낮은 것은 높은 자살률과 이혼율이 여실히 반증하고 있다.

행복은 인생 전반에 대해서 느끼는 주관적 자기만족이다. 행복이란 기쁨, 만족, 웰빙을 누리면서 자신의 삶이 좋고 의미가 있으며 가치 있다고 생각하는 상태이다(Sonja Lyubomirsky).

무엇이 우리의 행복을 좌우하는가? 행복의 조건에는 어떤 것이 있는가? 무엇이 있으면 행복할까?

세상에는 행복에 이르는 두 가지 접근방식이 있다. 하나는 "행복으로의 길은 부(재산)나 명성(인기와 권력), 육체적 매력과 같은 외재적인 목표의 추구(물질적 부: material wealth)에 있다고 생각하는 접근방식"이며, 다른 하나는 "행복이란 친밀한 인간관계, 자기 자신의 인간적 성장(배우는 즐거움), 작은 일상을 긍정적으로 인식하는 태도, 공동체에 대한 공헌과 봉사(정신적 부: psychological wealth) 등을 통해 경험하게 된다고 생각하는 접근방식"이다. 질 높은 삶과 안녕감을 누리는 것이 정신적 부다. 정신적 부에서 가장 중요한 것은 부부관계를 포함하는 인간관계의 질이다.

사회적 동물인 인간의 행복은 나와 가족, 나와 친구, 나와 직장 같은 관계, 즉 "사이"(between)에서 나온다(Jonathan Haidt). 그 가운데서도 가장 중요한 관계는 무촌관계, 즉 남편과 아내의 관계, 결혼이다.

《사랑이 증오로 바뀔 때: 부부교과서》는 우리의 행복한 삶을 위해 무엇보다 중요한 부부관계를 주제로 다루고 있다. 저자의 말대로, 독자를 행복한 결혼으로 안내하는 "내비게이션"과 같은 책이다. 저자 김해영 교수는 한국과 캐나다에서 신학과 상담학을 공부한 신진 학자로서 결혼을 앞두고 있는 이들과 결혼한 부부들을 위해 실제적인 결혼생활 안내서를 저술하였다.

결혼이란 무엇인가? 사람들이 결혼에 대해 갖고 있는 잘못된 신화에는 어떤 것이 있는가? 이상적인 결혼생활의 유형에는 어떤 것이 있는가? 아름다운 꿈을 가지고 시작되는 결혼이 어려워지는 이유는 무엇인가? 부부갈등은 왜 생기는가? 부부관계의 역동에는 어떤 것이 있으며 부부의 습관은 어떻게 형성되는가? 원가정에서의 경험을 이해하는 것이 왜 중요한가? 역기능적 부부관계를 어떻게 순기능적인 관계로 변화시킬 수 있는가? 부부는 어떻게 서로 사랑하는 법을 새로 배울 수 있는가?

저자 김해영 교수는 방대한 독서량과 상담경험을 배경으로 이러한 질문에 답하고 있다. 재미있는 사례를 들어가며 우리나라 가정문화에 맞는 부부 교과서를 썼다. John Bowlby와 Winnicott의 애착이론, 가족체계이론, 인지 행동적 상담이론 등 튼튼한 이론을 바탕으로 결혼의 역동을 이해하는 틀을 제공할 뿐 아니라 구체적으로 어떤 과정을 거쳐 내담자 부부를 친밀하고 행복한 부부관계로 이끌 수 있는가를 친절하게 안내하고 있다.

신혼부부는 물론 결혼의 위기를 겪고 있는 부부들, 가족상담사, 사회복지사, 그리고 신학생과 목회자들에게 일독을 권한다. 위기에 처한 부부들에게 읽어보라고 권할 수 있는 좋은 책이다.

정동섭 교수

가족관계연구소장, 한동대학교 외래교수

서문

한국에 돌아와서 여러 가지 변한 것이 많아서 적잖이 놀랐었다. 그 중의 하나가 길 안내를 해 주는 내비게이션이 너무 정확하다는 것이었다. 외국에서도 내비게이션을 쓰기는 했지만 내 개인적인 생각으로는 그 성능이나 기능에서 한국에 있는 것과는 비교할 수가 없다. 가고자 하는 목적지를 입력하기만 하면 어떤 길을 어떻게 가야 하는지를 정확하게 알려준다. 길을 잘못 들면 바로 다른 길을 알려주고 심지어 과속을 막기 위해 설치된 과속방지턱까지 정확히 알려준다. 나처럼 길눈이 어두운 사람에게 이 물건이 얼마나 큰 믿음을 주는지 모른다. 처음 가는 먼 거리라고 해도 이젠 별로 걱정하지 않는다. 이런 편리한 기기들이 나오기 전 옛날 사람들은 먼 길을 떠날 때에 여행지도를 가지고 다녔다. 그 지도는 오늘날 내비게이션처럼 목적지까지 여행자가 가장 신뢰하는 안내자 역할을 하게 된다. 그 지도가 여행자들을 원하는 목적지까지 안내해 줄 것이기 때문이다. 그런데 만약 이 여행지도에 목적지만 나와 있고 구체적으로 가는 방향이 나와 있지 않다면 어떻게 될까?

사람이 사람을 사랑하게 된다는 것은 이 여행지도를 가지고 가는 먼 여행과도 같다. 이런 여행은 결코 쉽지 않다. 어떤 면에서는 굉장히 위험하다. 왜냐하면, 여행지도는 가지고 있지만, 그 지도가 내비게이션과는 달리 우리가 생각하는 방향과 목적지로 인도해 줄지 장담할 수 없기 때문이다. 사람을 만나 누군가를 사랑하게 되고 결혼하게 되는 것은 마치 목적지만 나와 있는 지도를 가지고 가는 것과 같다. 그 지도는 어떻게 그 목적지를 가야하고 어떤 일이 있을 수 있는지 어떤 길이 빠르고 편한지 나와 있지 않은 이상한 지도이다.

결혼은 이런 여행지도를 가지고 먼 길을 함께 가야 하는 여행과 같은 것이다. 그리고 결혼을 통해 갖게 된 지도는 사실은 서로가 같이 목적지를 향해 가는 길을 그려가야 하는 지도이다. 어떻게 사랑하고 살아가느냐에 따라 누구는 굉장히 험하고 멀리 돌아가야 하는 지도를 그릴 수 있다. 그 지도에는 전혀 예상치 못한 풍랑을 만날 수 있고, 며칠 밤과 낮을 바람 한 점 없이 둥둥 떠 갈 수 있다. 어쩌면 목적지에 도착하지 못하고, 바다 위에서 죽게 될 거라는 불안감에 떠는 여행이 될 수 있다.

이 책은 이런 여행을 위해 쓰였다. 이 책을 통해 결혼생활이라는 긴 여행을 출발한 사람들이 도움을 받을 수 있었으면 한다. 결혼을 생각하거나 결혼을 하지 않은 사람들도 이 책을 통해 도움을 얻을 수 있을 것이다. 나에 대한 이해를 통해 내가 왜 그렇게 생각하고 행동하는지, 왜 다른 사람에게 그렇게 반응하는지를 이해함으로써 배우자와의 관계뿐 아니라 타인과의 사회관계에서도 도움을 얻을 수 있기 때문이다.

이 책은 1부에서 성경에서 말하고 있는 결혼의 의미를 시작으로 총 5부로 구성되어 있다. 이 책의 특징과 장점이라고 한다면 문제 원인에 대한 진단과 분석에만 그치지 않고 구체적인 해결 방법을 제시했다는 데 있다. 또한, 전문가의 도움이 없이 책을 읽는 독자들이 스스로 문제에 대해 진단을 하고 그 해결책을 시도해 볼 수 있도록 구성되어 졌다. 그래서 마지막 5부는 실제 어려움을 겪고 있는 부부사례의 예를 제시하고 해결 방법을 기록했다. 책을 처음부터 차분히 읽고 나머지 해결방법을 제시하는 5부를 적용해 보면 최상의 효과를 기대할 수 있지만, 정말 급하다면 마지막부터 읽어보고 실제로 적용해 볼 수도 있다. 이 책을 통해 대인 관계에 어려움을 겪는 사람들과 부부관계 때문에 힘들어하는 사람들이 많은 도움을 받을 수 있게 되기를 기대해 본다.

이 책이 나오기까지 너무나 많은 도움의 손길이 있었다. 상담학 공부에 대한 용기를 주신 연세대의 정석환 교수님, 목자의 마음으로 상담하는 것을 보여주신 PCE 프로그램의 Larry Beech 교수님, 상담자의 헌신이 어떠해야 하는지를 알려주신 토론토의 박경주 사모님. 토론토 상담심리연구소의 신은정 소장님과 여러 스탭들, 함께 배우며 공부했던 동기들 그리고 KOSTA 상담팀에게 감사한다. 또한 공부하는데 기도와 재정적 지원을 아끼지 않은 부모님과 가족들, 오랜 공부로 힘들고 좌절할 때마다 버틸 힘을 준 사랑하는 아내와 아들에게 감사한다. 무엇보다 이 책이 나오기까지 어려운 출판 현실 속에서 하나님 나라의 가정사역을 위해 헌신한다는 마음으로 수고해 주신 글샘출판사 황성연 대표님에게 감사한다.

저자 김해영

차례
C·O·N·T·E·N·T·S

1

P A R T

결혼의 의미

들어가는 말

어느 주일날 목사님 설교 때 들었던 예화 중에 하나이다. 설교 제목이 사랑에 관한 것이었다. 예화로 사용된 내용은 전혀 다른 분위기를 가진 목사님 옆에 살고 있는 두집에 관한 것이었다. 목사님 사택은 한국식으로 말하면, 연립주택형 '타운하우스' 였다. 이 타운하우스는 여러 채의 집을 가로로 이어서 지어 놓은 것으로 지어진 지 오래된 집이면 옆집에서 나는 소음이 그대로 들리게 되어 있다. 재미있는 사실은 목사님 가정이 전혀 다른 분위기를 가진 두 가정에 샌드위치 식으로 끼여 사는 상황이 됐다는 것이다. 집들이 방음이 잘 되지를 않아서 옆집에서 하는 소리를 그대로 목사님 댁에서 들을 수가 있었다. 한 집은 하루가 멀다 하고 서로 싸우는 집이라 그 싸우는 소리 때문에 목사님은 굉장히 조마조마하면서 하루를 시작하신다고 했다. 그 집에는 갓난 아이부터 시작해서 열살이 막 넘은 아이들이 있었는데 엄마가 아이들이 조금만 자기 마음에 들지 않으면 버럭 화를 내고 소리를 지르면서 혼내기 때문에 아이들이 전부 겁에 질려서 부들부들 떤다는 것이다. 가끔 보면서 인사를 하기도 하는데, 매번 싸울 때마다 격렬하게 싸워서 목사님은 경찰을 불러야 하는지 말아야 하는지 항상 갈등하신다고 했다.

그런데 그 집과는 정반대로, 그 목사님의 또다른 옆집은 그 전 집과 가족 수도 비슷한데, 전혀 다른 분위기라고 했다. 한번도 집 안에서 큰소리가 나지 않았다고 했다. 그 집에는 막내딸이 있는데 온 집안 식구들이 어찌나 그 막내딸을 사랑하는지 이제 막 유치원에 가게 된 그 막내딸에 대해서 온 가족의 관심이 쏠려 있는 상태라고 했다. 목사님은 그 집 아버지인 남편의 칭찬도 잊지 않았다. 목사님 말씀에 의하면 그 남편은 정말 성실한 사람이었다. 자기 집 바깥을 항상 깨끗하게 청소하고, 목사님 댁을 위해 목사님 댁과 마주하는 조그만 화단을 잘 정리해서 예쁜 꽃들을 심는다고 했다. 순전히 목사님을 위한 배려였다고 한다. 그래서 가끔 지나칠 때마다 이 집 식구들을 만나서 대화화는 것이 목사님에게는 참 기분 좋은 일이라는 말씀을 하셨다.

왜 똑같이 결혼한 가정이 이렇게 다를까? 한 집은 매일 싸우는 게 일상이라 그러한 부모를 무서워하며 아이들이 벌벌 떨고, 다른 집은 평온하고 행복하게 살아갈까? 참 희한한 일이다. 요즘 한국에서 떠도는 말이 '골드미스' 라는 말이라고 한다. 그들은 결혼을 하지 않고 혼자 사는 미혼여성을 가르킨다. 결혼을 하지 않았기 때문에 남편은 없지만, 아이는 가지려는 특징이 있다고 한다. 그러한 삶을 선택하는 사람들은 결혼해서 사는 사람들을 보니, 도대체 결혼해서 살아야 할 이유를 모르겠다고 말을 한다. 골드 미스들이 말하는 내용을 간략하게 정리하면 이렇다. 잠깐 좋아서 지내는 허니문 시간은 너무 짧다. 그리고 그 시간이 지나면, 내가 과연 이 사람을 사랑해서 결혼했는지 모를 정도로 냉랭한 결혼생활이 이어진다. 그 후 자기 인생은 다 버리고 오히려 남편 뒷바라지, 아이 뒷바라지, 거기에 시댁 식구까지 신경 쓰면서 자기 인생을 다 버리고 사느니, 차라리 혼자 살겠다. 그렇지만 아이를 키우는 모습은 부럽다. 그래서 그 '웬수' 같은 남편 시댁 식구들 말고 차라리 아이만 어떻게 입양을 하든지, 아니면 인공수정을 해서 키우겠다는 것이다. 들어보면 시대가 많이 변하기는 했다는 생각도 들면서 또 한편으로는 그렇게 말하는 사람들이 이해가 되기도 한다.

어떻게 하면 지금까지 살아온 날보다 앞으로 살 날이 더 많은 남편과 아내가 서로 행복하게 살 수 있을까? 모르긴 해도 남녀가 살기 싫은데 결혼한 사람은 거의 없을 것이다. 서로 사랑하기 때문에 결혼한다. 물론 드라마에서 보는 그러한 애틋한 감정을 모두가 경험하는 것은 아닐 것이다. 하지만 적어도 부부관계의 문제 때문에 결혼상담을 받아야 할 정도로 자신들의 결혼생활이 어려워 질 거라는 생각을 가지고 결혼 한 사람들은 없을 것이다. 그런데 시간이 점점 지나고 나서 부부관계에 어려움을 겪게 되면, 우리는 같이 사는 사람이 "정말 내가 사랑해서 결혼 한 사람이 맞나?" 하고 의심하게 된다.

최근에 젊은 사람들의 결혼 시기가 늦춰지고 있다. 그리고 혼자 사는 것을 선호하는 흐름으로 움직이고 있는 것 같다. 애써서 결혼해 봐야 얻을 것보다는 잃게 될 것이 더 많아 보이는 결혼 생활을 하느니 차라리 혼자 사는 것이 편하다고 느끼는 것 같다. 이런 상황까지 오게 된 데에는 여러 가지 이유들이 있을 것이다. 부부는 서로 다른 환경에서, 다른 생각으로, 몇 십 년을 살았던 사람들이 만나서 살아 가야 하는 관계이다. 따라서 갈등이 없을 수 없다. 아마도 젊은 부부가 함께 살면서 갈등을 겪는 사례를 주변에서 많이 봤을 수 있다. 그것은 그들이 결혼보다는 혼자 사는 것을 심각하게 생각하는 한 이유일 것이다. 이 책은 갈등이 없을 수는 없지만 갈등을 줄이며 행복한 결혼과 가정을 이루려고 서로 꿈꾸며 노력하는 사람들을 위해 쓴 책이다.

그래서 가능한 많은 사람들이 쉽게 읽고 이해할 수 있도록 쓰려고 노력했다. 이 책을 통해서 부부 관계에 어려움을 겪는 사람들이 자신들이 겪고 있는 문제의 원인이 어디에서 비롯되는 것인지 그 원인을 이해할 수 있었으면 한다. 이 책의 마지막에서는 그 원인을 알고 어떻게 해결책을 찾을 수 있을까에 대한 구체적이고 실제적인 적용 방법에 대해서 간략하게 기술해 놓았다. 해결책에서 제시하고 있는 몇 가지 주의 사항들을 기억하고, 해결방법들을 직접 적용해 본다면 분명히 좋은 결과를 얻을 수 있을 것이다.

결혼, 하나님의 뜻

세상에서 우리 상식으로는 언뜻 이해할 수 없는 일들이 참 많이 있다. 여기서 일일이 그러한 일들을 다 나열할 수는 없지만, 그 중에 상식적으로는 잘 설명할 수 없는 것이 사람들이 만나고 헤어지는 것이 아닌가 싶다. 흔히들 "사람이 제일 무서워", "사람한테 질려서 다시는 사람하고 가까이 하고 싶지 않아" 라고 하면서 우리는 여전히 누군가를 만나고 헤어진다. 그러면서도 참 의아한 것은 결국 우리는 결혼을 한다는 것이다. 물론 부모님들이 너무 행복하게 잘 사셔서 그러한 부모님의 모습을 보고 자란 아이들이 결혼을 하겠다고 마음 먹는 것은 당연할 것이다. 매번 싸우시는 부모님을 보고 자란 아이들은 부모님처럼 살기 싫고, 부모님 같은 결혼생활을 할까 봐 두려워한다. 그래서 차라리 결혼하지 말고 사는게 낫다고 생각한다. 왜냐하면 결혼해서 그렇게 힘들게 사느니 차라리 혼자 사는게 낫다고 생각하기 때문이다. 그러나 흥미로운 것은 이렇게 생각했던 사람들도 결국은 '결혼' 을 한다.

사람들이 할 수 없는 것 중에 많은 것들이 있겠지만, 그 중에 한 가지를 고르라고 한다면 혼자 사는 게 아닌가 싶다. 물론 혼자서 사는 것을 더 편하게 느끼거나 편하다고 말하는 사람들도 있다. 그렇지만 이것은 우리가 어떻게 만들어지고 어떠한 본성을 가지고 있는지를 잘 모르는 경우일 것이다. 사람은 무슨 이유에서든지 절대 혼자 살 수 없다. 왜냐하면 그렇게 지어졌기 때문이다. 혼자 살 수 없다는 말은 무엇인가 자신이 혼자가 되는 것을 피하게 해 줄 대상이 필요하다는 말일 수 있다. 우리는 그 대상을 꼭 사람으로만 한정 지을 필요는 없다. 사람으로 채워져야만 하는 자리를 사람마다 다양한 방법으로 다양한 다른 것으로 채워갈 수 있기 때문이다. 이 말은 만약 혼자라서 느끼게 되는 감정을 막아줄 사람이 옆에 있다면 참 다행스러운 일지만, 그렇지 않은 경우에 우리는 그러한 대상을 대신할 무엇인가를 찾거나 구하게 되어 있다는 말이다. 어떤 사람은 흔히 일 중독이 돼서 일만 하는 사람이 있다. 이러한 사람들에게 일은 자기가 외롭다는 감정을 느끼지 않게 해 주는 중요한 도구가 될 수 있다. 또 요즘같이 직접 사람을 만나지 않더라도 다양한 방법으로 외로움을 달랠 수 있다. 예를 들면 인터넷 같은 것으로 가상공간을 통해 사람을 직접 대면하면서 겪어야 하는 번거로움이나 위험을 없애고, 편한 방법으로 외로움을 달랠 수도 있을 것이다.

어떠한 경우에는 '꿈' 이라는 말로 자신의 외로움을 달래기도 한다. 그러니까 위와 같은 경우는 흔히 '미래에 대한 계획' 같은 것이라는 말로 바꿀 수도 있겠다. 자기의 꿈을 가지고 그 꿈을 이룰 때까지 "외로워도 조금만 참자" 라고 스스로를 달래며 참아낸다. 미래에 대한 희망을 가지고 지금은 힘들지만, 누군가를 만나고 싶지만, 지금 혼자인 것 같아 외롭지만, "조금만 참고 노력하면 꿈을 이룰 수 있으니까 참자."라고 자기 본래의 본성을 달랜다.

그렇지만, 우리는 사실 외롭다. 많이 외롭다. 일을 아무리 열심히 해도 하루 하루 꿈만을 키우며 이를 악물어도, 순간 순간 멍해지며 달려드는 무엇인가 알 수 없는 감정이 있다. 그것은 외로움이다. 그 외로움은 사람으로서만 해결 될 수 있는 감정이다. 일을 아무리 열심히 하고, 인터넷을 뒤지고, 모든 사람이 대단하게 생각하는 큰 꿈을 가지고 있어도 절대 해결되지 않는 감정, 그 외로움은 사람을 만나야만 해결되는 것이다. 왜냐하면, 우리는 그렇게 만들어졌기 때문이다.

성경에 보면, 하나님이 세상을 창조하신 이야기가 나온다. 우리 인류의 시작이 되는 한 남자, 아담의 이야기가 기록되어 있다. 그런데 사실 아담은 혼자가 아니었다. 창조 이야기 중에서 가장 나중에 지어졌다고 하는 아담이 나오기 전까지 이미 그곳에는 많은 것들이 있었다. 우리 인간이 살기에 적당하게 물, 풀, 바람, 땅 그리고 각종 과일들, 그리고 짐승들도 있었다. 하나님께서 아담이 태어나서 잘 살 수 있도록 모든 것들이 부족하기 않게 아주 잘 준비해 두신 것이다.

그런데 창조 이야기 중에 재미있는 것은 하나님이 아담을 만들고 나서 아담이 어떻게 느끼고 있는지를 아셨다는 것이다. 하나님이 아담을 보시고 "남자가 홀로 독처하는 것이 좋지 못하니"라고 표현되어 있는 이 말은 아담에게 현재 필요한 것이 무엇인지 아셨는데, 그것은 바로 외로움이었다. 그러나 오해하지 말아야 한다. "먹을 것도 많고, 살기 편하고 할 일도 없으니까 그런 쓸데없는 생각이 드는 거야"라는 생각이 드는 사람은 성경을 다시 잘 읽어야 한다. 아담은 놀지 않았다. 하나님께서는 아담에게 숙제를 주신다. 그 숙제는 하나님이 지으신 모든 동물들에게 이름을 붙이는 작업이었다.

그래서 그 동물들을 아담에게 끌어 오셔서 아담이 어떻게 일하는지 보셨는데, 아담은 놀지 않았다. 오늘날 우리처럼 정규 교육도 받지 못한 아담이 어떻게 그 많은 동물들 이름을 생각하고 지었는지 모르지만, 분명 그러한 경험이 없는 아담에게 이 일은 쉬운 일은 아니었을 것이다. 쉽게 말해 도전이 되는 바쁜 일을 아담은 하고 있었다는 말이다.

또한 꿈도 있었을 것이다. 그것이 꿈인지, 막연한 생각인지 아담은 정확히 느낄 수 없었겠지만, 하나님께서 자기에게 시키신 일을 잘 해내서 칭찬 받고 싶은 생각을 했을지도 모른다. 더 나아가 아담에게 와서 이름을 얻어가는 동물들을 보면서 막연히 책임감도 느꼈을 것이다. 그래서 아담이 살고 있는 그 동산을 멋있게 가꾸고, 동물들을 잘 돌보아 주려는 멋진 꿈도 있었을 것이다. 하지만 이것들보다 더 중요한 사실은, 아담은 하나님과 좋은 관계를 맺고 있었다는 것이다. 아담이 마치 친구처럼 얼마나 하나님과 관계가 좋았는지, 주님과 함께 동산을 거닐며 이야기를 나누었다고 성경에 기록되어 있다. 많은 그리스도인이 그렇게 주님과 함께 함을 갈망하지만, 쉽지 않은 관계이다. 다른 종교인들이 자기들이 믿는 절대자를 향해 그러한 관계를 가지려고 힘써 노력하는 것을 보았다면, 그는 하나님과의 관계가 얼마나 값진 것인지 알았을 것이다. 그랬다면 그렇게 쉽게 선악과를 따 먹지도 않았을 것이다.

흥미로운 것은 하나님이 그런 아담을 보고, 하나님이 주신 일을 통해서 바쁘게 살던 아담, 일을 통해서 무엇인가 꿈이 있었던 아담, 심지어 하나님과 너무 사이가 좋아서 같이 친구처럼 지내던 아담을 보고서 어떻게 느끼셨는지가 중요하다. 하나님은 아담을 보시고 "아, 저 녀석 외롭구나!" 라고 느끼셨다는 사실이다. 그래서 이렇게 말씀하신다. "여호와 하나님이 가라사대 사람의 독처하는 것이 좋지 못하니 내가 그를 위하여 돕는 배필을 지으리라." 이 이야기가 의미하는 것은 무엇인가. 우리가 아무리 본성을 무시하고, 일에 중독된 것처럼 일을 하고, 모든 사람이 대단하게 보는 원대한 꿈을 이야기해도, 사람과의 관계에 실망하고 배신감을 느껴 사람과 관계를 부인하고 오직 절대자 그분만이 답이라고 외쳐도, 심지어 아무리 많은 종교적 열심을 내어 각자 신에게 매달려도 "우리는 외로울 수 있다." 는 사실이다.

지금 이 말은 하나님께서 주시는 특별한 감격, 위로, 은혜의 경험을 축소시키는 것이 아니다. 우리는 분명히 아무것이 없어도 하나님만 있으면 살 수 있다. 그분 안에서 누리는 평화, 감동, 은혜의 경험은 절대 어떤 것으로부터 얻을 수도 없고 누가 그것을 우리에게 대신해서 줄 수도 없다. 그런 것들을 줄 수 있다고 말하는 사람들이나 어떤 것들은 분명히 우리를 현혹하는 것이다. 우리는 하나님께 올 수 있는 것을 '누군가' 나 '무엇' 에서 대신 얻을 수 있다고 믿는 사람들이 당하는 황당한 결과들을 너무나 잘 알고 있다. 그러나 문제는 세상에 살고 있는 우리는 사람과 떨어져서 완전히 고립된 사람처럼, 마치 에덴 동산에 아담처럼 살 수 있는 그런 사람이 많지 않다는 것이다. 나도 그렇게 하기 쉽지 않고, 이 책을 읽는 사람들도 그게 쉽지 않을 거라고 생각한다. 왜냐하면 우리는 그렇게 지어졌기 때문이다.

그러면 그 외로움을 하나님께서는 어떻게 풀어주셨는가? 하나님의 반응은 어떠하셨는가? 사람을 데려다 주셨다. 하와, 아담의 아내, 우리

어머니, 우리 여성의 조상인 하와를 데려다 주셨다. 하나님께서는 인간이 느끼는 외로움을 일과 꿈과 종교적 열심을 통한 신과의 관계를 통해서도 해결할 수 없다고 느끼셨다. 그렇기 때문에 '외로움을 느끼는' 인간에게 동일하게 '외로움을 느끼는' 존재를 한 명 더 창조해 주신 것이다. 이것은 성경을 통해서 하나님께서 우리에게 주시는 아주 중요한 교훈이다.

02
chapter

창세기에 나타난 결혼의 의미

1. 완전한 한 사람

창세기를 보자. 하나님께서 처음 아담에게 하와를 데리고 왔을 때, 아담의 반응을 보면 우리는 '부부 관계'가 어떠해야 하는지 알 수 있다. 성경에 보면 하와를 처음 보고서 아담의 반응은, "이는 내 뼈 중의 뼈요 살 중의 살이라. 이것을 남자에게서 취하였은즉 여자라 칭하리라"라고 말한다. 아담은 하와의 이름을 지으면서 본능적으로, 하와는 그가 지금까지 이름을 지어주던 다른 동물들과는 다르며 매우 특별하다는 것을 알아차렸다. 그것은 하나님께서 아담에게서 무엇인가를 빼내어 하와를 만들었다는 것이다. 그래서 아담은 하와를 향해 "이는 내 뼈 중의 뼈요, 살 중의 살이라"고 말한다. 다른 모든 살아 있는 것들이 자신과는 상관없는 다른 어떤 것에서 만들어 진 것에 반해 자신의 아내, 부인인 하와는 바로 자신에게 취해져 만들어진 자신의 일부인 것을 알아차린 것이다. 아담은 그래서 하와를 보고 "이는 내 뼈 중의 뼈요"라고 말하는데, 이 "내 뼈 중의 뼈요" 라는 이 말의 원어상의 의미는 "나의 자아중에 하나(self of selfs)" 라는 말이다. 말의 의미는 "나의 아내 하와는 내 몸의 일부" 라는 말이고, 내가 가진 여러 자아 중의 한 부분이라는 말과 같은 의미이다. 이 말을 다시 바꿔 말하면, 아담이 완전한 사람이 되기 위해서는 하와가 절대적으로 필요하다는 뜻이다. 또한 하와가 완전한 사람이 되기 위해서는 아담이 절대적으로 필요하다는 말도 된다. 이 말은 부부는 둘이 연합할 때만 진정한 사람의 구실을 할 수 있다는 말이다. 이것이 하나님이 말씀하신 "이러므로 남자가 부모를 떠나 그 아내와 연합하여 둘이 한몸을 이룰지로다" 라는 말의 의미가 될 수 있다. 바로 이것이 인간성숙에 이르는 길이 될 수 있다. 그래서 심리학자 융은(C. G. Jung) 그의 책에서 성숙을 위한 완전한 개인성의 성취는 서로 다른 성에 대한 인식과 그 성이 자신의 일부임을 인식하는 것으로 시작한다고 지적하고 있는지 모른다.[1]

결국 결혼의 진짜 의미는 불완전한 두 사람이 만나서 완전한 의미의 진정한 사람이 되기 위해 필요한 과정이라고 할 수 있다. 그래서 결혼은 둘이 연합해서 한 사람이 되는 관계이기 때문에, 자신의 또 다른 자아를 만나는 순간이기 때문에 발가벗었어도 서로가 서로에 대해서 전혀 부끄럽지 않게 되는 것이다. 이것이 결혼의 진정한 의미이다.

또한 결혼에서 완전한 한 사람이 된다는 것은 단순히 육체적인 결합만을 의미하는 것은 아니다. 결혼이라고 하는 것은 심리적, 정서적 연합의 의미도 있는 것이다. 다른 말로 하면 서로는 서로의 영적인, 정서적인 필요를 채워주는 중요한 동역자인 것이다. 만약 한 사람이 그 관계에서 빠지거나 없어지거나 아니면 제 역할을 하지 못하면, 아담이 자기 살 중의 살, 뼈 중의 뼈를 잃는 것처럼 우리는 우리의 살 중의 살이요, 뼈 중의 뼈를 하나 잃게 된다는 것이다. 이것은 여러 가지 부부갈등으로 힘들어 하는 부부들의 모습을 보면 어떠한 의미인지 금방 알 수 있다.

부부가 갈등이 있다는 것은 서로가 완전한 사람이 되기 위해 얼마나 필요한 존재인지를 부정하는 것이다. 다시 말해서, 부부가 갈등을 가지면 모든 일이 힘들고 어려워지는 이유는 바로 둘이 함께 있어야만 완전한 사람으로 세상에서 살아 간다는 사실을 알지 못하고 나의 일부분을 잃어버린 채 살아가기 때문이다.

우리 인체가 무엇인가 부족하면 신호를 보내서 채우려고 하는 것처럼, 불안한 부부 관계에서 자신의 일부를 잃어버리고 사는 사람들은 그 일부를 대체하기 위한 다른 무엇인가를 찾아 나서게 되는 것이다. 남자들은 주로 일에 빠져서 일 중독이 되거나, 운동이나, 도박, 심지어 부인이 아닌 다른 여성을 만나는 경우도 있을 수 있다. 반면 부인도 다른 남성을 만나거나 다른 사회적 활동을 열심히 해서 자신의 잃어버린 일부 때문에 오는 공허감을 채우려 하거나, 아니면 자녀들에게 모든 것을 헌신하는 부모가 될 수 있다. 그런데 이러한 모든 현상들이 사실은 자신의 일부를 잃어버리고 그 일부를 대신할 거짓의 것을 찾아서 '헛된 열심'을 내는 것이지 근본적인 해결책이 절대 될 수 없다. 그러면 그럴수록 부부 사이는 더욱 피폐해지는 것이다.

허천회는 "리더 리더(Reader Leader)"라는 책에서 우리 현대 기독인들이 겪는 어려움 중에 하나인 너무 많이 먹어서 걸리는 병에 대해서 말하고 있다. 그런데 그 의미가 오늘을 사는 부부들에게도 잘 적용이 되는 내용들이다. 예를 들면, 옛날에 먹을 것이 없어서 고생하던 시대의 사람들은 잘 먹지 못해서 힘들어 했는데, 요즘은 먹을 것이 너무 많아서 고민이라는 것이다. 즉 현대 사람들은 먹지 않으려고 기를 쓰는데, 정작 먹어야할 것은 먹지 않고 먹지 말아야 될 것을 먹는 게 문제라는 것이다. 그 책에서 말하기를 우리는 영적인 존재이기 때문에 하나님의 말씀을 먹어야하는데, 하나님의 말씀을 먹지 않고, 우리 영혼을 파괴시키는 마약 같은 것을 먹는다고 한다. 사실 마약을 먹고 우리 몸과 영혼을 파괴시키는 행동은 말씀을 먹지 않아서 생기는 우리 영적인 부분의 공백을 채우려는 잘못된 시도라는 것이다.[2]

부부관계는 바로 이러한 것이다. 완전하지 못한 두 개체가 결혼이라는 이름으로 모여 완전한 한 사람을 이루어 가는 것이 진짜 하나님이 우리를 같이 살게 하신 의미가 되는 것이다. 하지만 문제가 있는 부부들은 아내가, 남편이 사실 자신의 일부요 그 일부가 있어야 완전한 사람이 될 수 있다는 창조질서를 무시하는 것이다. 문제가 있는 부부들은 마치 신앙인들이 말씀을 읽지 않으면 영적인 기갈을 느끼는 것처럼 잃어버린 나머지 한쪽 때문에 생기는 공백을 채우기 위해서 다른 것을 찾아 헤매게 되는 것이다. 그러나 속지 말아야 한다. 세상이 아무리 좋은 것을 주는 것 같고, 그것 없이는 충분히 즐거울 수 없을 것 같지만, 그러한 공백과 허전함은 결코 다른 것으로 대신 해결 될 수 없다.

2. 나누어진 몸

흥미로운 것은 하나님께서 부부로 우리를 만드실 때 우리는 한 몸이 아니라 서로 다른 두 개의 독립된 개체였다고 하는 사실이다. 앞에서 결혼의 의미를 두 사람이 서로 하나가 되어서 완전한 사람이 되는 것이라는 말을 했는데, 그것은 육체적 결합 뿐 아니라 영적, 정서적 결합을 의미하는 것이다. 또한 결혼의 또 다른 의미 중에 하나는 같이 하나가 되는 연합의 성격이 있지만 부부가 각자 독립된 개체로 살아가는 개별적인 성격도 있다는 것이다. 같이 살면서 연합을 실천해야 하는 부부지만 또 한편으로는 부부는 서로 각자만의 생각과 공간이 필요한 독립된 개체라고 하는 말이다.

이 말의 의미를 잘 생각해야 한다. 만약 육적, 영적, 정서적 연합을 포함한 모든 것의 하나됨을 의미하셨다고 하면 하나님께서는 결코 남자와 여자를 따로 분리해서 만드시지 않으셨을 것이다. 독립된 서로 다른 몸을 가진 다른 생각과 사고를 가진 여자와 남자로 만들지 않고 아예 처음부터 한 몸을 가지고 똑같이 생각하고 반응하면서 사는 한 사람의 인간을 처음부터 만드셨을 것이다. 그러나 그렇게 하지 않으시고 여자와 남자를 만드시고 서로 다른 몸을 가지고 서로 다른 생각으로 살면서 완전한 한 몸을 이루어 가면서 살도록 하셨다는데 그것이 결혼이다. 이것은 굉장히 큰 의미가 있다.

이것을 좀 어려운 말로 하면 신학자인 폴 틸리히(Paul Tillich)가 설명하는 "전인적 중심성(Total Centeredness)" 이라는 개념으로 설명할 수 있다. 이 말은 세상에 살아가는 한 개인적 인간의 상황을 설명하는 것이다. 우리는 세상에 살지만, 우리의 세계가 있다는 뜻이다.[3] 다시 말해서 우리는 우리가 살아가는 환경에 영향을 받지만 그것만을 가지고 설명할 수 없는 다른 무엇인가 우리만의 세계가 있다고 하는 말이다. 이것은 성경에서 나타나는 많은 역설 가운데 하나로 부부관계를 이해하는 또 다른 하나의 접근법 이라고 할 수 있다.

　앞서 이야기 한 것을 좀 더 쉽게 해 보자. 부부는 하나 된 몸으로 같이 살지만 그것이 여자와 남자의 특성을 완전히 무시한 '완전한 하나됨' 을 의미하는 것은 아니다. 환경이라고 하는 큰 틀에서 살지만 우리는 자신만의 세계가 있다. 여자인 부인이 남편인 남자와 산다. 그렇지만 독특한 여자인 부인은 부인으로서, 독특한 남자인 남편은 남편으로서 '자기 개인성' 이라고 하는 것이 있다.

　어려운 문제로 힘들어 하는 부부관계를 보면 이 '자기 개인성' 이라고 하는 것이 분명하지 않은 경우가 있다. 사람들은 행복한 부부는 이 개인성 보다는 '우리' 라는 개념이 더 중요하다고 잘못 생각하고 있다. 그래서 부부는 서로 생각하고 바라보고 기대하는 것이 같아야 한다고 말한다. 하지만 이것이 의미하는 것은 부인과 남편이 자신들의 독특한 '자기 개인성' 을 포기하고, 서로 완전한 '우리' 만으로 살아가야 한다는 것을 의미하는 것은 아니다. 하나님께서 사람을 만드실 때 한 몸이었던 것을 나누어서 다른 두 개체를 만들었다는 사실을 분명히 기억해야 한다. 우리는 완전한 하나가 되기 위해서 끊임없이 누군가를 그리워하지만 그러나 서로 다른 생각과 행동을 하도록 분리됐다고 하는 사실이다.

결혼하는 이유

창조이야기를 통해서 하나님은 분명히 우리에게 사람은 외로울 수 있다는 것을 알려 주셨다. 그리고 그 외로움은 사람을 통해서만이 풀 수 있는 외로움이었다. 사람이 사람을 만나는 것은 성경적이다. 특히 사람이 만나서 결혼을 하고 가정을 꾸리는 것은 성경적인 진리이다. 다시 말하면 하나님께서는 우리의 본성을 깊이 배려해서, 누군가를 만나서 '결혼'이라는 관계로 우리의 외로움을 채워나가게 하신 것이다. 만나서 결혼하고, 그러한 관계로 우리는 외로움을 이겨 나간다.

그런데 현대를 살아가는 사람들에게 결혼은 꼭 외로워서만 하는 것은 아닌 것 같다. 외로워서 결혼 하는 것이 이유가 될 수 있겠지만, 누군가를 만나서 결혼을 하는 데는 다양한 이유가 있을 수 있다. 그 중에 사람을 만나서 결혼하는데 그 이유를 우선 크게 몇 가지를 이야기 해 보자.

1. 생리적(Biological)인 이유가 그 배경이다

남자는 자신의 자손을 잘 낳고 키워줄 수 있는 상대를 고른다는 것이다. 아이를 낳아서 기를 수 있는 적절한 신체적 능력이 있는 건강한 상대 배우자를 고른다는 의미이다. 반면, 여자는 자신과 자기 자손들이 걱정하지 않고 살아갈 수 있도록 돌봐줄 힘이 있는 남자를 찾게 된다. 사냥을 나가서 자기와 자식들이 충분히 먹고도 남을 것들을 잡아올 수 있는 능력 있는 남자가 배우자를 고르고 결혼을 하게 되는 조건인 것이다. 그렇게 하는 이유는 자손을 낳아서 대를 이어가야 하는 '생존' 에 그 목적이 있다고 하는 견해이다. 이것들의 현대적 의미는 남성은 '능력' 이고 여성은 '미모' 라는 말로 해야 할 것 같다.

좀 단순하게 말해서 이 책을 읽고 있는 분들에게 거부감을 줄 수 있겠지만, 남자는 여성들을 걱정하지 않게 '넉넉하게 살 수 있는 사냥 능력' 이 있는 사람들이 여성들의 첫 번째 결혼 대상이 된다는 말이고, 반면 여성들은 그러한 능력 있는 남성들이 자신을 고를 수 있도록 다른 여성과 경쟁할 수 있는 조건으로 '훌륭한 미모' 를 발달시키게 되었다는 말이다. 최근에, 북미에 한 결혼정보회사에서 기발한 아이디어를 내놓았는데, 그 회사에 회원으로 가입할 수 있는 남자의 조건은 백만장자여야 한다는 것이다. 따라서 상당한 양의 돈을 가지고 있지 않으면 그 회사에 멤버십을 가질 수 없다는 조건이다. 그러나 여성은 조건이 간단하다. 여성은 그냥 '예쁘면' 되는 것이다.

2. 교환이론(Exchange theory)이다

이것은 배우자를 고를 때, 그 배우자가 서로 교환할 수 있는 가치 있는 것들이 무엇인가에 따라 배우자를 고른다는 것이다. 곧 '상보성

(相補性)'이다. 쉽게 말해서 키가 작은 남자는 다음 자손을 생각해서 키 큰 여자를 고른다든지, 예술이나 음악과 같은 쪽에 별로 소질이 없는 여자가 그러한 방면에 뛰어난 사람에게 매력을 느껴서 결혼 하게 된다는 말이다. 요즘 같이 남자 혼자 직업을 가지고 가족을 부양할 수 없는 때에 가장 귀한 교환조건은 상대편 배우자가 나와 같이 가족을 부양할 수 있는 경제적 능력을 갖추고 있느냐가 가장 중요한 교환조건이 될 것이다.

3. 페르조나(Persona) 이론이다

여기서 페르조나는 고대 그리스의 연극에서 배우들이 쓰던 가면을 의미하는 것으로 사회적으로 보여지는 나의 외부 이미지를 두고 하는 말이다. 즉, 진실된 나의 모습이 아니고 외부적으로 보여지는 다른 사람이 보는 나를 의미하는 말이다. 이 페르조나의 특징은 진실한 나의 모습보다는 외부적으로 보여지는 나의 모습을 더 크게 생각한다고 하는 것이다.[4] 이 이론에 따르면, 배우자의 선택 기준은 '나의 자존감(Self-esteem)'이다. 즉, 결혼을 통해서 나의 자존감이 올라가느냐 하는 것이다. 요즘 말로 흔히 말하면 같이 다녀도, 친구들한테 창피하지 않고 떳떳하게 자랑할 수 있는 사람이냐고 하는 것이다.[5]

4. 사랑하기 때문에 결혼한다

이 외에도 결혼을 하는데 다양한 이유가 있을 것이다. 하지만 앞서 열거한 내용들만 보면, 그리고 그것이 결혼의 이유라고 생각하면, 너무

삭막하다. 마치 진실한 무엇인가를 빼놓고 외형적인 것만을 보고 사람을 만나고 헤어지는 것 같은 너무 세속적인 느낌이 든다. 여기에 무엇인가 중요한 것이 한 가지 빠져 있다. 그것이 무엇일까?

그것은 서로에 대한 '사랑' 이라고 하는 감정이다. 감정, 정서, 느낌으로 표현되는 무엇인가 정확히 말로 표현할 수 없지만, 그 사람 그 남자, 그 여자를 보면서 느끼는 '사랑' 으로 표현되는 묘한 감정이다.

우리는 사랑하기 때문에 결혼한다. 무슨 한참 지나버린 옛날이야기 하는 것 같지만, 시대를 막론하고 결혼을 하는데 있어서 사랑이라고 하는 정서는 어쩌면 가장 중요한 조건일 수 있다. 물론 정도의 차이가 있고, 사랑을 표현하는 방법의 차이가 가지각색으로 다르겠지만, 사람들은 사랑하기 때문에 결혼한다. 그리고 사랑해야만 결혼할 수 있다고 믿고 있다.

그러나 '사랑' 이라고 말하는 감정만큼 믿기 어려운 것도 드물다. 요즘 드라마나 영화를 보면 모양이나 방법은 조금씩 변하기는 했지만 여전히 잘 팔리고 계속해서 반복되는 내용이 사랑에 관련된 것들이다. 남자친구가 부잣집 막내아들인데 가정 형편이 상대가 되지 않는 여자와 운명적 만남을 통해 결국 결혼에 성공한다는 신데렐라형 이야기부터, 한 여자의 행복을 위해 기꺼이 자기의 목숨도 아끼지 않는 중세 스타일의 로망까지, 내용이나 형태는 좀 다르지만 결국 사랑에 관한 이야기다.

그런데 좀 아쉽다. 그러한 드라마나 영화들은 마지막에 주인공들이 서로 사랑하는 사람하고 힘들게 노력을 해서 결혼에 성공한다. 그렇지만 마지막 장면이 거기까지다. 극적으로 모든 어려움을 극복하고 결혼에 성공해서 "잘 살 것" 이라는 느낌만을 주고서 모든 드라마나 영화는 바로 거기서 끝이 난다. 그러나 나는 정말 그 뒤가 궁금하다. 아마도 12부작 드라마가 사랑에 성공해서 끝나는 이야기라면, 앞으로 남아 있는 이야기는 '그 사랑을 어떻게 지켜 내느냐' 하는 이야기가 더 많을 수 있다. 그런데 그 뒤가 없다.

　사랑의 느낌이나 그 감정이라고 하는 것들은 우리가 이해하기 쉽지 않고 또 설명하기도 힘든 이상한 부분들이 있다. 특이하게도 사랑이라고 하는 것은 그 경험의 순간이 급박하거나, 이루어질 가능성이 많지 않거나, 아니면 사랑하는 것이 힘이 들면 들수록 더욱더 강렬하고 강한 법이다. 비단 이것은 사랑의 경험만이라고는 할 수 없지만, 정말 특이한 것은 반대가 심하면 심할수록 더 갖고 싶어지는 사람의 심리처럼 사랑이라고 하는 감정도 여기서는 예외가 아니다. 아무나 가질 수 있고 아무나 갈 수 있는 곳은 그것이 아무리 좋은 것이어도 가치가 있어 보이지 않는다. 사랑도 얻기 힘들면 힘들수록 그것에 대한 감정은 더 커지고, 힘든 대가를 치러야만 얻는 사랑이 더 값어치 있어 보인다.

　믿는 가정에 남자아이를 가진 부모가 있었다. 남자아이가 고등학교를 들어가더니 교회에서 한 여자 아이를 만나게 됐다. 부모는 아들이 교회에서 여자 아이를 만난다고 하니까 불현듯 불안한 마음이 들었다. 그 교회에는 평판이 별로 좋지 않은 여자 아이가 하나 있었다. 이 평판이 좋지 않은 여자 아이는 소위 말하는 이 남자애 저 남자애 하고 관계가 있는 좀 '헤픈' 아이였다. 부모는 갑자기 이 여자 아이가 생각이 났다. 혹시 그 아이만은 아니었으면 했는데, 아니나 다를까 나중에 알고 보니 아들이 만나는 여자 아이가 바로 그 아이였다.

　여러분이라면 이 상황에서 어떻게 하겠는가? 내 아들을 그 여자아이와 더는 만나게 하고 싶지 않다면, 대체 어떠한 방법을 써야 할까? 대개 흥분한 부모들은 아들을 불러, 왜 지금 상황에서 그 여자를 만나는 것이 좋지 않은지 설득을 한다. 또는 아이의 동정심을 유발하는 방법을 쓰든지, 헤어지면 무엇인가 근사한 대가를 줄 수 있다는 식의 말을 하든지, 아니면 따끔한 충고를 가장한 협박을 한다. 그렇게 별별 방법을 동원할 것이다. 그런데 그러면 그럴수록 부모들은 자신들이 원하는 방향과 정반대의 놀라운 결과를 맞이하게 된다. 왜냐하면, 헤어지게 하려고 하면 할수록 그 아이들은 절대로 헤어지지 않을 것이기 때문이다. 부모의 반대가 심하면 심할수록 아이들은 자기들의 사랑이 더 깊어지는 것을 경험한다. 그리고 서로에 대한 감정만 더 애틋해질 것이다. 그러면 부모는 아마도 그 이후부터는 아들에게서 어떠한 말도 듣지 못할 것이다.

　북미에서 인기 있는 방송 중에 예비 신랑과 신부를 만나게 해주는 것이 있다. 그 방송은 결혼적령기에 있는 한 명의 예비 신부가 수많은 예비 신랑들을 한 곳에 모아놓고 같이 지내면서 그 예비신부가 마지막으로 한 사람을 고르게 하는 것이다. 그 예비 신부가 다양한 직업, 교육배경, 그리고 외모를 가진 각각의 예비 신랑을 방송 진행 안에서 정해진 장소와 스케줄에 따라 다른 환경에서 만나며, 서로 알아가는 과정을 방송 속에서 보여준다. 그리고 그 프로그램은 신부를 두고 그 예비 신랑들 사이에서 벌어지는 경쟁 관계 등을 보여준다. 아주 흥미롭고 재미있는 프로그램이다. 그 중에 특히 재미있게 봤던 한 커플이 지금도 생각이 난다. 그 예비 신부가 수많은 사람들을 제쳐두고 최종적으로 두 사람을 남겨놓고 고르는 장면이었다. 최종적으로 남은 두 사람이 너무 다른 직업, 성격을 가지고 있는 사람들이었다. 이 두 사람은 성격뿐만 아니라, 외모도 뛰어나서, 어디 하나 부족한 부분이 없는 사람들이라 유명 연예인 못지않게 인기가 있었다. 그래서 연일 방송이나 신문에서 과연 그 예비 신부가 누구를 고르게 될지 화제가 됐었다. 나는 그 프로그램을 보면서 의아스러웠다. 내가 보기에 예비 신부는 신랑후보들이 그렇게 열정적으로 좋아할 정도로 보이지 않았다. 하지만 예비 신랑은 마치 그 여자가 하늘이 정해 준 사람처럼, 만약 놓치면 무슨 큰일이라도 나는 것처럼 야단법석이었다. 물론 커플이 되면, 상당한 돈을 받는 프로그램이기는 했다. 눈이 그렇게 높지 않은 내가 봐도 그 정도의 신부는 어디서나 볼 수 있는 평범한 여자였다. 이유가 많이 있겠지만 수많은 경쟁 상대들과 한 명의 여자를 두고 경쟁해야 하는 쉽지 않은 환경이 아마도 그들을 그렇게 만들어 갔을 것이다. 결국 마지막까지 간 두 사람을 두고 고민에 고민을 거듭하던 여자가 한 남자의 프러포즈를 받아들여서 그 방송이 막을 내렸다. 그런데, 나는 종종 그 후에도 그 커플들이 생각난다. 결혼은 정말 했는지, 했다면 잘 살고 있는지, 살고 있다면 어떤 모습으로 살아가고 있는지 정말 궁금하다.

그러면 우리의 경우를 생각해 보자. 지금 살고 있는 남편과 부인을 처음 만났을 때 느꼈던 감정들, 사랑 같은데 꼬집어 무엇이라고 말할 수 없던 느낌들이 지금도 있을까. 지금도 그때의 감정이 있다면 굉장한 노력을 하는 사람이든지 아니면 병원에 가봐야 한다. 에버트 워싱톤(Everett L. Worthington)은 자기가 쓴 책에서 지금의 배우자를 만날 때 사랑이라는 감정의 일정한 느낌들은 결혼 후 약 6개월 후면 사라진다고 말하고 있다. 그러니까 약 6개월이 지나면 결혼하기 전에 가졌던 감정들, 그리고 결혼 초기에 들었던 그러한 감정들이 점점 약해져서 다시는 들지 않는

다고 한다.[6]

참 맥 빠지게 하는 내용이기는 한데, 사람을 사랑한다는 감정은 뇌에서 나오는 특별한 호르몬의 작용이라고 한다. 그러니까 내가 저 사람을 보고 사랑한다는 감정이 생기는 것은 나의 의지나 노력이 아니고 뇌의 특정한 부위에서 분비되는 호르몬이 그러한 감정을 들게 해서 행동하게 되는 것이다. 불행한 것은 이 호르몬이 시간이 지나면 점점 줄어들다가 나중에는 전혀 나오지 않는다고 한다. 슬픈 이야기지만, 내가 배우자를 보고 사랑하는 감정이 생기게 한 호르몬이 결혼 초기에는 있었는데, 지금은 전혀 나오지 않는다는 이야기다. 그리고 더 충격적인 것은 그 호르몬이 지속해서 나오는 기간이 2년을 넘지 않았다는 것이다.

그래서 실제로 사람과 습관이 비슷한 오랑우탄을 가지고 실험을 했다. 한 쌍의 수컷과 암컷 오랑우탄을 우리에 집어넣어 놓고 살게 했다고 한다. 처음에는 이 수컷 오랑우탄이 암컷 오랑우탄에 애정과 흥미를 가지고 잘 대해 주었다고 한다. 그런데 시간이 좀 지나자 수컷 오랑우탄이 처음과 다르게 점점 암컷을 대하는 태도가 냉랭해지고 관심을 보이지 않게 되었다. 이때 다른 암컷을 우리에 집어넣어 주자, 수컷 오랑우탄이 처음 암컷에게 했던 것처럼 새로 들어온 암컷에게 관심을 보이고 잘 대해주며 새로운 암컷의 관심을 끌기 위해서 노력했다고 한다. 이런 예가 좀 정확한지 모르겠다. 우리가 처음 남편, 부인을 만났을 때 가졌던 그러한 감정, 느낌, 기분들을 평생 간직하고 살 수 있을 거라고 믿는 사람들은 많지 않을 것이다. 그럼에도 많은 사람들이 그렇게 알고 믿고 있는 것 같다. 다른 사람들은 다 그래도 자기들만은 예외라고 생각하는 사람들이 많다는 사실이 참 놀라울 따름이다. 만약 이 책을 읽고 있는 여러분 중에 혹시라도 그렇게 생각하고 있다면 정말 힘든 결혼 생활을 각오해야 한다.

스캇 펙(Scott Peck)이 그의 책에서 사랑에 대해서 언급하고 있는 내용이 의미가 있다. 그에 따르면 사랑은 "자기 자신이나 타인의 정신적 성장을 도와줄 목적으로 자기 자신을 확대시켜 나가려는 의지"라고 말한다. 거기서 그는 '사랑에 빠진다.'라는 표현을 하고 있는데 그가 말한 사랑의 정의와 이 사랑에 빠진다는 것은 확연한 차이가 있다. 그가 말하는 사랑에 빠진다는 것은 '일종의 정신적 퇴행'이다. 이 말이 의미하는 것은 유아기적 아이들이 부모와 연합을 통해서 가졌던 전능하다는 느낌을 배우자를 통해서 다시 한번 느끼려는 시도라는 것이다.[7]

아이들은 태어나서 세상과 자아를 구별하지 못하고 세상의 모든 것이 자기를 중심으로 해서 움직인다고 느낀다. 특별히 자기의 필요를 채워주는 부모가 자기와 떨어진 독립된 개체가 아니고, 자신의 일부라고 느끼며 자신이 전지 전능하다는 환상의 세계에 살게 되는 것이다. 그러다가 시간이 지나고 성장하면서 조금씩 자신과 엄마는 별개이고 자신은 이 세상에서 독립적 개체라는 것을 깨닫는다. 그리고 자신의 의지대로 세상이 움직이는 것이 아니고, 때에 따라서는 자신의 것을 포기해야 한다는 것을 깨닫게 된다. 이때 아이들이 느끼는 감정은 '고독'이라고 하는 것이다.

바로 이때 아이들은 두려운 세상에 나가서 어려움을 당하게 되는 것보다 자신 안에 머무르려 하고 혼자 있는 것을 택하게 될 수 있다. 사랑에 빠진다고 하는 것은 이러한 고독에 대한 두려움을 없애고 어릴 적 포기해야 했던 전능하다는 느낌을 다시 한번 회복하게 하는 일이라는 것이다. 혼자 있을 때는 모르던 것을 사랑에 빠진 대상과 함께 있으면 일체감을 경험한다. 사랑에 빠진 사람들은 세상의 모든 것이 다 내 것 같고, 사랑하는 사람이 함께 있으면 무엇이든지 해 낼 수 있을 것 같은 자신이 생기고, 그래서 전능하다는 느낌마저도 든다. 펙이 말하기를 이런 감정은 이것이 유아적 상처를 회복하려는 퇴행의 일종이라고 말한다. 그래서 막상 결혼을 하게 되면 우리는 다시 한번 "아 이 사람과 나는 하나가 아니구나, 내가 생각하는 것과 다르게 저 사람은 생각하고 느끼는 구나"라는 사실을 바라보게 되면서 현실로 돌아오게 된다는 것이다.[8]

물론 사랑에 대한 각자의 경험이 다르고 기대도 다르기 때문에 펙이 말한 그 정의에 대해서 동감하는 사람도 있고 반감이 생길 수도 있다. 사랑에 대해서 자꾸 부정적인 이야기를 하고 있는 것 같아서 나 또한 미안한 감정이 들기도 한다. 하지만 나도 흔히 말하는 '첫 눈에 반해서' 결혼한 사람 중에 하나이다. 소개를 통해서 만나 결혼해서 살고 있다. 홍대에 있던 한 작은 레스토랑에서 아내를 처음 봤을 때, 그 순간을 나는 지금도 잊을 수가 없다. 우습게 들릴 수도 있지만, 나는 아내를 보자마자 눈이 부셔서 똑바로 아내를 쳐다볼 수가 없었다. 무슨 말을 해야 할지도 잘 모르겠고, 눈을 마주치는 게 그렇게 힘들 수 있다는 것을 그때 아주 뼈저리게 느꼈다. 너무 예쁘고 아름다워서 한 순간에 "아, 너무 좋다"라는 생각밖에 없었다. 그리고 삼일 후에 프러포즈를 했다. 그 이후 6개월 만에 결혼을 했다.

이제 결혼 10년이 조금 지났지만, 아직 큰 문제없이 살고 있다. 그런데 지금 생각해 보면 그것이 얼마나 큰 모험이 될 수 있는 일이었는지 가끔 '참 나도 무모했다'는 생각을 할 때가 있다. 서른이 넘어서 만나 한 번도 본 적이 없는 사람을 단 삼일 만에 결혼을 할 생각으로 프러포즈를 하고 결혼을 했다는 것이 자칫 잘못하면 얼마나 무모하고 용감한 일이 될 뻔 했는지 요즘 살면서 아주 절실히 느끼고 있다. 결혼을 결심하고 내 마음을 이야기 했을 때 가족들의 반응이 지금은 이해 간다. 그러나 그때는 그 6개월이라는 시간이 왜 그렇게 긴지, 사랑해서 산다는데 왜 그렇게 주변에서 걱정 섞인 소리들을 하시는지, 준비할 것이 또 그렇게 많은지 도대체 이해가 되지 않았다. 사랑한다는데, 그냥 둘이 살겠다는데, 왜들 그러시는지! 그 당시에는 그냥 같이 있으면 좋고, 설레고, 보기만 해도 좋은, 그러한 감정이었다. 지금도 가끔 아내가 내가 자기를 어떻게 생각하냐고 물어볼 때가 있다. 아직도 그때처럼 자기를 사랑하는지?

지금도 아내를 사랑하는 마음은 변함이 없다. 오히려 그때보다 더 깊어지고 넓어졌다. 나는 아내를 걱정하고 염려한다. 몸에 좋은 운동을 했으면 좋겠고, 좋은 집에서 살게 해주고 싶다. 몸에 좋은 것 먹고, 아픈 데 없이 살고, 잘 자고, 매일 기쁜 일만 있어서 나이가 먹어서 주름이 잡혀도 그 주름이 평화로운 주름이었으면 좋겠다. 그런데 만약 내가 처음 아내를 만날 때처럼 그런 설렘과 벅참, 감격, 기대의 느낌들이나 감정들을 그때와 똑같은 크기로 그대로 지금도 가지고 있다면 어떻게 됐을까? 종종 아내에게 농담처럼 하는 말인데, 아마도 심장병으로 벌써 죽지 않았을까 싶다.

결혼은 사랑하는 사람끼리 하는 것이 맞다. 사랑해야만 결혼할 수 있다. 사랑하지 않는 사람과 결혼한 사람은 없겠지만, 만일 사랑하지 않는데 어떠한 다른 이유 때문에 결혼하거나 누군가를 만나서 살고 있다면, 그것은 참 힘든 일일 것이다. 하루라도 보지 못하면 금방 무슨 일이

날 것 같은 그 사람과 결혼했다하더라도 결혼 생활은 힘들다. 하물며 사랑하지 않는 사람과 결혼해서 사는 생활은 무슨 말이 필요있을까? 그런데 한편으로 생각하면 다를 수도 있다. 너무나 사랑해서 결혼했는데 막상 살아보니 결혼 전 자신이 사랑했던 사람과는 다른 여자, 다른 남자를 발견하게 되면 엄청난 충격에 휩싸일 수 있다. 어쩌면 오히려 사랑 없이 그냥 만나 대충 사는 것도 이 충격보다는 나을 수 있을지 모르겠다. 엉뚱하게 들리겠지만, 이처럼 사랑이라는 감정만 너무 믿게 되면 이것이 현실이 될 수도 있다.

04
chapter

결혼에 대한 잘못된 신화들

여기서 다시 한번 워싱톤의 말을 인용해야겠다. 그는 그의 책에서 우리가 결혼에 대해서 가지고 있는 몇 가지 잘못된 신화를 말하고 있다. 여기서는 그가 제시하고 있는 것들 중에 좀 더 우리가 깊이 생각해 봐야 할 몇 가지에 대해서만 살펴보도록 하자.

첫째, 결혼 생활에 문제가 생기는 것은 남자와 여자가 서로 다르기 때문이다.
결혼 생활에 문제가 생기는 것은 남자와 여자가 다르기 때문에 생기는 것이 아니고, 서로 다른 것을 어떻게 다루느냐에 따라 달려 있다. "다섯 가지 사랑의 언어(Five Love Language)"를 썼던 게리 챔멘(Gary Chapmam)은 그의 또 다른 책 "결혼의 네 계절(The Four Seasons of Marriage)"에서 아주 적절한 예를 하나 주고 있는데, 거기에 나와 있는 부부의 예가 여기에 적절할 것 같다. 그 책의 예에서 보면, 흔히 말해서 새벽형의 남편과 올빼미형의 부인이 결혼을 하게 됐다. 새벽형의 이 남편은 부인과 함께 할 결혼

생활을 생각했다. 만약 부인과 결혼하게 되면 아침에 일찍 일어나서 성경 말씀을 같이 읽고 묵상을 하고서 간단히 아침을 먹고 근처를 같이 산책할 계획이 있었다. 그런데 막상 결혼을 해 보니 이 올빼미 형의 부인은 아침에 깨어나서 정신을 차리고 활동을 하기까지 너무나 많은 시간이 필요 했다. 남편이 보기에 도저히 이 부인과는 자기가 생각하는 그러한 아침을 함께 할 수 가 없는 상태였다. 더군다나 등산을 좋아했던 이 남편은 부인과 같이 등산도 하면서 부부 생활을 즐기고 싶었다. 그렇지만 부인은 소위 말하는 '도시형' 여자였다. 도시에서 자라난 이 부인은 산에는 뱀, 벌레 등 각종 '즐겁지 않은 것들이 사는 곳' 이라 굳이 그러한 곳에 가서 뱀에 물리고 위험을 감수할 생각이 전혀 없었다. ·

그런 일들을 예상하지 못했던 남편에게 결혼 생활은 자기가 가지고 있던 기대가 하나씩 깨지는 일들의 연속이었다. 이런 남편에게 물론 결혼 생활이 즐거울 리가 없었다. 자신과 다른 삶의 방식이 있던 부인을 인정할 수 없었던 이 남편에게 결혼 생활은 불행의 연속이었던 것이다. 그런데 챔멘이 주었던 해결책은 그 차이를 오히려 자기를 발전시킬 수 있는 기회로 바라보게 하는 것이었다. 오히려 아침에 일어나기 힘든 부인, 등산을 힘들어 하는 부인이 남편에게 조용히 혼자 묵상하고, 등산할 수 있는 얼마나 많은 시간을 허락해 주고 있는가 하는 사실을 보게 한 것이다. 서로 다름에 대한 차이 때문에 결혼 생활이 방해 되는 것이 아니고 그 차이를 어떻게 다루고 바라보느냐에 따라서 결혼 생활이 달라 질 수 있는 것이다.[9]

부부의 차이에 대해서 좀 더 짚고 넘어가면, 결혼한 사람 가운데 일부는 사랑하는 부부 사이라고 하면 부부는 '일심동체' 이어야 한다고 믿고 있는 경우가 있다. 여기에서 그 사람들이 말하는 부부가 일심동체라고 하는 말은 서로 사랑하고 아껴주고 위하는 마음이 너무 커서 상대에 대한 지극한 사랑스런 감정의 다른 표현이라고 생각한다. 그런데 '일심동체' 이것이 정말 가능한가? 부부 관계가 그래야 된다고 생각하는가? 그리고 그것이 과연 건강한가? 그렇게 믿고 있으면 문제가 있다. 그리고 그렇게 믿고 결혼 한 사람이라면 지금쯤 상당히 불만족스러운 결혼 생활을 하고 있을 것이라고 나는 짐작이 된다. 사람은 절대로 '일심동체'가 될 수 없다. 특별히 부부관계는 그래서는 안 된다. 만약 부부가 일심동체인 게 맞다고 하면 앞에서 언급했지만, 하나님이 남자 여자를 왜 굳이 떼어내서 만드셨겠는가? 그것도 생각도 다르게 하도록 만드셨다. 아예 처음부터 만드실 때 같이 넣어 놓고 아예 떨어질 생각을 못하게 하셨을 것이다.

어느 TV 아침 프로그램에서 종종 갓 결혼 한 연예인들이 나와서 자기들의 결혼 생활을 얘기하는 것을 본 적이 있다. 자기들이 서로 만나고 사랑하고 어떻게 결혼했으며 또한 어떤 마음으로 결혼생활을 시작했는지에 대한 대화를 듣고 서로를 향한 그 사랑스러운 손짓과 눈빛을 바라보면 상대에 대한 사랑, 신뢰 같은 것들을 느낄 수 있었다. 너무 보기가 좋은 장면들이다. 하자만 그러한 아름다운 모습을 확 깨게 하는 한 마디가 "우리는 너무 비슷해요. 마치 한 몸처럼 이 사람이 생각하는 게 제가 생각하는 거고 이 사람이 느끼는 걸 저도 그대로 느껴요."라는 말들이다. 어디 영화에서 주로 보는 듯한 멋있는 대사 같다. 하지만 만약 여러분이 이러한 단계에 있고, 그리고 결혼 생활에서 부부는 이렇게 살아야 된다고 생각한다면, 상당히 힘든 결혼 생활을 각오해야 할 것 같다.

왜냐하면 결혼 생활이 시작부터 환상을 깨는 사건들만 일어날 것이 뻔하기 때문이다.

만약 부부 관계에서 두 사람이 생각하고 느끼는 것이 정말 똑같고 일심동체의 결혼관계를 몸소 실천하고 있다고 하면, 그건 어느 한 사람의 굉장한 희생이 따르게 되어있다. 흔히 이러한 경우는 여자 쪽일 가능성이 많은데, 우리가 말하는 '순종형, 헌신형' 의 여성들이다. 그런데 정말 이것이 건전한 관계이겠는가? 서로의 차이를 인정하지 않기 위한 정신적으로 성숙하지 못한 관계이거나 착취와 희생을 강요당하는 정상적이지 않은 관계일 가능성이 많다.

학자마다 또는 심리학 이론마다 견해들이 조금씩 다를 수 있겠지만, 심리적으로 성숙한 사람은 중요한 관계에 있을수록 서로의 차이를 인정하고 '나' 의 정체성을 지켜가는 유형이다. 반대로 말하면 심리적으로 성숙하지 못한 사람은 저 사람이 나에게 중요하지만, 내가 다른 생각을 가지고 있다는 것을 이야기 하거나 드러내면 혹시 나를 버리고 아니면 나를 거부하지 않을까 하는 두려움이 있다. 그렇기 때문에 진짜 자기의 감정이나 느낌을 드러내지 못하고 살 가능성이 많다. 이러한 사람들의 특징은 이유가 없다. 혼자 있는 것 자체가 불안해서 누군가 옆에 있어야 하는데 그 누군가를 옆에 있게 하기 위해서 자기를 너무 많이 희생하는 것이다.[10] 부부관계에서도 이러한 관계가 잘못 반복되면 "저 사람과 나는 생각하는 게 똑 같아요" 라도 말하고 믿으면서 서로가 서로를 사랑하는 관계인 것처럼 행동할 수 있다.

이와 같은 상태를 자기 자신이 되지 못하고 버려질 지 모른다는 불안 때문에 누군가의 감정이나 정서에 자신의 것을 감추고 살아가는 상태를 '정서적 개인화의 실패(The failure of Emotional individualization)' 라고 표현한다. 이와 같은 사람들은 다른 사람들의 감정이나 생각에 너무 민감하게 반응하는 것이 특징이다. 다른 사람들이 기쁘거나 슬프면 나의 감정은 상관없이 그 사람의 감정과 기분에 따라서 자기의 감정이 지배당한다.[11]

부부가 같이 살기는 하지만, 부부가 다르다는 것 때문에 문제가 생길 수 있다. 그러나 건강한 부부 관계는 그 '다름'을 인정하는 데서부터 시작한다. 그리고 그 '다름'을 어떻게 다루느냐, 어떻게 바라보고 존경하느냐가 중요하다.

둘째, 아이를 낳으면 부부관계가 좋아질 수 있다.

아이를 낳으면 부부관계가 더 좋아 질 수 있다. 아마도 한 가족이라는 끈끈한 연결고리가 아이를 통해서 더 강해지기 때문이 아닌가 싶다. 아이가 부부에게 주는 기쁨은 말로 할 수 없는 무엇인가 특별한 것들이 있다. 그러나 부부관계가 원만할 경우이다. 아이가 생기고 낳는 과정, 그리고 키우는 과정은 사실 부부간의 서로에 대한 배려, 노력이 없으면 아이가 태어났다는 것이 두 부부는 물론이고 아이에게도 불행일 수 있다. 일단은 정서적으로 심리적으로 불안한 두 부부의 과거 역사는 제쳐 두고라도, 만약 지금 두 부부 사이가 좋지 않은데, 혹시 아이가 있으면 나에게 덜 관심 갖는 것 같은 남편이나 아내가 마음을 돌이킬 지도 모른다는 생각에 아이를 갖는다면, 이것은 굉장한 모험이 될 수 있다. 왜냐하면 부부관계가 특별히 새로운 관계로 바뀌는 시기가 아이를 가지고 키우게 되는 때인데 두 부부에게 아이가 생겼다는 것은 이제 연인 사이의 남녀

관계가 아니라 엄마, 아빠로서 새로운 관계로 들어간다는 의미이기 때문이다. 그런데 만약 엄마, 아빠로서 자기들의 관계를 받아들이거나 준비가 되어 있지 않으면, 아이가 태어난다는 것은 축복이 아니라 두 부부에게 전혀 다른 차원의 갈등의 시작이 될 수 있다.

자녀가 부부 사이에 있어서 부부 관계가 점점 힘들어지는 한가지 예를 들자. 가족치료에서 말하는 '삼각관계' 라는 것이 있다. 이것은 우리가 알고 있는 흔히 한 이성을 두고 다른 두 이성이 경쟁하는 관계를 말하는 것이 아니다. 이것은 부모 중 한쪽을 아웃사이더로 만들고 자녀와 더불어 그 아웃사이더 한쪽 부모를 속된 말로 "왕따" 시키는 상황을 말하는 것이다.[12] 이 삼각관계는 정상적인 가정에서도 흔히 발견될 수 있다. 문제가 되는 것은 이러한 관계가 만성적이 돼서 그 속에 있는 아이가(물론 이 아이는 그렇게 해서 일방적으로 당하는 엄마나 아빠를 돕는 거라고 생각하는 경우가 많겠지만) 두 부부 사이를 더 나빠지게 한다. 이것은 의도적인 과정을 거치기보다는 거의 무의식적으로 발달되는 경우가 많다. 좀 더 깊이 이야기 하면, 이 삼각관계 때문에 서로 간에 함께 하는 공간과 공유하는 부분들이 없게 되면, 부부는 다른 부분에서 자신의 '외로움' 을 달래려고 무엇인가를 찾게 되는 것이다. 일반적으로 남자는 외부활동을 많이 하게 된다. 흔히 '일 중독' 이라고 불리는 사람처럼 거의 늦게 퇴근한다든지, 퇴근해도 늦게까지 일을 한다든지, 되도록 외부로 돌면서 가족과(부인을 포함한 삼각관계를 형성한 아이) 부딪히는 것을 피하려 한다. 그래서 오히려 부인이나 아이들보다는 외부 친구들과 더 편하게 대화가 되고, 심하면 결혼 이외 다른 이성과 관계를 가질 수 있다.

반면에 여자들은 집에서 볼 수 없고, 매일 바깥으로 싸돌아 다니는 남편을 제쳐두고 아이와 연합하게 된다. 즉 자기에게 소홀한 남편에 대한 반작용 또는 불만으로 남편에게 쏟을 관심을 온통 아이에게 쏟아 버려서 그 아이와 깊은 '유착(Attachment)'을 형성하게 된다.[13] 좀 더 깊이 들어가게 되면, 이러한 유착관계를 형성하기 쉬운 성격유형과 환경들이 있다는 것을 자세하게 살펴봐야 할 것이다. 하지만 단순하게 삼각관계를 형성하게 되는 부부 사이의 문제를 놓고 보면, 여자는 주로 남편을 제외하고 아이들과 삼각관계를 형성하기 쉽다.

그런데 이 삼각관계가 부부관계뿐 아니라 자녀관계에게까지 치명적이 된다. 아이가 한쪽 부모와 접촉할 기회를 점점 잃어버리게 되기 때문이다. 삼각관계에 빠진 아이는 알게 모르게 엄마를 통해서 점점 한쪽 부모인 아빠를 접할 기회를 잃게 되고, 한쪽의 부모를 통해서만 세상을 접하고 볼 기회가 생긴다. 그러다가 상황이 좀 더 나쁘게 되면 급기야 엄마는 아이를 붙잡고 자기의 인생이 왜 이렇게 힘들게 됐는지(물론, 아빠 때문에) 아이를 낳으면서 얼마나 많은 것을 희생해야 됐는지 같은 푸념을 하게 된다. 중요한 시기에 자신을 돌보는 사람의 감정에 민감할 수 밖에 없는 아이는 그것이 정말 진실인 줄 알고 '최면'을 당한다. 이러한 일들이 안 생겨야겠지만, 만약 그렇게 되면 아이는 자기 존재에 대해서 부정적인 자아개념을 발달시키고, 아버지에 대해서 좋지 않은 감정을 갖게 될 것이다. 가장 일반적인 삼각관계의 영향으로 이러한 자녀와 부모가 맺어지면서 부부 관계를 해치는 부정적인 결과가 생긴다.

이 책을 읽는 분들은 그러한 경험이 없었는지 한번 기억을 더듬어 볼 필요가 있다. 혹시 아내와 둘이서 앉아 이야기 하고 있는 아이들 사이에서 왠지 끼어들어서 대화를 하기 어색할 때가 있었는가? 엄마 아빠가 싸우고 있는데 어떻게 하다 보면 엄마나 아빠를 대신해서 부모님과 싸우게 되는 경우가 있었는가? 그러한 경험들이 있었다면, 삼각관계를 의심해 봐야 한다. 그러한 관계를 형성하게 되는 아이라면(물론 그것은 전적으로 아이의 의도가 아니다) 아이의 탄생은 아이에게도 부부관계에도 불행한 일이다. 물론 삼각관계가 부부, 자녀들 사이에만 있는 것은 아니다. 여기서 삼각관계를 이야기하는 것은 하나의 예를 주려는 것이다.[14]

셋째, 기독교인은 결혼생활을 하면서 절대 싸우지 않는다.

글쎄! 결혼한 사람이나 경험이 있는 사람들은 무슨 말을 하려고 하는지 이해하리라고 믿는다. 아마도 많은 사람이 사랑해서 하는 결혼 생활에서 서로를 증오하고 상처 주는 싸움을 해서는 안 되는 일이라고 생각할 수 있다. 그렇게 사랑해서 결혼했는데 싸운다니, 그것도 서로 너무 미워해서 자기 감정을 억제 할 수 없을 정도까지 싸운다는 것은 도대체 이해가 안 되는 것이다.

더군다나 이러한 생각에 종교적 신념까지 곁들여 지면 문제가 좀 더 복잡해 진다.

우리 기독교에서 가르치고 믿고 있는 흔히 말하는 '하나님의 섭리'라는 말, '순종', '인내' 라는 단어들은 기독교 전통 안에서 자라난 사람들에게 얼마나 큰 위로가 되는 단어인지 모른다. 힘들고 어려운 일을 만날 때마다 우리는 예수님이 가셨던 '십자가의 길'을 생각한다. 그리고 우리도 예수님처럼 '인내' 하면서 살고 싶다고 소망한다. 우리는 어려운 삶에서 '십자가'를 통해 너무나도 큰 힘과 위로를 받는다.

그런데 우리는 이러한 귀중한 신앙 유산들이 잘못 쓰이면 우리의 진짜 감정을 억누르고 숨기게 할 수 있다는 사실을 알아야 한다. 예를 들면, 기독교인들 중에 적지 않은 수의 사람들이 '신앙이 좋은 것' 은 언제나 상황이 어떻게 돌아가든지 항상 평안함을 잃지 않고 '감사' 하고 '기뻐' 해야 된다고 생각하는 사람이 있다. 만약 상황이 나쁘게 돌아가는데 그러한 상황을 불평하고 참지 못하면서 우리의 불편한 감정을 드러내고 걱정하면, 혹시 다른 사람들이 나의 모습을 보고 나를 '신앙' 이 별로 좋지 않은 사람으로 보지 않을까 하고 염려한다.

이러한 일들은 상담을 하면서도 종종 일어난다. 목사로서 상담을 하는 것이 여러 장점이 있다. 그 중에서 목사이기 때문에 나는 상담을 하면서 신뢰를 받고, 신학적 내용들과 심리학적 내용들을 비교할 수 있는 자연스러운 기회를 얻고, 상담을 할 때 하나님에게 도움을 구할 수 있어서 자신감이 생긴다.

반면, 목사이기 때문에 상담에 방해가 되는 선입견도 있다. 그 중에 하나는 자신의 문제를 꺼내놓고 이야기하면, 상담자인 목사님이 자신을 어떻게 생각할까 하는 걱정을 하며 상담을 오신 분들이 있다. 그래도 평신도 분들은 그나마 낫다. 하지만 오랜 세월을 신앙생활하고 교회에 중직을 맡고 계신 분들일수록 본인의 개인적인 문제로 상담을 요청하는 것은 좀처럼 보기 어렵다. 또 어떤 분들한테는 목사라고 하는 것이 "이 말은 해서는 안 되겠구나" 라든가, "이 말을 하시겠구나" 라는 생각으로 오는 사람들이 많다. 그래서 처음에 상담을 시작하면(대부분의 경우 상담초기에 일어나는 일이지만) 어떤 분은 마치 성경 공부를 하러 온 것 같은 분들이 있다. 다른 이야기를 하고 싶은데, 아마도 분명히 그분들 마음에 혹시 고민을 털어 놓으면 내가 목사이기 때문에 그러한 문제로 고민하는 자기를 '신앙'이 없는 사람으로 보지 않을까 하는 두려움 때문일 것이다.

물론 어떠한 상황에서도 감사하고 기뻐할 수 있는 영적인 분들이 우리 중에 없다는 말은 아니다. 그러한 분들이 있고 만약 우리의 신앙이 그런 정도까지 도달해 있지 못하다고 하면, 우리는 그러한 분들의 위치까지 우리의 신앙을 성숙시켜야 한다고 믿는다. 그러나 그러한 분들도 있겠지만, 그렇지 않을 분들도 의외로 많다.[15]

이 문제를 심리적 관점에서 좀 더 깊이 생각해 보자. 종교인들이 신앙이라는 이름으로 가장 잘 사용하는 심리적 기제가 있다면 그것은 '부정'이나 '억압'이다. 부정은 우리가 심리적으로 도저히 감당할 수 없는 상황이나 상태가 되면, 마치 그것이 사실이 아닌 것처럼 외면하는 행동을 말한다. 예를 들면, 꿩이 다가 오는 사냥꾼이 무서워서 머리를 땅 속에 박고서는 "자기가 사냥꾼을 볼 수 없으니까" 사냥꾼도 자기를 보지 못할 것이라고 믿는 것과 같다. 다른 하나인 '억압'은 받아들이기 쉽지 않은 현실에서 드는 생각, 느낌, 감정들을 자기 것이 아닌 것처럼 우리의 무의식 속에 꾸겨놓고 눌러버리는 행동이다.[16]

이 두 가지 심리적 기제라고 하는 것은 정신분석에서 말하는 방어기제들 이다. 현실에서 방어기제의 역할은 감당해야 하는 현실의 상황이 너무 커서, 만약 있는 그대로 그 현실을 받아들이면 오게 될 결과 때문에, 자신을 그 현실로부터 지켜내기 위한 기능을 하는 것으로 보고 있다. 다시 말해서 신앙이라고 하는 것이 우리를 지켜내기 위한 방어기제의 한 기능으로써 역할을 한다는 말은, 신앙이란 이름으로 우리는 우리가 지금 겪고 있는 현실의 문제를 부정하거나 억압하는 현실이 많다고 하는 것이다. 그래서 소위 신앙이 좋다는 분들이 상담 현장에 나와서 상담을 받는 것은 대단한 일이 되는 것이다. 특히 전통적 신앙의 틀 안에서 자라난 사람은 남성도 마찬가지지만, 여성들에게 '순종' 또는 '헌신'이라는 이름으로 더한 부담을 주고 있다고 하는 것이다. 이것과 관련해서, 콜린 자브리스키(F. Colleen Zabriskie)는 중년의 나이에 있는 기독 여성들의 발달 단계를 다루는 글에서 이 문제를 이야기 하고 있다. 그는 복음주의 계통의 교회들이 강조하는 이상적인 여성상은 "남편이 사회적으로 성공하도록 잘 뒷바라지 하고 자녀들을 잘 교육시켜서 사회의 구성원으로 키워나가는 역할을 잘한 사람이다" 라고 말하고 있다. 물론 남자인 나는 이러한 교회 전통이 주는 편리함을 충분히 누리고 살고 있다.[17] 요즘 젊은 사람들은 "그렇게 생각하는 여자들이 어디 있어?" 라고 말할지 모르지만 여전히 알게 모르게 교회 안에서 설교하고 가르쳐지는 내용들은 이러한 여성들에 대한 이미지를 계속해서 '강화' 하고 있다.

　　여기에 좀 더 피부에 와 닿는 예가 하나 있다. 한 교회에 신앙이 좋은 집사님께서 계셨다. 결혼한 지 이제 15년이 되어 가는데 캐나다에 이민을 온 것은 8년 전 일이다. 지금 남편은 같이 다니던 직장에서 만나 결혼을 했는데 결혼 당시 신부는 온 가족이 교회를 다니고 있었고 남편은 그렇지가 않았다. 남편의 결혼을 하기 전에 꼭 같이 교회에 나간다는 말을 믿고 결혼을 했는데, 처음에는 좀 노력하는 것 같더니 이 핑계 저 핑계를 대고 교회를 나가지 않으려고 했다. 몇 년 후 캐나다에 살고 있는 누나의 초청으로 캐나다에 이민을 온 후 마침 교회에 다니는 누나 가족을 따라 교회에 나가게 되어서 잘 되었다 싶었는데 그것도 잠시였다. 그러다가 누구한테 배웠는지 카지노 도박을 시작하더니 이제는 점점 심해져서 어려움을 겪고 있었다.

그런데 이 부인은 언제부터인가 시작된 남편의 구타 때문에 더욱 힘들었다. 처음에 이민생활이 힘들고 쌓인 것이 많아서 그러는가 하여 이해하고 넘어갔는데, 지금은 자기 마음에 조금만 안 든다 싶으면 손이 날라 왔다. 자기는 그래도 어떻게 참아보기는 하겠는데, 아빠가 들어올 때가 되면 무서워서 벌벌 떠는 아이들을 볼 때면, 당장이라도 무슨 일을 해야만 할 것 같았다. 참다 못해서 주변에 신앙 좋다는 분들에게 도움을 청했다. 하지만 그분들이 하는 말씀의 결론은 결국 하나였다. "집사님의 십자가야, 잘 참고 견뎌서 남편 선한 사람 만들면 얼마나 하나님이 기뻐하시겠어, 힘들지만 조금만 참아." 분한 마음에 원망도 많이 했다. 남편이 한번 또 집안을 뒤집어 놓을 때면 차라리 남편이 죽어서 없어 졌으면 좋다고 생각했다. 그러다가 새벽예배에 나가거나 주일 예배 설교를 들을 때면, 그렇게 생각했던 자신이 미워지고 죄책감에 시달리고는 했다.

이러한 경우가 꼭 우리에게만 해당되는 경우는 아니다. 다른 문화와 종교활동을 하는 사람들도 비슷하게 경험한다.

PCE(Pastoral Clinical Education)을 할 때이다. 캐나다에 있는 한 개신교 교단에서 목사안수과정을 밟고 있는 여자 분이 계셨다. 그룹 나눔 시간에 그분이 상담하고 있는 한 이슬람 계통의 부인 때문에 겪는 심리적 어려움을 이야기 할 기회가 있었다. 그분이 상담하는 가족은 이슬람 전통에서 자란 이슬람 종교를 가진 아이 엄마였는데, 남편으로부터 상습적 폭행을 당하는 처지였다. 그녀는 남편한테 거의 죽지 않을 정도로 폭행을 당하는 일이 빈번했다. 그러나 캐나다에 남편을 따라 이민을 온 그 엄마는 위급한 상황이 되면, 자기를 상담해 주는 그 여자 목사님 밖에 달리 연락할 곳이 없었다. 캐나다인으로 캐나다에서 자라난 그 여자 목사님은 그렇게 사는 그 여자분을 도무지 이해하기 힘들었다. 그래서 심하게 학대를 당하고 사는 모습을 보고, 왜 좀 더 당당하게 학대와 맞서 싸우지 않느냐고 물었다. 그 여자분의 대답이 자기 종교적 전통에서 남자의 뜻에 반항해서 다투는 것은 허락되지 않기 때문에 어쩔 수가 없다는 것이었다.

이러한 일들이 그냥 일반 사람들에게만 있는 것은 아니다. 목사님들의 가정에도 해당되는 이야기일 수 있다. 모든 과정들이 그렇지만 다른 사람의 주목을 받는 소위 공인이라고 하는 사람들에게 일반 사람들이 원하는 것은 "내가 할 수 없는 그것을 저 사람만은 해 줬으면" 하고 바라는 것 같다. 그래서 일반 평신도로 목사님을 바라보는 성도들은 '나는 그렇게 살지 못하지만, 목사님만은 그래서는 안 된다'는 생각이 여기에도 적용되는 것 같다. 이것은 일종의 '자기 기대'의 투사적 과정이 될 수 있다. 현실에서는 할 수 없는, 자기가 생각하고 원하는 것들을 누군가에게 투사해서 누군가를 통해서 대리만족을 얻고자 하는 심리적 작용인 것이다. 그래서 목사님들은 그러한 '기대'에 부응해서 행동하므로 자기 의지와는 상관없는 다른 사람들의 기대를 무의식적으로 강요 받고 일정한 행동방식이라든가, 말투, 얼굴 모양 등, 싫든 좋든 다른 사람들의 기대에 맞춰야 한다는 부담이 생긴다. 정말 그런 마음과 태도, 생각으로 살고 있는 목회자가 있을 수 있다. 하지만 그렇지 않은 경우 자기 의지와는 상관없이 다른 사람의 기대에 맞춰서 반응하는 행동을 하게 된다면, 목사님들도 '부정'과 '억압'의 희생양이 될 수 있다.

이상적인 결혼 생활

이상적인 결혼 생활을 위해서는 사람이 가지고 있는 기본적 욕구를 이해하고, 이러한 욕구가 부부 사이에 어떻게 작용하는지를 알아야 한다.

1. 사람이 가진 두 가지 기본적 욕구 이해하기

성경에서 말하는 '완전하지만 나누어진 몸' 이라는 진리를 심리학적으로 보자. 이것은 우리에게 있는 기본적인 두 가지 욕구로 이해할 수 있다. 이 두 가지 욕구는 '동거 욕구' 와 '싱글 욕구' 이다.

동거욕구

'동거욕구' 라고 하는 것은 아담과 하와의 예에서 보는 것처럼 사람에게 있는 기본 욕구이다. 이 욕구는 하나님이 우리를 만드신 그대로 혼자서 살 수 없는 사람들의 본성에 관한 것이다. 이것은 우리가 누군가와 함께 생활하며 살려고 하는 누구에게나 있는 기본적 정서를 말하는 것이다. 이것은 아이가 태어나서 자신의 생존을 위해서는 부모의 도움이 절대적으로 필요한 것처럼, 나 자신을 위해 누군가를 필요로 하는 가장 기본적인 욕구 중에 하나이다. 이 욕구는 우리가 성인이 되었는데도 불구하고 누군가로부터 사랑 받고, 관심을 받고 싶어하며, 의지하려고 하는 마음이 들게 하는 욕구이다.

그런데 만약, 이 욕구가 너무 강하면 어떠한 대가를 치르던지 상대편을 붙잡아 두려고 하게 된다. 또한 그러한 관계를 유지하기 위해서 너무 많이 자신을 희생하게 된다. 너무 강하게 이 욕구에 사로잡히게 되면 자신의 생각, 느낌, 감정들을 철저히 외면하고, 상대편의 생각, 느낌, 감정들에 맞춰주게 된다. 왜냐하면 혼자 남는 것이 두렵기 때문이다. 그래서 어떠한 대가를 치르더라도 상대편을 자기 곁에 붙잡아 두려고 한다. 따라서 '동거욕구'가 강한 대상은 이렇게 자기가 '희생'을 하면, 상대편이 자기를 떠나지 않고 영원히 곁에 있게 될 거라는 환상을 갖게 된다. 그러나 그 믿음과는 반대로 사실 상대편은 '동거욕구'가 심한 상대가 더 가까이 다가오면 다가올수록 심적 부담을 느끼고 더 멀리 도망가려는 심리적 기제로 반응하게 된다. 다가가는 데도 불구하고 자꾸만 멀어지는 남편이나 부인을 바라보는 대상이 가지는 감정은 "버려짐, 거부, 거절, 배신" 등의 단어들로 요약될 수 있다. 만약 이것이 어릴 적 부모와 관계에서 일찍부터 경험한 것들이라면, 가능성이 있지만, 그런 경험들을 갖게 되는 남편이나 부인들이 느끼는 불안이라고 하는 것은 엄청난 것이 될 수 있다. 배우자는 그런 관계를 다시 반복하지 않기 위해 더 상대편에게 매달리게 되고 그러면 그럴수록 부부 관계는 쫓고 쫓기는 악순환을 반복하게 된다.

이러한 사람들의 특징은 '나' 라는 개념으로 무엇을 바라보거나 생각하기 보다는 항상 '우리' 라는 개념 안에서 생각한다. 우리 가족, 우리 동네, 우리나라라는 식이다. 대인관계를 하는 방식도 매우 단순한데 자기와 생각이나 느낌이 같으면 우리라는 범주 안에 들어오게 되는 것이고 그렇지 않으면 다른 사람이 되는 것이다. 이 욕구가 강한 사람들은 우리라고 하는 범주에 든 사람과 다르게 생각하고 느낀다는 것은 거의 불가능하기 때문에 분명히 자기가 그렇게 생각하고 느끼지 않음에도 불구하고 자신의 생각이나 느낌을 다른 사람에게 말하지 못한다. 그리고 상대편에 대해서도 똑 같은 기대를 가지고 있다.

이러한 기대는 부부관계뿐 아니라 사회에 나가서 대인관계를 맺을 때도 그대로 드러나게 된다. 일단 대화를 할 때도 다른 사람이 자기와 다른 생각을 가졌다는 것을 그리고 자기가 생각하는 것에 대해서 반대의견을 제시하고 반박하는 것을 잘 받아들이지 못하는 경우가 있다. 따라서 개인의 생각, 느낌 감정이 중요한 것이 아니다. 우리가 어떻게 생각하고 느끼냐가 중요할 수 있다. 이러한 동거욕구가 강한 건강하지 못한 가족들은 다른 가족구성원들과 달리 어느 한 가족이 다른 모든 가족들과 다르게 행동하고 느끼는 것을 용납할 수 없다. 만약 온 가족이 슬퍼해야 하고 기뻐해야 하는 일들이 있으면, 다른 개개인 가족원들의 감정이 중요한 것이 아니다. 전체적인 가족들, '우리' 의 감정이 더 중요하다. 그러므로 가족 개개인은 나는 전혀 기쁘거나 슬프지 않은데, 그렇게 행동하도록 가족들에게 의식적, 무의식적으로 강요를 받게 된다.

무서운 것은 이러한 동거욕구가 한 개인, 가족에게만 영향을 미치는 것이 아니라 집단이나 단체, 심지어 국민적 정서에도 영향을 미칠 수 있다. 예를 들어 어떠한 문제를 놓고 두 그룹이 서로 나누어져서 다툰다고 하자. 양쪽 편에 선 사람들은 상대편 그룹이 주장하는 내용이 옳고 틀리고를 떠나서, 단순히 우리 그룹에 속하지 않았기 때문에 싸워야 할 대상이 되는 것이다. 각 그룹에 속한 개인들은 상대편 대상에 대해서 논리적으로 생각하고 바라볼 기회를 박탈당할 뿐 아니라, 상대편에 대해서 싸우는데 대부분은 상대편이 왜 틀린지도 잘 모르고, 그냥 자동으로 상대편과 싸우게 된다. 그냥 상대편이 하는 이야기는 다 틀리고 잘못된 것으로 받아들인다. 이렇게 반응하는 이유에는 어떠한 논리적 근거가 있다기보다는, 단순히 우리 동료들이 그렇게 행동하기 때문에 나도 그렇게 한다는 식이다. 따라서 우리와 다르게 행동하고 느끼는 동료들은 단순히 다르게 생각하는 것이 아니고 '배신' 이라고 믿게 된다.

싱글욕구

아담과 하와는 서로 하나 되는 것을 경험하는 부부였지만, 하나님은 그들을 개별적 몸을 가진 분리된 개인으로 지으셨다. 따라서 연합하여 부부로 살지만 그들은 개인적으로 생각하고 느끼며 활동하는 개인적인 존재들이었다. 이렇게 따로 생각하고, 느끼며, 살려고 하는 욕구를 '독립욕구' 라고 한다. 이 욕구는 아이가 태어나서 부모와의 생활공간을 나누어 쓰는 환경에서 벗어나서 독자적인 자기만의 공간을 원하는 것과 같다. 성인이 된 우리도 모든 관계에서 자기만의 조용한 장소를 갖고 싶어 한다. 이곳에서 우리는 누구의 감정, 느낌, 생각들이 중요하지 않다. 오직 나에게 집중할 수 있으며 진정한 나를 드러낼 수 있는 공간이다.

부부 관계에서 주로 남자가 이러한 싱글욕구가 많이 나타나는 것처럼 보이는데, 너무 이 욕구가 강하면 겉으로 보기에 다른 사람의 일에는 무관심해 보이고 정서적으로 메마른 사람처럼 보일 수 있다. 좀처럼 자기감정을 드러내거나, 기쁘거나 슬픈 표정을 하는 일들이 없기 때문에 흔히 오해가 생긴다. 그러나 사실 이 사람들이 이런 반응을 보이는 가장 큰 이유 중에 하나는 그렇게 될 경우 상대편에 의해서 '컨트롤' 당할지 모른다는 두려움 때문이다. 상대편이 드러내는 감정이나 느낌에 반응하게 되면, 자기의 공간이 없이 그 사람의 감정에 휩쓸려서 자기 자신을 통째로 잃어버릴지 모른다는 두려움이다.

부부관계에서 '싱글욕구'가 강한 사람은 상대편 배우자가 자신이 가끔 바보 같다고 느끼도록 하는 경우도 있다. 이러한 경우, 아내나 남편이 화를 내고 분해해도 전혀 감정의 동요가 없이 "왜 그러냐"는 식으로 대응한다. 그렇기 때문에 오히려 화를 내고 혼자 분해하는 배우자는 자기가 화를 내면 낼수록 더욱더 비참하고, 소위 "이번에도 졌다"라고 느끼도록 한다. 상대편 배우자가 싸움은 먼저 시작했지만 항상 화를 내고 감정이 폭발하게 만드는 쪽이다.

이러한 사람들이 그와 같은 행동양식을 왜 보이는 것일까. 그것은 권위적인 누군가가 그들의 생각, 감정, 느낌을 말하거나 느낄 기회를 주지 않고, 무시했기 때문이다. 그러한 경험이 많기 때문에 그들에게는 '싱글욕구'가 생겨난 것이다. 언젠가 기회가 되면 살펴보겠지만, 쉽게 말해서 태어난 형제의 순위를 단순하게 생각해 본다면, 순위에서 가장 영향력이 없는 형제가 자신에게 강한 영향력을 행사하는 부모나 형제들과의 관계에서 이러한 성격 특성을 발달시킬 가능성이 많이 있다.

따라서 부인 또는 남편이 너무 헌신적으로 모든 것을 포기하고 다가오거나, 너무 주도적일 때 이 사람들에게 생기는 감정은 "지배당하거나, 조정 당한다는" 느낌이다.

　이러한 위기의 감정이 있는 사람들은 여러 가지로 자기를 보호하고 자기 공간을 지키려고 노력한다. 그래서 냉정한 척 할 수도 있고 굉장히 논리적인 사고를 하는 사람처럼 자신을 꾸밀 수도 있다. 그러나 굉장히 냉정하고 논리적인 사고를 하는 행동이 심하거나 강하게 나타날 경우 이것이 의미하는 것은 그런 것들을 낮추고 방어를 해제 시켰을 경우 상대편에게 압도당할지 모른다는 두려움이다.

2. 세가지 부부관계 유형

　따라서 이상적인 결혼 생활의 모습은 이 두 가지 욕구가 우리에게 있다는 것을 알고 어느 한 가지 욕구에만 너무 집착하지 않으면서 둘 사이에 균형을 잡아가는 것이다. 이것을 그림으로 그려보면 아래와 같다.

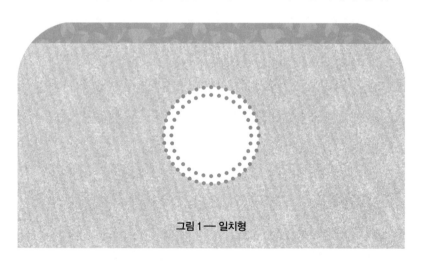

그림 1 ─ 일치형

그림 1에서 보여지는 것은 남편과 아내가 경계가 무너져 서로 구분이 없는 완전히 일치된 형태이다. 뒤에서 반복해서 이야기 하겠지만 이유형은 건강하지 않은 부부관계의 모습이다. 성경적 관점에서 보더라도, 이것은 완전한 '한 사람' 으로서 관계만 있고, 부부가 서로 '나뉘어진 몸'으로 다르게 생각하고 판단할 수 있다는 사실을 이해하지 못하는 관계인 것이다. 따라서 얼핏 보면 정말 사랑하는 사이처럼 보일 수 있지만, 그 속은 전혀 그렇지 않고 서로의 애정에 대해서 숨막혀 하거나 벗어나고 싶다는 부담감을 가질 수 있는 관계이다. 이러한 관계 유형은 '동거욕구'가 너무 강한 형태이다.

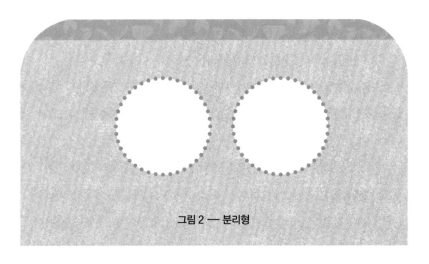

그림 2 — 분리형

그림 2에서 보여지는 관계는 '분리형의 관계' 로 두 부부가 한 공간에 같이 살기는 하지만 전혀 정서적 교류가 없는 유형이다. 이 부부유형은 '싱글욕구' 가 너무 강한 형이다. 한 쪽이 그 욕구가 너무 강하든지 둘다 그런 욕구가 더 강하든지 유형은 다양할 수 있다. 그렇지만 만약 한쪽

이 너무 그러한 욕구를 강하게 드러내면 다른 한쪽에서는 오히려 정반대로 행동한다. 또는 상대편과 똑같이 행동할 수 있는데 단지 "척" 하는 느낌만을 가질 뿐 본래의 의도는 전혀 그렇지 않을 수 있다.

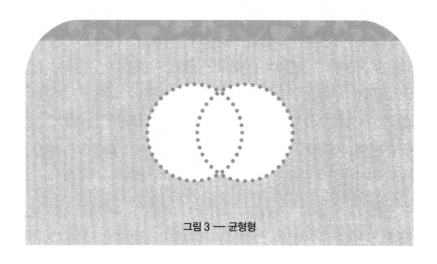

그림 3 — 균형형

이 세 번째 유형은 가장 건강한 부부 유형이다. 서로간에 공유하는 부분도 있지만, 부부 서로가 각자 다른 자기만의 영역을 가지고 살아갈 수 있다. 이러한 유형의 부부는 배우자의 생각이 나와 똑같아야 한다고 하는 부담이 없으며 자기와 생각이 다르다고 해서 애정을 의심하지는 않는다. 또한 그 다른 것을 서로가 존중해 줄 수 있으며, 충분히 다르게 볼 수 있다는 것을 알고 있다. 따라서 이 부부는 '동거욕구'와 '싱글욕구'에 대한 자기들의 기대를 잘 알고 있으면서, 둘 사이에 균형을 잃지 않는 이상적 부부관계이다.

2

결혼생활이
왜 힘들어지는가?

06

chapter

사고의 차이

세상 사는 것이 쉬운 것이 없겠지만 결혼생활만큼 자기 마음대로 되지 않는 것도 드물다. 관심을 가지고 보게 되어서 그런지 모르겠다. 주변에서 결혼하고 사는 부부들이 "우리는 전혀 문제없어요" 라고 말하는 사람을 찾기가 쉽지 않다. 장담하는데 '없다' 는 말이 맞을 것이다. 그러한 부부들이 있다면 문제가 없는 것이 아니다. 있지만 그냥 참고 넘어가는 것이 아닌가 싶다. 최근 통계에 보면 북미는 말할 것도 없고, 한국도 결혼하면 두 쌍 중에 한 쌍은 이혼하는 꼴인데 이러한 통계들이 보여주는 것처럼 결혼생활이 그렇게 마음처럼 쉽지 않다는 것을 알 수 있다.

그렇다면 왜 사랑으로 시작한 결혼이 서로 미움만 남는 결혼생활이 되는가? 서로 위하고 아껴도 짧은 인생을 서로 증오하고 상처 주는 말들로 채워가야 하는가? 왜 "이 사람을 선택한 게 정말 큰 실수다" 라는 생각으로 결혼생활을 후회해야 하는가? 무엇이 우리 결혼생활을 이렇게 만드는 것일까? 그 이유에 대해서 함께 생각해 보자.

1. 자기중심적 사고

사람들이 결혼을 할 때는 사랑의 감정도 중요하지만, 그것 외에도 다양한 감정과 동기가 있다는 것을 우리는 안다. 만약 결혼을 할 때 그러한 동기와 목적들이 생각한 데로 충족이 되지 않으면, 그것들이 결혼 생활에 갈등을 일으키기에 충분한 조건들이 될 수 있을 것이다. 쉽게 예를 들면, 혼자 오래 동안 산 남자는 만약에 결혼을 하면 부인이 자기를 위해서 밥도 해주고 빨래도 해주고 자기를 잘 돌봐줄 거라 생각한다. 반대로 여자는 큰 딸인데 맞벌이 하시는 부모님 때문에 어릴 적부터 동생들 뒷치닥거리와 집안일을 도맡아서 해 왔다. 이러한 생활이 지겨웠던 큰 딸은 결혼하면 제발 자기를 공주님처럼 위해주는 남자를 만나서 손에 물 안 묻히고 살 생각으로 결혼을 할 수 있다. 두 사람이 이러한 동기를 가지고 결혼을 했다고 하면 상황은 정확히 반대인 사람이 만나게 된 것이다. 만약 이러한 결혼에 대한 동기와 목적으로 두 사람이 만났다고 하면 아마 이들의 결혼은 첫날부터 전혀 자기들 생각과는 다르게 전개가 될 것이다.

또 경제적인 이유로 결혼한 경우를 보자. 결혼을 함으로써 경제적으로 어려웠던 원래 자기 가족을 떠나 좀 잘 살아보려고 했던 부부가 만약 자기들의 결혼 생활이 결혼 전과는 별로 달라진 것도 없이, 이전과 같이 매일 매일 집세에 먹을 것을 걱정하는 생활의 반복이라면, 그러한 결혼 생활 또한 행복할 수 없을 것이다. 이 외에도 정말 많은 이유, 동기, 기대들이 우리의 결혼 생활을 힘들게 할 수 있다.

하지만 이 모든 동기, 이유, 기대들이 서로 만나 충돌하는 결혼 생활에서 우리를 가장 힘들게 하는 근본적인 원인은 우리가 '자기중심적'이기 때문이다. 이 자기중심적이라는 말에 대해서 다시 한번 정의를 내려보자. 결혼생활이 힘든 것은 사람들이 '자기중심적 사고'를 하기 때문이다. 이것은 어떻게 보면 가장 기본적인 것이기 때문에 무시하기 쉽지만, 그러나 가장 진리이기 때문에 사실은 가장 영향력 있는 정의가 될 수 있다.

여기서 '자기중심적'이라는 이 말은 단순히 나만 생각하는 이기적이라는 말보다는 좀 범위가 넓은 의미가 있다. 이 '자기중심적'이라는 말의 의미는 "내가 생각하는 데로 저쪽도 생각하겠지! 내가 바라보는 데로, 내가 느끼는 데로 저쪽도 그렇게 느끼겠지!"라고 생각하는 삶의 태도를 의미한다.

나는 어릴 때부터 성인이 되기까지, 서양 사람들은 동양 사람들에 비해 '개인주의' 사고에 물들어 있다고 흔하게 들어왔다. 사실, 지금 생각해 보면 한국이라는 나라에서 태어나서 서른 살이 넘게 살아온 나에게 '개인주의'는 좀 더 발달된 삶의 태도인 반면에, 줄곧 사회적으로 무슨 일들이 생길 때마다 동양인들의 '가족, 집단주의적 사고'는 무엇인가 미개한 것으로 극복해야 할 낡은 것이라고 자꾸 교육받아 온 것 같다. 물론 이것은 내 개인적인 경험이고 느낌일 뿐이다. 그런데 북미에서 공부하면서 나는 많은 서양 사람들이 '개인주의적' 사고 때문에 얼마나 힘들어 하는지 알게 되었다.[18]

하지만 지금 생각해 보면 좀 근사한 표현이 '개인주의적'이라는 말이지 바꿔 말하면 '이기주의적'이라는 말로밖에 이해가 되지 않는다. 아마도 프로이드(Freud)는 이 말을 "사람은 기본적으로 본능적이다."라고 말한 것 같은데, 그가 한 이 말의 뜻은 사람은 자기의 본능이 원하는 대로 하려고 한다는 말인 것 같다. 다시 말하면, 먹고 싶을 때 먹고, 자고 싶을 때 자고, 자기가 무엇인가를 하고 싶을 때 그것을 자기 마음대로 하려는 것이다. 그것은 나 말고 다른 대상에 대한 배려가 없이 "나 중심으로 생각한다."는 말이다.[19] 그런데 '자기중심적' 이라는 말은 이것보다 좀 더 깊은 의미가 있다. 그 말에 의미를 조금 더 살펴보도록 하자.

2. 자아 중심적(Ego-centric)이라는 말

'자기중심적이다.' 라고 하는 의미는 장 피아제(Jang Piaget)의 "자아 중심적(Ego-centric)" 이라는 말에 좀 더 가깝다. 그가 말하는 '자아 중심적' 이라는 말의 의미는, 유아가 경험하는 지적 발달단계에서의 한 특징이다. 즉 유아의 발달과정에서 2에서 7세까지 '전 조작기(Preoperational Period)' 의 특징 중의 하나로 유아는 자기가 보고, 느끼고 생각하는 대로 상대편도 생각하고 있다고 믿는다. 이때 유아의 지적 단계가 바로 '자아 중심적' 단계이다. 이 시기의 유아들은 자기가 왼편에 서서 어떠한 건물을 바라보고 있으면 자기가 보고 있는 모습을 오른편에서 그 건물을 바라보고 있는 상대편도 왼편에서 보는 것과 똑같이 바라보고 있다고 생각한다는 것이다.[20] 그래서 이 시기에 있는 아이들의 대화를 가만히 듣고 있으면 재미있는 것을 발견할 수 있다. 아이들은 전혀 다른 내용을 이야기 하고 있는데 서로 대화가 된다. 한 아이가 "나 어제 슈퍼마리오 샀는데, 그거 무지 좋아" 라고 말하면, 한 아이는 "날아라 슈퍼맨" 하는 식으로 상황에 전혀 맞지 않는 동문서답을 한다. 자기에게 문제가 되고 중요하다고 생각되는 것을 상대편이 무엇이라고 하던 관계없이 '자아중심적' 사고에서 느끼고 생각하는 것을 말한다는 것이다.

피아제는 '자아중심적'으로 생각하는 이 단계를 유아의 인지가 발달되어 가면 자연스럽게 극복이 되는 과정으로 보고 있다. 그래서 사람들이 지적으로 발달하면서 이러한 유아의 '자아중심적' 사고가 점점 사라지고 주변에 대한 인식이 조금씩 많아져서 성인이 된다.

그런데 우리는 성인이 되어서도 여전히 '자기중심적인' 행동유형을 버리지 못하고 있으니 안타깝다. 어려움을 겪고 있는 부부들을 상담하다 보면 이걸 좀 더 분명히 알 수 있다. 성인이 돼도 한참이 됐는데, 대화하고 있는 내용을 들어보면 마치 전조작기를 지내고 있는 유아들과 똑같은 방식으로 대화한다. 남편은 남편대로, 아내는 아내대로 서로 할 이야기도 많고 하고 싶은 이야기도 많은데, 아무리 이야기 해도 상대편의 이야기는 관심이 없다. 서로 다른 이야기를, 서로 다른 관점에서, '자기중심적' 생각으로 듣든 말든 계속 퍼부어 댄다.

유착이론으로 국내에도 널리 알려진 존 볼비(John Bowlby)라는 사람이 그의 책에서 피아제가 말하는 '자기중심적' 단계의 나이에 있는 아이의 유착관계를 다룬 내용을 소개한 것이 있다. 물론 피아제이론과 다른 유착이론을 설명하려는 의도로 집어넣은 예이지만, 볼비가 소개한 그 예가 '자기중심적' 사고로 사는 부부들이 서로 다툴 때 어떻게 자기중심적 태도를 상대방을 대하는지 잘 보여주고 있는 것 같아서 잠깐 살펴보려고 한다.

거기에 나와 있는 예를 보면, 야코브(Yaakov)라는 한 아이의 이야기가 나오는데 이 아이는 부모와 몇 주간을 떨어져서 지내야 했다. 부모가 없는 동안 보모 밑에 있던 이 아이는 시간이 지나고 엄마보다 먼저 도착한 아빠에 대해서 강한 유착의 정서를 드러냈다고 한다. 만약 아빠가 다시 먼 길로 여행을 하면 그러한 아빠한테 몹시도 화를 냈다. 그러면서 그 아이가 하는 말이 "세상에 있는 모든 애들이 다 아빠한테 화가 나 있어"라고 대답했다고 한다. 그러니까 아빠한테 화가 나 있는 나의 감정은 자기만의 생각이 아니고, 모든 아이들이 다 그렇게 생각한다는 것이다. 이것이 자기중심적 사고로 상대편을 바라보는 부부 사이에서도 일어나는 일이다.

흔히 부부끼리 다투게 되면 상대편에 대한 이해가 적어진다. 그리고 상대편의 입장에 대한 이해보다는 각자가 옳다는 생각에 내 주장으로 상대편을 설득시키려고 하는 일들이 종종 있다. 그때 각 부부의 마음속에 품고 있는 생각은 마치 모든 세상 애들이 다 아빠에게 화가 나 있는 것처럼 내가 하는 말과 행동이 옳고, 정당한 이유가 있는 것 같고, 다른 사람들이 다 내 말에 동감할 것 같은 자기 정당성이 있어 보인다. 이것은 지극히 '자기중심적' 사고를 하고 있다는 예이다.

앞의 예에서 지적한 것처럼 자기중심적 사고를 하는 모습은 자녀를 사랑한다고 하는 부모의 양육 방법에서도 분명히 드러난다. 흔히들 부모님들은 자기가 자녀에게 주는 것이 자녀에게 최고라고 생각한다. 그리고 그것이 자녀를 사랑하는 방법이라고 생각한다. 예를 들면 어릴 때 돌아가신 아버지와 친근한 시간을 보내지 못한 아이가 주변의 친구들이 자기 아버지하고 같이 나가서 운동을 하고 친하게 지내는 모습을 보면, 그것이 그렇게 부러울 수가 없었다. 그래서 부모라면 그렇게 해야 되고 그렇게 하는 것이 자녀들을 사랑하는 것이라고 생각했다. 그래서 아이는 어른이 되서 결혼을 하면 자기 자식들에게 꼭 그렇게 해줘야겠다는 다짐을 하게 되었다. 이제 어른이 돼서 아이들이 생기자 정말로 아이들에게 아버지가 한 일은 테니스 라켓을 사서 같이 운동을 시작했다. 자녀들의 양육에 관심이 전혀 없고 따로 노는 아버지보다 얼마나 훌륭한 아버지인가?

그런데 문제는 아이들은 운동을 좋아하지 않았다. 그중에서도 테니스는 도대체 마음에 들지 않았는데, 싫어하는 표정을 하면 아버지가 실망하고 좋아하지 않으니까, 어쩔 수 없이 따라가서 "쳐주게(?)" 되었다. 지금 누가 누구를 위하는 것인가? 상황이 그런데도 아버지는 그것이 자식들을 사랑하는 것이라고 굳게 믿으면서, 테니스를 싫어하는 아이들이 테니스를 좋아하도록 만들어 가려고 했다.

그런데 이렇게 '자기중심적' 으로 생각하는 것은 비단 아이들 양육뿐 아니다. 그 현상은 우리의 모든 생활 전반에 걸쳐서 나타난다. 이것은 신앙생활도 예외는 아니다.

사람들은 신앙생활에서 '하나님의 뜻' 에 관심이 있다. 주변에 신앙생활을 열심히 하고 바른 신앙인으로 살기 위해 고민하며 노력하는 많은 분들을 보게 된다. 그분들이 종종 하시는 말씀 중에 사람들이 하나님의 뜻을 알면, 그분이 원하시는 일을 할 텐데 그 뜻을 알 수 없으니 답답하다고 했다. 그런데 사람들이 정말 하나님의 뜻을 알면 그대로 하게 될지 그게 궁금하다. 우리에게 있는 하나님의 이미지나 형상, 또는 신앙생활이라고 하는 것들이 많은 경우 우리의 '자기중심적' 사고가 투사되어 있다. 그래서 많이 왜곡되어 있다. 좀 구체적 내용은 '자기중심적' 이라는 말을 다루는 다음 부분에서 살펴보도록 하고, 다음 기회가 있으면 이 부분에 대해서 좀 더 깊이 살펴보는 것이 좋을 것 같다.

3. 조금 넓은 의미의 '자기중심적' 이라는 말-나의 삶의 경험

이제 '자기중심적' 이라는 말을 좀 더 살펴보도록 하자. 여기서 말하는 '자기중심적' 이라는 말의 좀 더 깊은 의미는 나의 삶의 경험을 통해서 내가 세상과 사람과의 관계 맺는 방식을 결정짓는 것을 의미한다. 우리가 '자기중심적' 이 되는 것은 한 순간이 아니고 지금까지 우리가 살아오면서 쌓여져 온 각종 경험을 통해서 일정하게 형성된 '우리의 행동방식' 이다. 그런데 그 '자기중심적' 인 나의 경험은 두 영역으로 구성되어 있다. 그것은 의식적인 부분(Conscious), 즉 내가 하는 행동에 대해서 이해하고 때에 따라서 의식적으로 수정이 가능한 부분과, 무의식적 부분(Unconscious), 내가 의식하지 못하지만 나의 행동에 영향을 미치는 부분으로 힘든 과정을 거치지 않고는 좀처럼 의식 안에 떠오르지 않는 부분으로 구성되어 있다.

4. '자기중심' 의 의식적인 경험(Conscious Personal Experience)

'자기중심' 의 의식적 경험이라고 하는 것은 "오랜 시간 반복되는 한 개인의 의식적 경험들을 통해서 자기의 환경을 바라보고 해석하는 독특한 자기만의 시각" 이다.

성경에서 최초의 살인으로 기록되어 있는 가인과 아벨의 이야기가 나온다. 성경에서 가인이 하나 밖에 없는 동생 아벨을 죽인 살인의 동기에 대해서 "심리학적"으로 좀 살펴보도록 하자. 성경의 나오는 그 이야기는 간단히 말하면, 가인이 하나님께 예물을 드리는데, 가인은 하나님께서 자기 제사 예물은 받지 않고, 동생 아벨의 예물만을 받았기 때문에 화가 나서 동생을 죽여버렸다. 여러가지 신학적인 해석들이 많고 다양한 의견들이 있겠지만, 여기서 그냥 그 사건이 일어난 현상만을 놓고 보도록 하자. 두 사람 다 예물을 드렸다. 그런데 양을 키우는 직업인 아벨은 자기가 돌보고 있는 양 중에 좋은 것으로 하나님께 드리고, 농사를 짓는 가인은 땅에 나는 곡물로 하나님께 드렸다. 어떠한 이유인지 정확히 알 수 없지만, 가인의 제물은 받지를 않으셨다. 그러자 가인은 몹시 화가 났고, 분을 못 이겨서 동생을 죽였다. 중요하게 생각해 봐야 하는 것은 아벨도 그렇고 가인도 그렇고 하나님이 무엇을 원하시는지 중요한 것이 아니었다. 오직 자기가 가지고 있는 것 중에 중요하다고 생각하는 것을 하나님께 드렸다.

이것을 신학적인 내용을 떠나서 이해해 보면 이것이 바로 '자기중심'의 의식적 경험에서 나온 행동이다. 이 의식적인 경험을 통해서 우리는 그 사람이 무엇을 원하는지 중요한 것이 아니라, 지금 내가 주는 이것이 나에게 중요하기 때문에, 저 사람도 분명히 내가 생각하는 만큼 그것을 중요하게 생각할 것이라고 믿는다. 그런데 이런 것들이 많은 경우 문제를 일으키게 된다. 나에게는 중요할지 몰라도 저 사람은 그렇게 생각하지 않을 수 있기 때문이다. 이처럼 세상에 살면서 우리는 종종 나한테 중요한 것을 하나님께 드리면 하나님께서 좋아하실 것이라고 생각할 수 있다. 그래서 우리는 흔히 세상 사람들과 관계하는 방법으로 하나님과도 그러한 관계를 맺으려고 한다.

우리는 열심히 교회에 봉사하고, 새벽예배부터 시작해서 각종 예배에 빠지지 않으며, 헌신적으로 예배를 드리고, 거기에 헌금까지 많이 한다면, 하나님께서 정말 우리를 사랑하실 것이라고 믿는다. 물론 나는 하나님께서 그러한 사람들을 그렇지 않은 사람들보다 더 사랑하실 확률은 높을 것이라고 믿는다. 목사인 나 역시 모든 예배에 열심히 참석하며 헌신적인 사람들이 더 신뢰가 가고 보기에도 좋다. 하나님께서도 그러실까? 바꿔 말해서 교회에 헌신적이지 않고, 주일날 예배에 오는 것도 간신히 오는데, 그나마 날 좋아져서 골프치거나, 낚시, 또는 산에 가기 좋은 때가 되면 교회에서 얼굴보기 조차 힘든 사람들은 하나님은 어떻게 생각하실까?

우리가 하나님께서 우리를 사랑하신다는 그 의미를 제대로 이해하는 것일까. 이러한 것들은 어떻게 보면 우리의 '자기중심적' 인 삶의 경험에서 비롯된 것일 수 있다. 왜냐하면 우리의 '자기중심적' 경험에서 나오는 사랑의 의미는 순순한 사랑이 아니라 누군가에게 무언가를 했을 때 받게 되는 '조건적 사랑' 일 경우가 많기 때문이다. 즉 "네가 나한테 이것을 하면 내가 너한테 이것을 해 줄게" 하는 식이다. 그래서 아마도 하나님도 이러실 것이라고 생각하는 경우가 많다. 그런데 과연 그럴까? 과연 하나님이 우리를 어떠한 조건 때문에 사랑하실까? 만약 그렇다고 한다면 예수님이 '회칠한 무덤, 뱀들, 독사의 새끼들' 이라고 저주한 바리새인들이 가장 사랑을 받아야 옳다. 왜냐하면 이 사람들처럼 헌신적으로 하나님을 섬긴 사람들이 없기 때문이다. 바리새인들은 하나님을 위해 금식하고, 열심히 헌금하고, 모범적으로 기도했다. 이처럼 할 것 안 할 것을 정확히 가려가면서 열심히 하나님을 섬겼다. 그래서 외부 사람들이 "우리는 도저히 저 사람들처럼 할 수 없기 때문에 유대인이 될 수 없다." 라고 생각할 정도로 열심히 섬겼다. 그런데 예수님께서는 그러한 사람들을 향해서 입에 담기도 힘든 독설을 하셨다.

믿음으로 구원받는 이 진리가 더욱 귀한 것은 거기에 하나님이 사람을 사랑하는 방법이 그대로 들어 있기 때문이다. 바리새인들은 틀렸다. 그들은 하나님의 마음, 즉 하나님께서 사람을 어떻게 사랑하시는지를 정확히 알지 못했다. 하나님이 사람을 사랑하는 방법은 사람 편에서 무엇인가를 해서 그분의 조건을 충족시켜야 받을 수 있는 그러한 조건적 사랑이 아니다. 우리가 무엇을 하든지 하지 않든지 그것이 중요한 것이 아니다. 하나님께서는 우리를 그냥 그대로 사랑하신다. 그래서 세상적 관점에서 볼 때 정말 하나님이 사랑할 만한 사람이라고 보여지는 사람들보다 그렇지 않은 사람을 더 사랑하실지도 모른다. 왜냐하면 믿음으로 구원받는다는 것은 내 편에서 무엇을 해서 구원을 얻게 되는 것이 아니라, '나의 구원' 은 전적으로 '하나님의 사랑' 에 달려 있다는 신앙의 고백이기 때문이다. 그러므로 하나님의 인간을 향한 사랑은 은혜의 사건이다. 받을 만한 어떠한 노력을 하지 않은 사람들에게 하나님을 통해서 조건 없이 주어지는 것이기 때문이다.

우리는 이러한 사실을 너무나 잘 알고 있다. 그리고 마음으로 굳게 믿고 있다. 그런데도 여전히 우리는 우리 편에서 무엇인가를 해야만, 마치 바리새인들이 그렇게 열심히 율법을 지켜야 하나님을 기쁘시게 할 수 있다고 믿었던 것처럼 무엇인가를 해야만 하나님의 사랑을 받을 수 있다고 믿는 것 같다. 도대체 이러한 일들이 왜 생기는 것일까?

그것은 우리에게 있는 '자기중심' 의 경험이 영향을 미치고 있기 때문이다. 그러한 '자기중심적' 경험이 반복적으로 계속되어서 우리 주변의 사람들과 관계 맺는 방식에 영향을 미치게 된다. 자라면서 부모님이나 어른들이 열심히 어른들 말 잘 듣고 공부 잘하면 칭찬하고 예뻐하는 모습을 보고 형성된 나의 삶의 경험이다. 좀 커서 학교에 들어갔는데 선생님도 별반 틀리지 않고 공부 잘하고 말 잘 듣고 열심히 하니까 좀 더 나한테 관심을 갖는 것 같은 개인적인 경험들, 이런 것들이 하나씩 차곡차곡 쌓여서 나의 삶의 경험을 형성해 가는 것이다. 그래서 이 모든 것들이 우리의 신앙생활에도 영향을 미치는 것이다.

심지어 교회에서조차도 우리의 의식적인 경험이 확인되는 순간들이 많다. 요즘처럼 교회가 비판을 받고 있는 이유 중에 하나가 하나님의 축복을 단순히 세상적인 복이라는 개념으로 축소시켜 버렸기 때문일 수 있다. 교회가 세상이 너무 황금 만능주의에 물들어가는 것을 비판하는 선지자적 목소리를 내지 못하고 오히려 거기에 동조해 가고 있는 형국이다. 최근에 토론토 지역 유력 일간지에서 읽은 것이 있다. 그 내용은 아프리카에 일고 있는 개신교의 부흥에 관한 것이었다. 아프리카에 사는 주민들이 요즘 복음을 받아들여서 엄청나게 개신교 교세가 확장되고 수만 명이 넘어가는 대형교회들이 생겨났다. 그런데 많은 사람들이 선망하는 직업 중에 '목사'가 상위를 차지하고 있었다. 하루 먹고 사는 것도 힘든 그 나라 경제 형편에 대형 교회를 이끌고 있는 목사님들을 보며 그들은 '이상한' 생각을 하게 되었다. 번쩍거리는 외제차, 값비싼 양복과 귀금속을 차고 강대상에서 호령하는 모습을 보며, 사람들은 교회를 다니면 목사님처럼 되는구나 라고 생각하게 되었다고 했다. 아주 익숙한 환경이 거기에서도 지금 반복 되고 있었다.

요즘 웬만한 청년집회에 강사로 나가는 목사님들과 일반 전문분야 종사하시는 분들의 경력을 보면 사실 평범한 사람들은 '기' 가 죽는다. 소위 자기 분야에서 성공한 분들을 보면 평범한 '일반 목회자들과 사람들' 은 정말 '기' 가 죽는다. 그분들이 그런 위치에 올라가기까지 얼마나 많은 노력을 했는지 그것을 부인하고 싶은 생각은 없다. 보통 평범한 사람보다는 상상 할 수 없는 많은 노력을 하고, 비범하리라고 믿는다. 그런데 문제는 우리는 그분들이 거기까지 가는 과정을 보지 않고, 지금 그 순간 아름답게 포장되어 있는 그분들의 모습만을 보기 쉽다. 그분들이 그러한 메시지를 직접 전하든지 그렇지 않든지 간에 거기 서 있는 그분들을 통해 우리에게 보여지는 모습은 우리를 하나님께 '죽어라' 헌신하는 사람은 저분 같이 될 수 있구나 생각하게 만든다. 그것은 우리 인생에서 친숙한 부모님, 학교 선생님, 중요한 사람들과 관계를 통해 맺어진 의식적인 '나의 경험' 들을 다시 한번 사실로 확인시켜주는 역할을 하고 있다. 그것이 문제다.

언젠가 유학생을 위한 어느 기독교 집회에서 한 청년을 상담했다. 그 청년이 하는 말이 "저도 의대에 가서 강사님들처럼 훌륭한 사람이 돼서 저 자리에 강사로 서는 게 꿈이에요." 였다. 몇 년이 지났지만, 아직도 그 청년이 생각난다.

이러한 '자기중심' 의 의식적 경험의 예는 엄청나게 많다. 쉽게 예를 들면, 같은 영화를 똑같이 봐도 그 영화를 보고 난 사람의 감정, 느낌, 생각 모두 다르다. 우리가 서로 똑같은 감정으로 어떠한 이야기를 똑같이 전달해도 듣는 사람은 전혀 다른 느낌으로 받아들일 수 있다. 이러한 일들이 생기는 것은 우리가 '자기중심' 의 의식적 경험의 영향을 받기 때문이다.

그러면 결혼관계로 돌아와서 좀 더 이야기를 진행해 보자. 앞에서 보인 예처럼 우리가 기억해야 할 것은 결혼은 우리가 '자기중심'의 의식적 경험들을 가진 나와 다른 배우자와 만나서 함께 살아가야 하는 관계이다. 쉬운 예로, 애정표현을 하는 것에 관해서 이야기 해보자. 부모님이 애정표현을 빈번하고 자연스럽게 하는 가정에 자란 여자와 그러한 표현이 전혀 없는 가정에서 자란 남자가 결혼했다고 가정해 보자. 이 두 부부 사이에 관계가 어떻게 되겠는가? 백 퍼센트라고 장담할 수는 없지만 부부관계에서 여자는 애정표현 하는 것이 전혀 어렵지 않고 자연스럽게 느껴지는 것에 반해서, 남자는 그것이 부부 사이에서 있어야 되는 것인 줄 알 수는 있겠지만 그러한 환경에서 자라 의식적 경험이 있는 여자만큼 자연스럽지 않을 수 있다. 그런데 만약 그런 상대편의 의식적 경험에 대한 이해가 없으면, 그것 때문에 부부관계의 갈등을 경험할 수 있다. 부인은 만약 남편이 자기를 사랑한다면 자기 엄마를 사랑하던 아빠처럼 자기에게 다가와서 적극적인 애정표현을 해야 하는 것이 정상이라고 생각하고, 그렇게 해 주지 않는 남편에 대해서 불만을 가질 수 있다. 반면, 남편은 자기가 "부인을 사랑한다는 것을 꼭 말로 해야 하나? 내가 마음으로 사랑하면 됐지!" 라고 생각하고, 기회가 있을 때마다 그렇게 요구하는 부인을 보고 부담스러워 할 수 있다.

또 다른 예를 하나 들어보도록 하자. 가난한 집안에서 형제가 많은 집안에 중간 아들로 태어난 한 남자의 '자기중심'의 의식적 경험은 "부모님이 돈을 벌어다 주면 자기를 좋아한다." 는 것이었다. 장남을 제일로 치던 집안에서 모든 칭찬은 장남에게 돌아갔다. 그리고 이 남자는 소위 천덕꾸러기 대접을 받던 분위기였기 때문에 부모님이 자기를 칭찬해 준 기억은 전혀 없었다. 사실 공부도 장남인 형보다는 자기가 더 잘했는데, 오히려 장남보다 공부를 더 잘한다는 것이 부모님 눈에는 혼날 만한 일이었다. 그런데 중학교에 처음 갔을 때 우연히 조그맣게 일을 해서 돈을 벌어올 기회가 있었다. 그렇게 우연하게 돈을 좀 벌어온 날 부모님은 평생에 하지 않던 칭찬을 하며, 심지어 웃어주기도 했다. 그 일 이후로 이 남자의 '자기중심'의 의식적 경험은 "우리 부모님은 내가 돈을 벌어야 좋아하시는구나, 돈을 줘야 기뻐하시는구나!"였다. 사회에 나가서 하게 된 경험도 이것을 확인시켜 주었다. "사람과의 관계는 말보다 돈이면 되는구나!"라는 사건이 연속적으로 일어났다. 결국, 계속된 '자기중심'의 의식적 경험을 통해 이 남자는 확신했다. 결혼도, 사랑도, 결국 돈이 많으면 문제없을 것이라는 확신이었다. 부인을 행복하게 해 줄 수 있는 것은 능력 있는 남편이 돼서 돈을 많이 벌어다 주면 그것이 전부라는 확신으로 결혼 하게 된 것이다.

그런데 부인은 전혀 다른 '자기중심'의 의식적 경험이 있었다. 그 남자가 결혼을 하게 된 부인은 초등학교 때 교통사고로 아버지께서 돌아가시고 홀어머니 밑에서 자라난 외동딸이었다. 아버지가 돌아가시고 어머니가 혼자서 딸을 키우셨는데, 아버지가 남겨두신 얼마 안 되는 재산을 가지고 시작한 조그만 재래시장에서 옷 가게를 하시는 엄마는 혼자서 가계를 꾸려나가셔야 했기 때문에 하루 종일 밖에 나가서 생활하시는 시간이 많았다. 이 딸은 대부분의 시간을 혼자 지내야만 했다. 그녀는 학교 다닐 때 아파트 열쇠를 열고 집에 들어오면, 아무도 없는 텅 빈 집 안에서 적막했던 때를 가장 기억하기 싫어했다. 혼자 밥을 먹고 혼자 TV

를 보면서 엄마를 기다리다 지쳐 잠드는 외로운 생활의 연속이었다. 그렇게 지내는 것이 너무 싫어서 불평하면, 엄마의 대답은 한결같이 "내가 돈 벌어야지. 그렇지 않으면 우리가 어떻게 살 수 있니? 너 먹여 살리느라고 얼마나 고생하는데 편한 소리하고 있어. 가만히 앉아 있으면 누가 십 원이라도 주는 줄 알아?" 였다. 그래서 부인은 악착같이 사는 엄마 덕분에 경제적으로는 어렵지 않았지만, 엄마가 돈 이야기만 하면 화가 치밀었다. 그래서 돈은 "자기한테서 엄마를 뺏어간, 생각하기도 싫은 것"이라는 '자기중심' 의 의식적 경험을 하게 된 것이다. 돈에 대한 전혀 다른 '자기중심' 의 의식적 경험을 가진 두 부부가 만났다. 어떠한 일이 일어나겠는가?

5.자기중심의 무의식적 경험(Unconscious Private Experience)

다시 성경이야기로 돌아가 보자. 앞에서 가인이 아벨을 살인 하게 된 직접적인 동기는 하나님이 아벨의 제사는 받고 카인의 제사는 받지 않아서 거기에 화가 나서 저지른 행동이라고 했다. 이러한 결과를 가져온 동기는 가인에게 있는 '자기중심' 의 의식적 경험이라고 했다.

그런데 여기에 또 한 가지 다른 경험의 요소가 첨가 된다. 그것은 '자기중심의 무의식적 경험' 이라고 하는 것인데, 이것은 의식적 경험과 같이 "한 개인이 반복되는 경험을 통해서 갖게 되는 '자기중심' 의 무의식적 영역" 이다. 이것은 무의식이라고 하는 영역이 포함된다는 점에서 의식적인 경험과 다르다. 이 무의식적 경험의 대부분은 성장초기에 형성된 경험들로 본인은 기억하고 있지 못한다. 그러나 분명히 어떠한 영향력을 본인에게 미치는 경험들이라고 할 수 있다. 이것은 의식적인 경험과 큰 차이가 있다. 의식적인 경험은 내가 그러한 행동을 하고, 믿음이 생긴 원인을 비교적 분명하게 알 수 있다. 그렇지만 무의식적인 경험은 그것 때문에 영향을 받는 행동에 대해 그 원인이 과거의 어떠한 부분과 상관없이 지금 관계 맺는 사람과의 문제 때문에 일어나는 것으로 알고 있다. 하지만 사실은 그 사람과는 별개로 아주 오래 전에 있었던 어떠한 관계 때문에 지금의 문제가 일어나는 것이다. 따라서 이것은 전문가의 도움을 통해 자기 무의식적 영역에 대한 통찰이 생기지 않으면 좀처럼 의식화 할 수 없는 부분이다.

예를 들면, 중년이 된 남성이 있다. 이 사람은 왠지 외출 때가 되어서 등을 보이고 화장을 하는 집사람을 보면 마음이 우울해지고 무엇인가 알 수 없는 무거운 감정들이 자기를 누르는 것이 이상했다. 그 이유를 알 수 없었는데 분석을 통해 알게 되었다. 이 남자에게는 등을 보이고 화장하는 것에 외출 준비를 서두르던 엄마의 모습이 투사된 것이었다. 아침에 눈을 떴을 때, 외부 일이 바쁜 엄마를 볼 수 있는 기회가 좀처럼 많지 않았다. 만약 좀 늦게 일어나면 그나마도 엄마를 볼 수 있는 시간이 많지 않았다. 그래서 아침에 졸린 눈을 뜨고 일찍 일어나면, 언제나 자신에게 등을 돌리고 화장을 하고 있는 엄마의 모습을 불안하고 슬픈 마음을 가지고 보아야만 했다. 그리고 나면 엄마는 서둘러서 집 밖을 나갔고, 이 중년의 남성은 늦게 들어오는 엄마를 기다리다 잠드는 어린 시절들을 보내야 했다. 그러한 엄마를 향한 그리움을 연상시키는 돌아서 있는 엄마의 등이 지금 돌아서 화장을 하고 있는 부인의 등을 통해서 다시 한번 재생되는 것이었다. 어릴 적에 생긴 반복되는 '자기중심'의 경험들이 의식되지 않는 무의식적 영역에 남아서 지금 중년이 되어버린 그 남성에게 영향을 미치게 되었다.

다시 성경이야기로 돌아가서, 가인과 아벨의 이야기를 통해 자기중심의 무의식적 부분에 대해서 좀 더 보도록 하자. 여기서 우리는 성경에는 기록되어 있지는 않지만, 그렇기 때문에 좀 상상력을 발휘하는 게 필요하다. 언뜻 생각해 보자. 많은 심리학 이론들이 그렇듯이 가정의 분위기와 부모와 아이와의 초기 관계가 아이가 정상적으로 성장하는데 얼마나 중요한 역할을 하는지 우리는 굳이 이야기 할 필요가 없다. 가정의 중요성과 그 영향력을 생각해 볼 때 가인에게 있던 부모님의 관계와 가정의 분위기는 분명히 가인이 그러한 우발적 행동을 시도하게끔 하는 부정적인 '자기중심'의 무의식적 경험이 생기는 장소였을 것이다. 가인이 아벨을 돌로 쳐죽이는 희대의 용서할 수 없는 근친을 죽인 살인의 동기는 가인이 상당히 많은 문제를 가진 가정에서 자라났기 때문이라는 말이다. 가인과 아벨이 자라난 아담과 하와의 가정의 분위기는 어땠을까? 과연 아담과 하와의 결혼이 인류 최초의 가정이고 최초의 결혼생활인데, 그들 가정의 결혼생활이 행복했다고 믿는가, 아니면 불행했다고 믿는가? 일단 만나서 물어봐야겠지만, 나는 내 기준에서 생각해 볼 때, 쉽게 그들의 가정과 결혼 생활이 행복했을 것이라고 믿지 않는다. 거기에는 여러 가지 상황이 있을 것이다.

일단 결혼한 부부가 가장 중요하게 생각하는 것이 무엇인가? 여러 가지 내용들이 많이 있을 것이다. 사랑이 가장 중요하다는 사람도 있을 수 있고, 경제적 안정이 중요하다는 사람이 있을 수 있다. 또 자녀, 건강,

서로가 같은 꿈을 갖는 것 등등 다양하리라고 생각한다. 이러한 것들이 결혼 생활을 하는데 있어서 중요하다는 것은 말할 것도 없다. 그런데 무엇보다 중요한 것은 아마도 서로가 서로를 믿는 '신뢰' 가 아닌가 싶다. 무슨 일이 있어도 서로를 사랑하고 서로의 삶에 헌신하겠다는 신뢰. 다른 사람들이 다 떠나고 심지어 사랑하는 자식들마저 부모를 떠나도 죽기 전까지 서로를 돌보고 믿겠다는 변함없는 신뢰. 이러한 신뢰가 부부가 힘들고 어려울 때 서로를 견디게 해주는 아주 중요한 것이라고 나는 믿는다. 그래서 부부는 오랜 주례사처럼 검은 머리가 흰머리가 되어도 결코 처음 가졌던 사랑의 마음, 위하는 마음, 믿는 마음을 버리지 말고 신뢰하면서 살자고 맹세하는 것이다.

그런데 아담과 하와는 시작부터 신뢰를 쌓을 수가 없었다. 아니 '신뢰' 가 아니라 '배신' 이라는 단어가 먼저 이 부부 사이를 특징짓는 단어였다. 하나님께서 아담과 하와, 뱀을 불러, 누가 선악과를 따 먹게 했는지 물어보셨을 때, 아담은 이렇게 말했다. "당신이 나에게 보낸 저 여자가 선악과를 줘서 내가 먹었습니다"

하나님이 아담에게 질문했을 때 하와가 어떠한 기대를 하고 있었는지 모른다. 하지만 아담이 분명히 이렇게 대답할 것을 기대하지 않았을 것이다. 아담은 두려운 나머지 거의 반사적으로 그렇게 했을 수 있다. 사실 아담이 말한 것은 거짓말이 아니었다. 실제로 하와가 주었기 때문에 아담의 편에서는 오히려 아무 잘못도 없는, 진실을 고백한 정직한 행동이었다.

그러나 부부관계에서 "내가 잘못해도 그래도 저 사람만은 나의 잘못을 인정하고 감싸주겠지" 라는 필수적인 신뢰가 중요하다. 그런데 아담과 하와는 시작부터 아예 그러한 것을 기대하기 힘들게 되었다.

또 가인의 출생배경을 보자. 오늘날 우리에게 아이가 생겨 새로운 생명을 잉태한다고 하는 것은 축복할 일이다. 아이를 갖는다는 것은 우리 인간들이 할 수 있는 일 중에 가장 가치 있는 일일 것이다. 그런데 창세기를 보면, 성경에서 아이를 갖는다는 것은 분명히 저주이다. 하나님께 순종하지 않은 결과 그 저주가 오게 되었다. 남자가 불순종의 대가로 땀을 흘려야 하는 노동의 벌을 받게 됐다면, 여자인 하와는 해산을 할 때 고통을 겪어야 했다. 성경에 보면 "내가 네게 임신하는 고통을 크게 더하리니(창 3 : 16)"라고 표현하고 있다. 이것은 하나님의 말씀을 순종하지 않은 저주의 결과로, 여자가 겪게 된 고통이었다. 따라서 가인의 탄생이 아담과 하와에게 결코 반가운 사건일 수 없었다. 오히려 가인의 탄생이 부모님의 기쁨이 될 수 없었다.

또 가정 분위기를 보자. 노동의 경험이 없는 아담은 땅을 개간해서 자기 스스로 먹고 살아야 하는 상황이었다. 아담은 가정을 책임져야 한다는 부담이 있었다. 잉태의 경험이 없는 하와도 임신이라는 두려움이 있었다. 또한 하나님과 함께 하던 안락한 동산에서 쫓겨나서, 전혀 낯선 환경에서 살아야 하는 부부는 서로에 대한 신뢰도 없었다. 그들이 얼마나 비참했을지 충분히 상상이 간다. 그러한 가정 환경에서 가인이 태어났다. 이러한 태생적 환경 때문에 가인은 '환영 받지 못하는 아이', '거절 당하는 아이'라고 느꼈을 것이다. 그리고 이런 환경들이 가인을 여러 가지 심리적인 문제가 있는 아이로 자라게 했을 가능성이 있다.

분명히 이러한 가정환경 속에서 태어나고 자라난 아이들은 자기 자신의 존재나 가치에 대해서 확신하지 못할 가능성 많다. 그리고 낮은 자존감, 즉 "나는 뭔가 문제가 있구나, 나는 충분하지 않은 결점이 많은 아이구나"라는 생각으로 자라날 수 있다. 아마도 그러한 환경에서 자라난 아이들은 우울증적인 성격, 또는 완벽주의적 성격을 갖게 된다든지, 굉장히 비판적이든지, 아니면 분노나 파괴적인 성격을 가진다든지, 여러 가지 성격적 결함이 있는 아이로 자랄 수 있다는 것은 쉽게 상상해 볼 수 있다.[21]

그런데 엎친 데 덮친 격으로의 이러한 부정적 자기 경험이 아벨이 태어났을 때 더 강화됐을 수 있다. 좀 더 상상력을 발휘해 본다면 두 번째 아이인 아벨이 태어났을 때 아마도 아담과 하와는 처음 가인을 낳을 때와는 환경이 많이 바뀌어져 있었을 수도 있다. 아마 경제적으로도 훨씬 안정되었을지 모른다. 왜냐하면 아담이 많은 실수를 경험한 후에 이때는 대충 어떻게 일을 해야 하는지, 그리고 효과적인 노동을 위해서 어떠한 방법을 써야 하는지 그래도 좀 경험이 생겼을지 모르기 때문이다.

또 두 번째 아이의 탄생은 한번의 경험이 있기 때문에, 우리가 일반적으로 그렇듯이 첫 번째 아이의 탄생보다는 그래도 덜 걱정되고 불안하지도 않았을 것이다. 아마도 어쩌면 처음 정신 없이 낳고 키운 가인보다 아담과 하와는 둘째 아이 아벨을 키우는 재미에 흠뻑 빠졌을지도 모른다. 하지만 이러한 환경이 아니라고 하더라도, 우리가 첫째와 둘째 아이를 낳아서 키울 때 흔히 볼 수 있는 것처럼 첫째 아들인 가인이 둘째 아들 아벨이 태어났을 때 가졌을 경계심, 시기심 또는 라이벌 의식 같은 것을 생각해 보라. 가인이 그러한 가족 분위기에서 아벨에 대해 어떻게 느끼며 자라났을 것인가 생각해 볼 수 있다. 다시 말하면 가인의 '자기 중심'의 '무의식적 경험'은 자기 자신에 대해서 온갖 부정적인 감정들의 연속이었을 것이다.

 그런데 결국 가인이 폭발하게 된 것은 가족들 모두가 다 자기 편이 아닌 것 같아도 그래도 하나님은 자기 편을 들어주셔야 하는데, 그 하나님마저 자기의 편을 들지 않고 아벨의 편을 드는 것 같았기 때문이다. 최근 종교심리학 영역에서 이루어진 연구에 따르면, 사람들의 종교성 형성에 있어서 초기 부모와 가졌던 기억이나 경험들이 종교관에 대해서 어떻게 영향을 미치는지 흥미로운 결과들이 나와 있다. 그 중에 리 커크페트릭(Lee Kirkpartrick)과 그의 동료들이 발표한 연구자료에 따르면, 간단히 설명해서, 부모와의 초기 관계가 긍정적인 아이들은 종교와 하나님에 대해서 긍정적인 태도를 갖는 반면, 그렇지 않은 아이들은 종교에 대해서 부정적인 자세를 갖게 된다는 것이다. 그래서 만약 부모님이 열심히 종교생활을 하는데, 아이들하고 관계가 좋았다고 하면, 아이들은 부모님이 믿는 종교와 신을 받아들이고 신앙생활을 할 가능성이 높다. 반면에, 부모님이 아이들과의 관계가 좋지 않았다고 하면 그 아이들이 부모님과 똑같은 종교를 가지고 생활할 가능성이 희박해지거나 아예 종교생활을 하지 않을 가능성이 많다. 이 말은 쉽게 말하면, 부모님과 아이들이 사이가 좋으면 부모님이 굳이 열심히 종교 생활하라고 말하지 않아도 아이들은 교회나 기타 종교활동에 열심을 낼 가능성이 많다는 말이다. 반면에 사이가 좋지 않으면 아무리 열심히 아이들을 교회에 다니게 하려고 해도 실패할 가능성이 많거나, 다닌다고 해도 부모님이 워낙에 무서우니까 그때만 모면하려는 행동일 수 있다. 만약 아이가 커서 어느 정도 자기 목소리를 낼 시기가 되면 더는 부모님이 강요하는 종교 활동을 하지 않게 될 것이다. 그런데 커크페트릭의 연구가운데 흥미로운 것이 있다. 종교생활을 하지 않거나 열심이지 않던 사람이 극적인 회심(Suddern Conversion)을 경험하는 시기, 즉 우리가 흔히 말하는 신비한 종교적 체험을 통해 신을 만나고 종교생활에 귀의하게 되는 경험을 하게된다. 연구 결과에 따르면, 청소년기 시기에 이러한 경험들이 가장 많이 발생한다고 한다. 그런데 청소년들이 극적인 경험을 통해 신을 체험하게 되는 경우는 부모님과의 관계가 원만하지 않아서 거기서 채워지지 않은 부족한 관심과 보호를 종교생활을 통해 얻으려는 욕구가 강하게 작용하기 때문이라는 것이다.[22]

가인의 경우를 단순하지만 이러한 관점에서 생각해 보면 분명 하나님은 그에게 부모님에게 얻지 못한 안식과 쉼, 위안을 줄 수 있는 분명하고 유일한 통로였을 것이다. 그런데 그러한 기대를 하던 하나님마저 자신을 저버린 것 같은 상황에 부딪히게 된 것이다. 하나님이 아벨의 제사는 받고 가인의 제사를 받지 않으신 데는 그럴만한 이유가 분명히 있으셨을 것이다. 그리고 보통 평범한 사람들의 반응은 '내가 무슨 잘못이 있나' 하고 다음에 그런 일들이 다시 일어나지 않도록 원인을 찾으려 했을 것이다. 그런데 가인의 반응은 동생을 죽이는 것으로 나타났다. 이 행동 뒤에는 앞서 언급한 '자기중심의 무의식적 경험' 이 복합적으로 작용했기 때문에 발생한 일이라고 생각해 볼 수 있다.

프로이드는 '전이' 라는 개념을 통해서 이와 같은 현상을 잘 설명하고 있다. 그는 전통적 의미의 전이는 초기 관계를 통해서 갖게 된 이미지들이 성인이 된 후에도 계속 남아서 현재 관계에도 영향을 미치는 현상이라고 했다. 쉽게 예를 들어 우리가 초기 아버지와 따뜻하고 긍정적인 관계였다면, 다른 남자 어른들에 대해서도 긍정적인 이미지를 가질 수 있다. 만약 그렇지 못하면 부정적인 감정을 가질 수 있다. 그래서 성인이 되어서도 한번도 본적이 없는 사람을 만났는데, 그 사람이 이유 없이 싫다거나 좋다거나 하면 그것은 초기 관계의 반복일 수 있다. 자주 예를 드는 것으로 교회에 처음 나갔는데, 한번도 뵌 적이 없는 교회 목사님이 이유 없이 좋아지는 경우도 사실 그런 초기 관계의 반복일 수 있다. 이것은 전이의 한 형태로 무의식적 자기 경험의 반복이라고 할 수 있다.[23)]

미카엘 칸(Michael Kahn)은 그의 책에서 프로이드가 치료했던 베르다(Bertha)라는 한 여성의 예를 들어서 "반복충동(The Repetition Compulsion)"이라는 개념을 설명하고 있다. 이것은 자기중심의 무의식적 경험의 예 중 하나로 우리에게 미치는 영향을 잘 설명해 준다.

그녀는 최면술로 자기를 치료하고자 했던 부루이어(Breuer)를 사랑하게 된다. 그런데 그 사랑이 사실은 어릴 적 자기 아버지를 향한 해결되지 못한 부성적 사랑의 반복이었다. 그녀는 아버지와 비슷한 느낌을 일으키는 남성들만 보게 되면 그러한 감정이 생겼다. 이 히스토리를 가진 사람의 이야기는 항상 그 사람이 경험을 통해서 얻게 된 정해진 틀이 있고, 그 틀을 계속해서 반복하는 경향이 있다. 따라서 만약 현실에서 자기가 좋아하는 아버지를 생각나게 하는 사람과의 사랑이 실제로 이루어지면, 자기 초기의 경험(실제 아버지와 사랑은 사회적으로 용납이 되지 않기 때문에 이루어 지지 않은)과는 다른 일이 발생하게 되는 것이다. 그렇기 때문에 그런 틀을 벗어나지 않기 위해서 모든 것을 포기하고 자기와 살겠다는 아버지를 연상시키는 남자를 오히려 갖은 핑계를 대서 떠나거나 버리게 된다. 그러면서 자기에게 하는 말은 "역시 나의 사랑은 이루어질 수 없는 현실이야" 라는 것이다. 그 이유는 그렇게 해야만 자기 초기 삶의 무의식적 경

험과 맞기 때문에 그렇게 반응하는 것이다.[24)

부부 사이에 화가 나서 다툼을 시작할 때도 우리의 자기중심의 무의식적 경험이 원인이 되는 수가 있다.

데이빗 사독(David Shaddock)은 책에서 부부 싸움을 할 때 발생하는 분노 뒤에 숨어 있는 그 분노의 진짜 원인에 대해서 예를 들어 설명하고 있다. 그에 따르면 분노는 두 가지 종류가 있다. 하나는 진짜 분노(Real anger)이고, 다른 하나는 방어적 분노(Defensive anger)이다. 어릴 적 상처 입은 자아로부터 발생되는 이 진짜 분노는 사실 우리 진짜 자아의 가장 깊은 감정들을 드러내는 것인데, 만약 어릴 적 '상실감이나 버려짐' 같은 경험이 있으면 상대편에게 화를 내는 우리 진짜 분노의 메시지는 "제발 내 말 좀 들어봐, 나 좀 봐 줘"라는 의미이다. 반대로, 어릴 적 누군가에 의해서 지배당하고 자신의 공간이 전혀 없는 삶을 경험했다고 하면, 진짜 분노의 의미는 "제발 나 좀 혼자 있게 내버려 둬, 부탁이야"라는 것의 다른 표현이다.

부부가 서로에 대해서 화가 나서 싸움을 하게 될 때 많은 경우 부부들은 진짜 분노의 차원에서 싸우지 않고, 진짜 분노가 원인이 되는 방어적 분노의 차원에서 싸우게 된다는 것이다. 그리고 이것은 부부관계에 굉장히 위험한 것이다. 왜냐하면 사실 진짜 서로가 원하는 것을 감추고 정반대의 감정을 드러내는 방어적 분노 차원에서 계속되는 싸움은 서로에게 상처만을 주게 되는 결과를 가져오기 때문이다. 즉, 진짜 분노와 방어적 분노의 차이는 진짜 분노는 자기 자신이 진실로 원하는 것을 '요구' 하는데, 방어적 분노는 상대편에 대한 '경고' 의 성격을 가지고 있기 때문이다.

다시 말하면 방어적 분노는 자기가 원하는 것과 정확히 반대 되는 것을. 예를 들어, 만약 상대편에 의해서 버림받는 다는 느낌이 들면 즉, 남편이나 부인은 자기를 무시하거나 버린다는 느낌을 갖게 하는 대상을 향해서 자기가 먼저 "저리 가버려, 당신 필요 없어, 나 혼자서도 잘 살 수 있으니까 그만 이야기 하자" 라고 자기의 진짜 감정과는 다르게 말하는 것이다. 이것은 사실 자기 본성과는 전혀 다른 의도이다. 이렇게 자기 본성을 숨기고 전혀 다른 메시지를 보내는 경우는, 자기 자신을 보호하기 위한 일종의 방어적 형태이다. 다시 옛날에 입었던 상처를 반복하지 않으려는 자기 보호의 한 행동으로써 자기 중심의 무의식적 경험이라고 할 수 있다.[25]

한 부부의 예를 들면, 결혼한지 일 년이 조금 넘은 부부가 있었다. 남편은 토론토에 있는 조그만 회사에 취직해서 직장생활을 하고 있었고 부인은 부동산 중개업자로써 일을 하고 있었다. 부인의 불만은 남편이 서로간에 분위기가 조금만 이상해지거나 사이가 불편해지면 문을 닫고 자기 방으로 들어간다는 것이었다. 대화가 좀 과열되어 분위기가 험해졌다 싶으면 하는 행동인데, 일단 남편이 문을 닫고 자기 방으로 들어가 버리면 부인은 화가 나서 참을 수가 없었다. 남편은 매사에 조금 소극적인 자신에 비해, 적극적이고 자기주장이 분명한 부인의 행동이 마음에 들어서 결혼하였다. 그런데 결혼하고 부터 적극적인 부인의 행동이 점점 자기 생활을 간섭하려고 하고 조종하려고 하는 듯한 느낌이 들었다. 어떠한 문제가 있어서 이야기를 할 때면, 남편이 느끼는 감정은 남편과 아내로서 대화를 한다기보다는 마치 무엇인가를 조사당한다는 느낌이 들어서 불편했다. 그래서 그 느낌이 들 때마다 슬그머니 자리를 피해서 방으로 들어갔다. 그러한 남편의 행동을 보고 부인은 남편이 자기를 무시하는 것 같아 화가 나서 미칠 것 같았다.

상담을 하게 되면서 알게 되었다. 이 두 부부가 서로 그러한 감정으로 힘들어 하는 이유는 역시 어릴 적 가족관계에서 생긴 자기 중심의 무의식적 경험 때문이었다. 부인은 어릴 적 이혼한 어머니와 함께 살다가 지금 남편과 결혼 했는데, 자기가 기억하는 아버지는 언제나 말이 없고 엄마와 다투면 조용이 문을 닫고 자기 방에 들어가 버리는 모습이었다. 이렇게 되면 덩그러니 엄마와 자기 둘만 남게 되었다. 언제부터인지 정확히 기억할 수 없지만, 엄마 아빠가 심하게 싸우고서 아버지는 그 후로 다시는 집에 오지 않으셨다. 그러한 자기중심의 무의식적 경험을 가진 아내는 조금 다툼이 있은 후에 자기 방으로 들어가서 문을 닫아버리는 남편을 보고 어릴 적 가졌던 떠나버린 아버지의 기억들이 무의식적 작용을 일으킨 것으로 보인다. 그래서 아내는 남편의 행동을 보면 무엇인지 모르게 불안하고 참을 수가 없었던 것이다.

반면 남편은 자기보다 세 살이 많은 누나와 함께 자라났다. 아버지는 직업 군인으로 권위적인 분이셨다. 전체적인 집안 분위기는 식구들 모두 엄마를 포함해서 아버지의 말에 순종적이었는데, 자기는 아버지가 굉장히 무서웠다. 아버지는 유독 자기보다는 누나를 더 좋아하는 것 같았다. 자기는 아버지가 무서워서 아버지 앞에서는 말도 하지 못했다. 무엇이 하고 싶다거나, 무엇이 갖고 싶다거나, 심지어 기분이 어떤지조차 말을 못했지만, 누나는 자신에 비해 왠지 할 말도 잘하고, 똑 부러지게 행동했다. 그래서 아버지가 자기보다 더 예뻐하시는 것 같았다.

그런 누나와 비교해서 주로 남편은 자기의 의사를 드러내기보다 시키는 대로 따라서 행동했다. 그나마 아버지의 근무지가 집과 멀리 떨어진 곳이어서 좀처럼 집에 오시지 않아서 다행이었는데 아버지가 오시면 되도록 아버지와 마주치지 않으려고 혼자 방에 들어가서 조용히 있었다. 그러나 언제나 아버지는 그러한 소심한 모습이 안 좋으셨던 것 같았다. 집안의 권위적인 인물이었던 아버지를 피해 어린 남편이 할 수 있는 일은 자기를 가려줄 조그만 자기 방으로 피해 있는 것이었다. 결혼해서 아내가 좀 드세게 몰아붙인다 싶으면, 방으로 들어가서 문을 닫고 있던 그러한 어릴 적 행동을 반복하게 되었다.

앞서 말한 예가 보여 주는 것처럼, 아내와 남편은 어릴 적 가족 안에서의 관계를 통해 생긴 자기중심의 무의식적 자기경험을 부부관계에서 반복하게 되었다. 만약 그 경험들이 어디서 온 것인 줄을 모른 체 서로가 서로에 대한 행동을 이해하지 못하고 부부가 방어적 차원에서 관계를 하게 되면, 둘의 결혼 생활은 서로 상처만 주는 '악몽'의 연속이 될 수 있다.

원가족의 영향력

우리는 지금까지 결혼해서 어려움이 생기는 이유는 자기중심적이 기 때문이라고 했다. 그 자기중심적이라는 말은 이기적이라는 말보다 는 우리가 주관적 관점에서 바라보고 생각한다는 말이다. 이것은 '다른 사람도 내가 생각하고 느끼는 것처럼 느끼겠지.' 하는 것을 의미하는 것 이다.

또 자기중심적이라는 것은 두 가지 경험을 포함하고 있는데, 이 두 가지 경험은 자기중심의 의식적 경험과 자기중심의 무의식적 경험이 있 다고 보았다. 두 가지 경험의 차이는 그 경험을 언제 겪었는지, 그리고 그것을 의식적으로 알고 있는 것인지 아닌지에 그 차이를 둔다는 것을 앞에서 보았다.

여기서 짚고 넘어가야 할 부분이 있다. 우리가 자기중심적 사고에 익숙하고 의식적 무의식적 경험을 하게 하는 여러 가지 경험 중에 어쩌 면 가장 중요할 수 있는 것이 바로 '가족' 이라고 하는 것이다. 우리는 가족 안에서 우리를 중요하게 돌보았던 사람들과의 관계를 통해서, '그 관계가 어떠했느냐?' 에 따라서 자기중심적으로 사람들과 관계를 맺고 있다.

1. 내 안에 내가 울고 있어요-기도가 되지 않아요

한 청년이 있었다. 대학과 대학원을 졸업하고 사회생활을 하고 있는 청년이었는데, 그 청년이 주위에서 듣는 말은 일 잘하고, 성실하고, 신앙심 좋다는 말이었다. 어른들이 그 청년을 바라보는 시선은 말 잘 듣고, 성실하며 신앙도 좋아서 좋은 사람 있으면 소개시켜주고 싶다는 것이었다. 그런데, 이 청년이 고민하고 있는 것은 예전처럼 기도생활이 되지 않는다는 것이었다. 처음 상담을 시작하게 되었을 때, 혹시 목사이기 때문에 다른 문제가 있는데 그냥 상담을 위한 이유로 기도가 안 된다는 말을 하는 것이 아닌가 하는 생각을 했다. 그러나 상담을 진행하다가 알게 되었다. 이 청년이 아주 어릴 적에 부모님이 이혼을 하게 된 경험이 있다는 것이었다. 더 불행한 것은 두 사람 중 아무도 이 청년을 돌보려고 하지 않아서 결국 아버지 쪽의 고모 손에 맡겨져서 살게 되었다. 이 청년의 "기도가 되지 않아요." 라는 말 뒤에 부모의 이혼과 그리고 고모 손에 자라난 자기중심의 경험들이 이 청년의 심리적 상태에 심각한 영향을 미치고 있는 것이었다.

아이들은 부모가 결별하거나 이혼을 하면, 우리가 상상하는 것보다 더 큰 영향을 받는다. 사실 부모님이 헤어진다고 하는 것이 아이들에게는 공포로 다가오는 현상이다.[26] 일반적으로 아이들은 부모님들의 문제를 자기의 문제로 바라보는 경향이 있다. 그래서 만약 부모님이 헤어지게 되면 그것이 자기의 잘못인 것처럼 여기게 되고, 부모님이 다시 예전처럼 살 수 있다면 무슨 일이든지 할 각오가 되어 있다. 이 청년에게도 아마 이러한 심리가 작용한 것 같다.

그는 고모의 손에 자라게 되면서 부모의 역할을 대신 하게 된 고모에 대한 심리적 유착이 실제 부모에게서 고모에게로 옮겨졌다. 이제는 절대로 두 번 다시 부모를 놓치는 일을 반복하기 싫었다. 이 청년에게 고모는 자기에게 부모와 같은 심리적 대상이 되었다. 그래서 자신을 돌보는 고모의 마음에 들기 위해서 온갖 노력을 다 하게 된 것이다. 이 청년은 고모의 마음에 들기 위해서 모범적인 생활, 행동, 태도를 가지려고 노력했다. 고모가 특별히 칭찬하던 것 중에 하나는 신앙생활을 열심히 하는 것이었다. 고모의 친 자녀들은 신앙생활에 그렇게 열심인 것 같지 않았는데, 이 청년은 어릴 때부터 고모를 따라서 새벽예배부터 각종 공식적인 모든 예배에 꾸준히 참석하고, 열심히 신앙생활을 했다. 아직도 기억하는 것은 초등학교 3학년 추운 겨울, 교회에 40일 작정기도가 있을 때 하루도 빠지지 않고 고모를 따라 그 기간 동안 기도회를 마쳤을 때이다. 그 청년은 고모는 물론이고 교회 목사님, 어른들 모두가 칭찬해 주던 때를 잊을 수가 없었다.

나이도 어린데 교회에서 어른처럼 크게 찬송도 하고 어른들이 통성으로 기도할 때면 자기도 잘 모르면서 어른들을 따라 눈물을 흘리며 기도를 했다. 그러면 고모는 흐뭇한(?) 눈으로 자기를 바라봐주고, 자기처럼 열심히 신앙생활을 하지 않는 친자녀들을 보면서 "우리 애들이 너 같이만 하면 좋을 텐데" 라고 했다. 사실, 추운데 고모를 따라서 매일 새벽예배를 나가는 것이 절대 쉬운 일이 아니었다. 하지만 왠지 그래야 고모가 좋아할 것 같아서 쉽지 않지만 열심히 따라다녔다. 또한 고모뿐 아니라 다른 어른들이나 심지어 목사님도 칭찬해 주셔서 참아낼 수 있었다.

이러한 생활을 계속하면서 성인이 되었다. 이 청년은 자기중심적 삶의 경험 때문에 나보다 권위 있는 사람의 마음에 들도록 무엇이든지 열심히 했다. 그 모습에 직장 상사뿐 아니라 많은 사람들에게서 신뢰를 얻었다. 어려운 환경에서 자라난 자신도 그러한 현재의 자신의 모습에 만족했다. 그렇지만 청년의 '깊은 내면의 소리'는 이 청년에게 "이제 좀 지쳤다"라는 메시지를 보내고 있었다.

항상 최선의 노력을 다해서 맡겨진 일들을 했다. 그러나 마음속에서는 "이 정도로는 부족해, 이렇게 하면 아무도 마음에 들어 하지 않을 거야, 조금 더 노력해야 해"라는 생각이 언제나 자신을 불안하게 했다. 그 불안한 마음들이 왜 그런지 몰라서 기도를 하지만, 기도를 해도 마음속에 드는 불안을 어쩔 수 없었다. 전에는 열심히 소리치고 눈물 흘리며 기도하면 마음이 편안하고 힘이 났다. 그렇지만 이제는 옛날처럼 똑같이 기도를 하는데도 왠지 허공에서 맴도는 그런 기도를 하는 것 같은 마음만 들었다.

이 예에서 살펴보자. 어릴 적 부모님의 이혼 때문에 고모 손에서 자라난 이 청년의 자기중심적 삶의 경험은 이 청년이 자신의 능력을 넘는 노력을 하게 하였다. 그러면서도 자기가 해 놓은 것을 다른 사람이 혹시 만족해하지 않을까 불안한 마음으로 살아야 하도록 만들었다. 그런데 왜 이 청년은 끊임없이 자기 능력 이상의 노력을 해야 하고, 다른 사람 눈에 들려고 몸부림쳐야 했을까? 그 답은 청년이 자라난 가족 환경에서 생겨난 자기중심적 삶의 경험 때문이다. 어쩌면 이 경험이 이 청년의 종교적 성향도 결정지어버린 중요한 요소가 될 수 있다. 그래서 "기도가 되지 않아요."라고 상담을 하러 왔던 것이다.

2. 가족을 통해 반복되는 악순환

우리는 결혼을 위해서 누군가를 만나게 되면 결혼 상대자의 외모, 말투, 간단히 보이는 사회적 단면만을 우선 보게 된다. 그 사람이 성인이 되어서 지금 그곳에 서 있게 된 지나온 역사를 살펴볼 수는 없다. 아마도 처음 만나서 사랑하게 된다고 하면 누구나 경험하는 것이지만, 그 사람의 됨됨이를 객관적으로 본다는 것이 사실은 힘든 일일 수 있다. 결혼 전은 지성이나 이성보다는 서로에 대한 감정에 지배받기 쉽기 때문이다.

사실 조금만 관심을 기울이고 보면 배우자에 대해서 알 수 있는 많은 단서들이 주변에 널려 있다. 그런데도 우리는 그것들을 볼 수 없거나, 아예 무시해 버리거나, 아니면 '그런 것들은 사랑이라는 이름으로 극복할 수 있어'라며 무모한 자신감으로 교제한다. 그러나 막상 결혼해서 현실에 부딪히게 되면 결혼 전에 보이지 않았던 것들이 하나씩 눈에 띄게 되고, 왜 그때는 그것들을 무시했는지 의아해 하기 시작한다.

우리가 만나는 사람에 대해서 알 수 있는 단서를 제공해 주는 여러 가지 것들이 있다. 어쩌면 그중에서 그 사람의 가족을 살펴보는 것은 가장 중요할 수 있다. 가족과 어떠한 관계인가, 지금 누구와 살고 있는가, 가족에 대해서 어떠한 생각을 하는가, 이렇게 조금만 관심 있게 살펴보면, 장래에 당신이 살게 된 부인이나 남편이 앞으로 당신과 어떠한 관계를 맺으며 살게 될지 대충 짐작할 수 있다.

여기서 이야기하려는 것은 내 개인적인 상담과 지금까지 공부를 통해서 나름대로 정리해 본 병적인 관계에 있는 가족 안에서의 관계를 정리해 놓은 것이다. 이 단계를 나름대로 정리하면서 '부모 만나기'를 첫 단계로 정한 것도 부부 상담을 하면서 나름대로 도달하게 된 결론이다. 보통 부부 상담을 하려고 오는 경우는 그렇게 많지 않다. 많은 경우 자녀 문제 때문에 상담자와 접촉을 하게 되는데 상담을 하다 보면 자녀의 문제보다는 그 자녀가 문제가 생기도록 한 부부관계가 더 큰 문제라는 것을 발견하게 됐다. 예외의 경우가 있기는 하지만 대부분은 뒤에 가서 설명하겠지만, 부부 심리 역동에 있어서 문제나 잘못된 습관 때문에 자녀가 그 가운데 희생을 당하는 경우였다.

그래서 자녀문제로 부부가 상담을 의뢰해 오는 경우에 결국에 모든 정황과 상황을 통해서 도달하게 된 결론은 자녀보다는 부모간의 관계를 개선하는 것이 훨씬 중요한 문제라는 결론에 도달을 했다. 그 다음은 그러면 과연 부모들을 어떻게 설득해서 자녀들보다는 자신들의 문제로 보고 상담을 지속시킬 수 있을까 하는 고민이었다. 지금도 기억난다. 자살 시도를 했던 한 청소년을 상담한 적이 있었다. 그런데 결국 그 아이의 자살시도는 지나치게 그 아이에게 집착하는 엄마로부터의 독립을 원하는 몸부림이라는 것을 깨닫게 되었다. 그래서 그 상담은 그 아이를 자신의 전부로 생각하고 살아오고 있는 엄마를 어떻게 자신만의 공간을 가질 수 있게 할 것인가, 자녀의 독립된 공간을 인정해 주는 부모로 살도록 도울 수 있을지로 결론지었다. 상담을 원하지 않고, 자기가 문제라는 것을 알지도 못하고, 안다고 하더라도 전혀 상담을 통해서 해결을 원하지 않는 사람을 상담 하려고 하는 것은, 거기에 얽힌 윤리적 문제를 떠나서 굉장한 도전이 된다. 사실 그러한 일이 닥칠 때면 절망과 같은 감정이 생긴다. 부모들은 조금만 노력하면 대단히 많은 것을 얻을 수 있는데, 일부러 보려 하지 않거나 회피해 버린다. 그런 부모들을 만나면 답답함을 넘어 절망을 느끼게 된다.

여기서 말하려는 네 단계는 문제의 자녀 뒤에는 문제의 부모가 있다는 확신에서 정리한 것이다. 지금 부부가 부모로, 자신의 잘못된 관계를 끝내고 새로운 가족을 만들어 갈 수 있다. 부부만 그 해결의 실마리를 가지고 있다.

이 단계들은 비정상적인 관계로, 심리적 문제를 일으킬 수 있다. 이러한 관계 속에서 성장한 사람은 성인이 돼서도 정상적이고 건전한 결혼생활을 할 수가 없다. 이 책은 성장 과정을 단계별로 요약해 놓은 것이지만, 일반 사람들도 얼마든지 적용할 수 있다. 왜냐하면, 우리는 모두 성장 과정에서 조금씩은 어려움이 있었기 때문이다. 그러나 그 부분들이 너무 오래되고 익숙하여서, 그 문제의 심각성을 전혀 인식하지 못한다. 이 네 단계를 간략하게 살펴보는 것은 우리가 가정으로부터 받은 심각한 심리적 영향에 대해서 생각해 보는 것일 수 있다. 그리고 지금 내가 이 네 단계 중 어딘가에 머물면서, 나뿐만 아니라 배우자나 아이들의 성장도 방해하고 있지 않은지 살펴볼 수 있다. "심리적 유착 때문에 홀로서기"에 실패한 성인들이 어떻게 다음 세대에서 그 관계를 반복하게 되는지 정리한 것이 각 단계를 구분 짓는 특징이다.

첫 번째 단계 – 부모 만나기

이 단계는 아이가 부모와의 만남을 통해서 자신의 성격을 발달시켜 가는 과정이다. 좀 더 큰 의미로는 환경과의 만남이라는 말이 맞겠지만, 그 환경 중에서도 부모의 역할이 어쩌면 가장 크고 우리의 신체적 탄생뿐 아니라 심리적 탄생에 있어서 가장 중요한 역할을 미치기 때문에 가족관계에서 부모의 역할은 그 시작이라고 할 수 있다. 앞서 언급된 내용처럼 아이는 태어나서 가정 먼저 부모를 만난다. 부모는 아이에게 세상이고, 우주 그 자체이다. 부모를 통해서 아이는 세상을 보고, 느끼며, 세상에 대한 감정을 처음으로 발달시키게 된다. 만약 부모가 아이를 사랑하고, 아이에게 적절한 관심을 쏟으며, 아이를 애정으로 돌보게 되면, 아이는 세상을 그처럼 받아들인다. 세상이 자기에 대해 관심이 있고, 사랑으로 대한다고 받아들인다. 만약 그렇지 않으면, 아이는 그 반대로 느끼게 될 것이다. 심지어 종교적 심성도 부모를 통해서 배우게 될 가능성이 크다. 언젠가 교회에서 다섯 살이 안 된 꼬마에게 "하나님이 누구야, 어떻게 생기셨어?" 라고 묻자 그 꼬마 하는 말이, "할아버지 하나님" 이라는 대답이었다. 그 아이에게 자기를 사랑하고 돌봐주는 친할아버지가 계셨는데, 그 아이는 그 할아버지를 통해서 하나님을 느끼고 바라보게 되는 것이다.

부모의 역할에 대해서 여러 의견이 분분한데, 꼭 부모가 애정을 가지고 잘 살피는 것이 아이가 정상적인 성인으로 자라는 것을 보장한다는 것은 아니다. 부모가 적절하게 돌봐주지 않았는데도 잘 돌보아준 아이들보다 더 정상적으로 자라난 경우들이 있기 때문이다.[27] 그러나 굳이 어떠한 심리학 이론을 살펴보지 않더라도 학계에 전반적인 의견은 부모의 역할이 아이가 건전한 성인으로 자라는데 중요한 요소라는 것을 지적하고 있다.

한 가지 좋은 예를 쟝 바니에르(Jean Vanier)가 그의 책에 기록해 놓고 있다. 발달장애를 가진 사람들을 위한 공동체 설립자인 바니에르는 그의 책에서 정신과 병동에 수용되어 있는 아이들을 방문한 경험을 아주 생생하게 기록해 놓고 있다. 그 병원에는 심각한 신체적 질병이 있는 아이들이 약 백여 명 정도가 있었다. 그런데 그가 그곳을 방문했을 때 너무 놀라운 것은 그 많던 아이들이 있는데도 불구하고 아무 아이도 울지 않는다는 것이다. 그 아이들이 이처럼 울지 않고 무반응인 것은 부모가 제공하는 적절한 돌봄을 제대로 받지 못했기 때문이었다. 비록 아이들을 돌보는 분들이 계시기는 하셨지만, 그분들이 돌보는 것은 태어난 아이들을 관심 있게 대하는 부모의 사랑과는 비교할 수 없는 것이었다. 그래서 적절한 때에 적절히 돌봐주고, 관심을 받지 못한 아이들은 울지도 못했다. 심지어 누가 와서 아이들에게 관심을 보여도 아이들은 거의 어떠한 반응도 보이지 않았다. 백여 명이 넘는 아이들은 정말 서로 약속이나 한 것 같이 아무도 울지를 않았다. 울어봐야 아무도 그들에게 관심을 가지고 다가와서 돌봐주지 않기 때문에, 우는 것을 포기하고 외부하고 단절된 상태로 살아가는 것이다.[28] 이 예는 초기에 관심을 두고 돌봐주는 부모의 역할이 얼마나 중요한지를 보여준다.

어떠한 부모도 완벽한 환경을 제공해 줄 수는 없다. 그럼에도 불구하고 사람들은 대부분 겉으로 보기에 정상적인 성인으로 자라는 것처럼 보인다. 여기에서 지적하는 것은 심리적으로 안정적이지 못한 부모, 즉 자기 독립적 기능을 하지 못하고 어떠한 이유로 아기를 적절하게 돌보지 못한 경우를 말하는 것이다. 간단히 예를 들어 최근에 발표된 연구결과에 따르면 산후 우울증으로 시달리는 부모의 증상이 1년 이상 지속되면 아이들의 정서발달에 심각한 영향을 미친다는 연구결과가 있다. 또한 앞서 언급한 말러뿐 아니라 많은 사람들이 건강한 부모-자녀간의 관계가 아이가 성장하는데 있어서 얼마나 중요한지를 말하고 있다.

여기서 이해를 돕기 위해서 잠시 수치심에 대해서 이야기를 해 보도록 하자. 카디프(Cardiff)대학에 스테핀 패티슨(Stephen Pattison)이 수치심에 대해서 아주 중요한 이야기를 하고 있다. 이 수치심의 감정은 우리가 살면서 어쩌면 필요한 부분일 수 있다. 그런데 그는 우리가 건강한 성인으로 사는데 방해가 되는 수치심이 있다고 말하고 있다. 그는 그러한 수치심의 종류를 '만성적 수치심'이라는 말로 정의하면서 이 감정은 사람들에게 가치 없는 존재, 적절하지 못한 느낌, 또는 죄인인 것 같은 느낌을 불러일으키는 힘이 있다고 설명하고 있다.

이 수치심이 있는 사람들의 일반적인 상태는 현실을 피해 숨거나, 사라지거나, 또는 어딘가로 피해서 도망가고 싶은 강한 충동이 있다는 것이다.[29]

특히 이 만성적 수치심을 가진 사람들이 택하는 몇 가지 독특한 삶의 유형이 있다. 첫 번째가 철회, 두 번째는 자아공격, 세 번째는 회피, 마지막으로 네 번째가 타자공격의 형태로 나타난다는 것이다.

철회는 수치심이 경험되는 순간에 심리적, 육체적 철회를 의미한다. 이것은 순간적 대인관계의 회피로 나타날 수 있고, 만성적 고립의 형태로 나타날 수 있으며, 또는 우울증의 증상도 경험할 수 있다.

두 번째 자아공격의 형태가 부정적으로 나타나면 습관적으로 자신을 비하하거나 학대하는 경향이 생긴다. 배우자나 친구 관계를 맺을 때 자신을 학대하거나, 함부로 대하는 가학적인 대상을 찾아서 만나고, 오히려 그 주위를 떠나지 못하고 배회하는 경향이 생긴다. 그래서 카리스마가 있어 보이는 종교지도자가 '종교' 라는 이름으로 성도들을 학대하고 비하하는데도, 오히려 그러한 종교지도자들에게 더 열성적이 되고, 추종자가 되어 떠나지 못한다. 그것은 그 내면 깊숙이 자리 잡고 있는 수치심에서 오는 자아공격의 형태가 있기 때문이다.

세 번째 회피는 자신의 진짜 모습을 감추고 현실에서는 참 자아가 아닌 거짓자아를 가지고 활동하는 유형을 말한다. 이러한 사람들의 삶의 형태는 완벽주의적 성격이 되어서 모든 것을 결점이 없이 해결하려고 한다. 또한, 사회적으로 영향력이 있는 사람과 동일화를 시도해서 그 사람의 가치를 그대로 받아들인다든지, 다른 사람에게 받아들여지기 위해서 헌신적이거나 순종적이 된다든지, 주변에 도움을 주기 위해 존재하는 사람처럼 보일 수 있다. 그러나 이 사람들이 다른 사람들에게 베푸는 도움은 상대편이 원하는 것을 주는 것이 아니라 자기가 원하는 것을 준다는데 문제가 있다.

네 번째 타자공격은 내적인 수치심을 가진 사람이 자신의 불편한 감정을 감추기 위한 방법으로 타자에 대한 공격적 형태를 취하게 되는 경우이다. 그것들은 다른 사람들을 협박적인 말투로 위협한다든지, 소리지르기, 공갈, 비난, 욕설 같은 형태가 있을 수 있다. 이 형태 중에 종종 수치심과 관련된 것을 분노라고 할 수 있다. 이 타자공격의 형태를 가진 사람은 쉽게 분노하고 그 분노를 참지 못하는 경향이 있다. 또한 다른 사람이나 무리들을 희생양으로 만드는 경향도 있으며, 쉽게 다른 사람을

비난하는 경향도 있다.[30]

그런데 물론 대충 예상되는 일이기는 하지만 가정환경은 이러한 수치심을 발달시키는 데 중요한 역할을 한다. 그중에 자녀에 대한 부모의 적절한 관심의 실패, 즉 아이가 어떠한 부모를 만나서, 어떻게 관계를 맺었느냐에 따라서 만성적 수치심이 발달하는데 상당한 역할을 한다. 앞서 언급한 패티슨 말고도 존 브래드쇼(John Bradshow)도 이와 비슷한 주장을 하고 있다. 수치심 형성되는 과정에서 가정, 특히 부모의 역할이 얼마나 중요한지 그는 좀 더 구체적으로 설명한다.

그는 특별히 수치심을 유기의 경험과 연관시켜서 말하고 있다. 그가 말하는 유기는 어떻게 아이들이 자신들의 진짜 자아를 잃어버리고 다른 사람의 심어준 자아를 가지고 살아 가게 되는지 정확하게 잘 묘사하고 있다. 그에 따르면 아이들은 부모가 반응해주는 자신들의 모습을 통해서 자기의 정체성을 세워나간다. 이 작업은 태어나서 1년간이 굉장히 중요하다. '유기' 라는 의미는 이 아이의 필요를 채워주지 못하고 정서적으로 아이와 단절되었다는 것이다. 그는 이러한 부모의 관계가 생략되거나, 충분하지 않으면, 아이는 평생을 자기가 누구인지를 모르고 살 가능성이 있다고 말한다.[31]

두 번째 단계 – 공생하기

두 번째 단계는 앞서 언급한 부모로부터 적절한 돌봄을 받지 못해서 아이가 심각한 심리적 영향을 받는 것을 넘어서 정서적, 심리적으로 문제가 있는 부모가 아예 독립적으로 활동하려는 아이의 노력 자체를 막아버리는 단계이다. 아이가 태어나서 일정기간 부모와 공생하는 기간은 자연스러운 것이다. 이것은 아이의 발달에 필요한 것이고 생존을 위해서 자연스러운 것이다. 아이가 필연적으로, 정상적으로 잘 발달한다면, 부모와의 정상적인 그 공생의 기간을 지나서 독립된 자기 모습을 찾고 자율성을 획득하려는 시도를 하게 되어 있다.[32] 그러나 문제는 부모가 그러한 아이들의 시도에 준비가 되어 있지 않아서 아이의 노력을 위협으로 받아들이거나 불안해 하는 경우이다. 만약 부모가 부모로서 건강한 자기 역할에 대한 인식이 있고 경계가 분명하면, 부모와 아이는 서로간의 관계에 있어서 다음과 같은 특징을 나타낼 수 있다.

첫째, 부모들이 아이들의 독립적인 욕구와 행동을 위협적인 것으로 받아들이지 않는다.

둘째, 아이들이 질투, 분노, 성적 내용 같은 것들을 표현하는 것이 허용된다. 이것은 부모들이 그러한 감정들이 자신들을 포함해서 누구에게나 있다는 것을 부정하지 않기 때문이다.

셋째, 아이들이 부모들을 만족시키기 위해 자기 발달에 필요한 욕구를 포기하거나 부정하지 않게 된다.

넷째, 아이들이 부모와 다른 개체로 행동하기 때문에 필요에 따라서 의존하거나 다른 목적으로 관계를 맺을 수 있다.

다섯째, 부모의 건강한 자기 경계에 대한 인식과 독립성이 아이들이 개별적 존재로 자라는 것을 허용할 수 있게 한다.[33]

그러나 문제는 부모가 자기 부모와의 관계에서 해결되지 못한 욕구가 있다든지, 발달하면서 적절한 도움을 받지 못한 경우라든지, 심한 경우 부모가 해결하지 못한 동기들을 해결하는 심리적 대상이었다고 하면 문제가 심각해 진다. 즉 이 말은 심리적 독립을 이루지 못한 부모가 아이를 심리적 의존의 대상으로 삼게 되는 경우이다. 이것은 역기능적 가족의 한 단면이다. 부모와 자녀간의 기능이 서로 뒤바뀌게 되는 경우이다. 즉 부모의 심리적 욕구를 무의식적으로 알아차린 아이가 부모의 욕구를 받아들이기 위해서 자신의 욕구를 포기하는 단계로, 부모와 자녀간의 기능이 뒤바뀌게 되는 경우이다.

한국적 상황에 맞게 쉽게 예를 들자. 자기중심적 경험이 자기 존재감을 발달시키는데 실패한 부모의 경우, 자기 존재감을[34] 충족시켜줄 대상으로 부모의 절대적 힘에 의존하고 있는 아이들을 좋은 대상으로 삼는다. 물론 이 단계는 부부간의 결혼 생활이 자기가 예상했던 대로 움직여지지 않을 경우, 더 빨리 더 강하게 이루어 질 가능성이 있다. 이 단계에 있는 부모들은 아이들의 생존에서 전적으로 필요한 존재들이다. 아이들이 무엇인가를 요구하기도 전에 모든 것을 다 알아서 공급하고, 지나치다 싶을 정도로 아이의 요구에 민감하게 반응하는 것이다. 어떻게 보면 자신까지 포기하고 아이들을 돌보는 '헌신적인' 부모가 될 수 있다. 부모가 아이에게 없어서는 절대로 안 되는 존재이지만, 아이들도 부모에게 절대로 없어서는 안 되는 대상이다. 부모는 아이를 통해서 자기의 삶의 존재를 느끼고, 아이가 자기 정체성이며, 아이를 통해서 삶의 의미를 가진다. 그래서 전적으로 부모와 아이의 경계가 없고 하나의 몸처럼 움직이고 활동하며 반응하게 된다.

따라서 부부간의 관계는 말할 것도 없고 모든 생활의 중심이 먼저 아이가 된다. 자기 존재감을 상실하거나 감정이 취약한 부모는 자녀를 통해 이것들을 채우려고 하기 때문에 부모와 자녀간의 관계가 좀 지나치게 나타난다. 따라서 '우리 아이' 라는 말이 모든 대화의 가장 중요한 대사가 될 수 있고, 아이의 성취가 곧 자신의 성취가 된다. 그러므로 이러한 관계에서 아이에게 생기는 자율성이나 독립적 욕구는 부모에게는 커다란 위협이 될 수 있다. 어떠한 방법으로든, 그러한 욕구나 행동을 보이게 되면 아이는 심각한 위협이나 보복을 감수해야 한다.

좀 더 엄밀히 말하면 이런 경우는 아이의 정서와 엄마의 정서가 따로 떨어져 분리될 수 없다. 서로가 서로를 통해서 느끼고, 바라보고, 반응하는 경우이기 때문이다. 즉, 아이는 엄마를 통해서 엄마는 아이를 통해서 느끼고 반응하는 경우로, 둘은 이것이 서로를 사랑하고 신뢰하는 경우라고 생각할 수 있지만, 사실은 병적인 관계로 '정서적 혼합' 의 단계라고 할 수 있다.[35] 결국 아이와 부모가 자신들의 진짜 감정이 무엇인지를 모르거나, 아니면 부인하고 다른 사람의 감정을 마치 자기의 진짜 감정인 것처럼 받아들이게 되는 것이다. 이러한 아이들의 특징은 자신을 중요하게 돌보던 그 사람의 기준을 자신의 내부의 목소리로 간직한다. 그래서 마치 그것이 자기의 생각이나 느낌인 양 말하고 행동하게 된다.

그러나 우리가 기억해야 할 것은 아이에게 있어서 부모의 존재가 절대적이듯이 아이도 부모의 생존에서 절대적인 가치가 있다는 것이다. 부모는 아이를 통해서 세상을 보게 되고 아이를 통해서 자신의 꿈, 기대, 바람들을 이루어 가려는 특징이 있다. 아이는 부모로부터 특별한 관심과 사랑을 받으면서 부모의 못다 한 한을 풀어줄 대상이 되는 것이다. 또이 아이는 부모에게 상처를 주거나, 아니면 필요한 때에 자신에게 적절한 관심을 주지 않고 떠나가버린 모든 사람과는 다르게, 언제나 자기 곁에서 있어 줄 특별한 신뢰의 대상이 되는 것이다. 아이는 부모에게 특별한 사랑을 받고 있는 자기만의 선물인 것이다.

세 번째 단계 – 비슷한 환경 찾기

이 단계는 성인이 된 아이가 성인이 되었지만, 심리적 독립이 되어 있지 않은 단계이다. 이 단계는 이 전에 부모나 중요한 사람과 가졌던 관계를 반복하기 위해서 누군가를 찾는 상황이다. 흔히 결혼이라는 말로 이 단계를 표현할 수 있다. 이 사람들이 결혼을 하려는 진짜 목적은 자신이 어릴 적 가졌던 비슷한 환경을 반복하려는 것이다.

앞서 몇 가지를 언급했지만 결혼 뒤에 작동하는 동기를 두 가지로 정리를 한다면 하나가 '반복심리(Repetition)' 이고 또 하나가 '보상심리(Complement)' 이다. '반복심리' 는 과거 자기 중심의 삶의 경험이 너무 좋아서 그 경험들을 결혼 생활을 통해서 다시 반복하고 싶어하는 경우이다. 쉽게 말하면 어릴 적 가족과의 관계가 너무 이상적이어서 가족들의 이미지나 모습으로 자기가 결혼하면, 그러한 이미지나 추억들이 다시 한번 결혼생활에서 반복될 것이라고 바라는 심리다. 그래서 이런 심리를 가지고 결혼을 하는 사람들이 흔히 하는 말은 "나는 결혼하면 우리 아빠 같은 사람하고 결혼 할거야." 또는 "나는 결혼하면 우리 엄마 같은 사람하고 하고 싶어." 라고 말하는 경우이다.

이와는 반대로 '보상심리' 에서 결혼하는 사람은 '반복심리' 를 가진 사람과는 정 반대의 태도를 가진 사람들이다. 이 사람들이 경험했던 가족은 "상처" 뿐인 기억밖에 없는 아주 지긋지긋한 환경이다. 그래서 할 수만 있으면 어떻게든지 그곳을 떠나서 살고 싶어하는 마음으로 가득 찬 사람들이다. 이러한 심리적인 기대가 있는 사람들은 '반복심리' 가 있는 사람들과는 정반대의 태도를 나타낸다. 그들은 자주 "나는 절대로 우리 아빠 같은 사람하고는 결혼 안 해." 또는 "우리 엄마 같은 사람하고는 절대로 결혼 안 해." 라고 말한다.

　좀 더 구체적으로 이야기 해 보자. 결혼에 이 두 가지 심리적 작용이 있지만, 우리는 모두가 우리가 익숙해 있던 환경을 찾아서 그것을 '반복' 하려는 심리가 더 강하다. 무서운 것은 그것이 좋던 싫던 상관이 없다는데 있다. 자기 중심의 의식적 경험과 무의식적 경험이 자기가 생각하는 이상적인 경험이라면, 반복심리가 강하게 작용하는 것은 당연하다. 좋은 경험이라면 그 일을 반복하고 싶어하는 것이 당연할 것이기 때문이다. 그런데 그 경험들이 결코 좋은 것이 아니었는데도 불구하고, 그러한 비슷한 환경을 찾아서 떠날 때는 정말 이해하기 힘들다. 그리고 만약 내가 살고 있는 환경이 그런 환경이 아니라고 하면, 그 비슷한 환경으로 상황을 만들어 간다는 것이 놀랍지만 현실에서 그런 일들이 실제로 일어난다.

　예를 들어, 딸 많은 집에 큰 딸이 있었다. 그녀가 제일 듣기 싫어하는 말 중에 하나는 "큰 딸이니까 니가 참아라" 하는 말이었다. 어릴 적부터 여동생들이 많았기 때문에 엄마는 항상 그녀한테 일을 맡겼다. 그래서 동생을 돌보는 일은 언제나 그녀 차지가 되었다. 무엇인가를 하고 싶은데도 의례히 큰딸이기 때문에 참아야 했다. 그 역할은 커서도 변한 게 없었는데 무엇인가를 살 때나, 어디를 가더라도 항상 동생들을 먼저 생각해야 했다. 그래서 본의 아니게 동생들에게 헌신적이었다. 부모 말을 잘 듣는 자신에 대해서 주변 어른들은 "큰딸이라서 참 의젓하다" 라는 말을 자주 했다. 하지만 정작 본인은 그 말이 정말 듣기 싫었다. 마음대로 투정도 하고 사고 싶은 것 사달라고 조르는 동생들을 보면 그렇게 부럽고 자기도 그렇게 하고 싶었다. 그래서 결혼하면 절대로 장남하고는 결혼 하지 말고, 남편한테는 꼭 부모님한테 못 받은 사랑도 받고, 애교도 부려볼 생각을 했다.

결국 본인이 바라는 대로 장남이 아닌, 남자 형제가 셋인 집안에 막내와 결혼을 하게 되었다. 그런데 결혼 생활이 자기가 생각했던 것과는 전혀 달랐다. 남편이라고 믿고 의지하려고 결혼 했던 남자는 오히려 자기한테 의지하고 모든 것을 챙겨주기를 바랬다. 하지만 이상하게도 오히려 자기에게는 그것이 편했다. 결혼해서 신혼 초부터 집안일은 말할 것도 없고 남편이 말하지 않아도 사소한 일까지 다 나서서 하게 됐는데 심지어 집안에 전구 바꾸는 것도 지금은 부인이 하게 됐다. 지금은 남편이 무엇인가를 해 주겠다고 하는 것이 더 불편하다. 또 시댁에서 손위 동서가 있는데도 불구하고 사실 명절이나 가족 모임 때 보면 이 부인이 큰 형님처럼 일은 다 도맡아서 하고 그런 그녀를 보고 사람들은 차라리 막내 아들 며느리가 손위 동서가 됐어야 한다고 말할 정도다.

위의 예에서처럼 자기 중심의 경험은 큰 딸이 싫어서 그 일을 하지 않으려는 것이었다. 그래서 일부러 그러한 사람을 만나고 그러한 일이 일어나지 않을 것 같은 결혼생활을 시도하려고 했다. 그래서 처음에는 자신이 원하는 결혼을 하고, 결혼 전과 같은 환경이 아니었는데도 결혼 후 환경이 자신에게 익숙하지 않기 때문에, 결혼 전의 환경으로 만들어 간 것이다. 이것은 일종의 '심리적 기대' 라고 하는 것인데, 현실적으로 자기가 원하는 것은 자기중심적 경험과는 다른 것을 그려놓고 있지만 정작 자신이 지금 만들어 가고 있는 사람과의 관계는 자기가 '이상적' 으로 생각하는 관계가 아니라 자기가 익숙해 있던 그 경험들을 그대로 반복해 가고 있는 것이다. 그래서 자기는 아버지처럼, 어머니처럼 살지 않겠다고 시작하고 다짐한 결혼생활이 10년, 20년이 지나서 보면 어느새 아버지가 어머니가 했던 그 모습 그대로를 하고 있는 자신을 발견하고 놀라게 된다. 마치 어릴 때 소꿉놀이 하면서 따라 했던 아버지, 어머니 역할을 성인이 되어서 그대로 하고 있는 자신을 발견하게 되는 것과 같다. 이것이 비슷한 환경을 찾아가는 세 번째 단계라고 할 수 있다.

네 번째 단계 – 반복하기

이 단계는 부부 관계를 지나 자녀와의 관계를 맺는 단계다. 이 단계의 문제는 자기가 부모와 가졌던 상처 입은 과거 사건을 자기의 자녀들과 반복해서 이어간다는 것이라고 할 수 있다. 다양하게 다른 모습으로 나타날 수 있지만 간단히 두 가지 유형으로 정리하면 "내가 받지 못했기 때문에 할 수 없다" 라는 형태와 "내가 받지 못했기 때문에 꼭 해야 한다" 라는 식이다. 어떠한 형태가 됐든지 이것은 정상이 아니다. 왜냐하면 이 관계를 맺는 사람은 정상적인 것이 무엇인지에 대한 기준이 없기 때문이다.

특별히 부모 자녀간의 관계가 부부간의 관계와 다른 점이 있다. 부모 자녀와의 관계는 보상심리가 좀 더 크게 작용한다. 많은 부모들이 자녀를 양육할 때 이렇게 생각한다. 일반적으로 자기가 가지지 못한 것, 하지 못한 것, 되고 싶었지만 되지 못한 것, 어떠한 것을 해 주었을 때 아이가 좋아 보이는 것 같은 것들을 의식적이든, 무의식적이든 자녀들에게 해 주리라고 각오를 다진다. 그래서 자기는 불행하게 산 것 같지만 자식에게는 그런 불행한 과거를 절대로 반복하게 해 주지 않겠다는 마음으로, 결혼 전부터 아이들을 정말 헌신적으로 양육하려는 자세가 되어 있는 것이다.

그러나 이러한 부모의 헌신적 사랑은 자녀가 원하는 사랑이 아닌, 부모의 일방적 기준에서 이루어지기 때문에, 부모의 헌신적 사랑은 굉장히 위험하다. 부모의 자녀에 대한 헌신적 사랑이 커지면 커질수록 자녀는 부모의 사랑을 점점 더 느낄 수 없게 된다. 오히려 부모의 사랑과 관심이 커지면 커질수록 자녀는 점점 더 조종당한다는 느낌, 간섭 받는다는 느낌, 자신의 자아를 점점 잃어버린다고 느낀다. 그래서 부모의 사랑이 커지면 커질수록 아이들은 더 답답해하고 빨리 그러한 부모의 곁을 떠나고 싶어 하는 마음만 든다. 그 이유는 부모 사랑의 시작이 잘못된 보상심리에서 출발하기 때문이다.

여기에 덧붙여서, 부모에게 있는 '자기중심의 의식적 무의식적 경험'이 자기 신뢰감 또는 존재감을 해치는 것이었다고 하면, 부모들은 아이만은 그 경험을 하지 않게 하려고 엄청난 노력을 하게 될 것이다. 하지만 그 관계에서 아이들은 다시 한번 자기 존재감, 신뢰감에 상처를 입게 된다.

한 아버지가 있었는데 두 번의 결혼을 하게 됐다. 전처와의 결혼에서 아들이 하나 있고 두 번째 결혼에서 아들과 딸이 있다. 전처에서 낳은 아이가 7살 때 그 아이를 데리고 지금의 둘째 부인과 살게 됐다. 큰 아이는 친모를 마음속으로 많이 그리워했다. 아이는 입 밖으로는 낼 수 없었지만, 지금 둘째 부인이 자기의 친엄마가 아니라는 사실을 알고 있었다. 그래서 특별히 온 가족이 모이는 명절 때 친지들을 만나는 것이 어려웠다. 새엄마 친척들은 사실은 자기하고는 아무 피도 섞이지 않는 관계라 가족들이 모이면 뒤에서 자기 이야기를 하는 것 같았다. 그렇기 때문에 아이는 외톨이처럼 느껴져서 불편했다. 그래서 나이가 먹고 크면서 점점 다른 이유를 대고 그러한 자리는 일부러 피하게 됐다. 그는 자라면서 자기는 절대로 아이를 낳으면 부모가 바뀌는 가정 환경은 물려주지 않으리라 굳게 다짐을 했다.

이제 나이가 차서 결혼을 하게 됐다. 아내와 처음에 연애를 할 때 몇 번 같이 술을 마실 기회가 있었는데, 아내는 술버릇이 좀 있었다. 그런데 결혼생활을 해 나갈수록 아내의 술버릇은 점점 고약해졌다. 그때에는 좀 그러려니 했다. 그렇지만 아내는 첫째 아이를 낳고 둘째 아이가 생겼을 때는 아이가 배속에 있는데도 술을 먹는 일이 잦아졌다. 그리고 일단 술을 먹으면 아무도 말릴 수가 없었다. 그것 때문에 싸움도 자주하고 별별 방법을 다 써서 술버릇을 고쳐보려고 했지만 아무 소용이 없었다. 남편이 술을 먹고 아내를 구타한다는 이야기는 많이 들어봤지만, 아내가 술을 먹고 남편이 아이를 돌봐야 하는 상황이 자기한테 일어날 줄은 생각도 못했다.

주변에서 남편 가족의 이야기를 아는 사람은 헤어지라고 말했다. 하지만 남편은 절대 그럴 수 없었다. 두 아이에게 엄마 없이 자라야 했던, 자기가 겪었던 그런 아픈 경험들을 절대로 물려주고 싶지는 않았다. 어떠한 일이 있어도 가족은 지켜야 했다. 그래서 아빠는 아이들의 모든 것이 되었다. 아이들이 원하는 것은 아빠의 능력이 되는 대로 무엇이든지 다 해주려고 했다. 아빠는 아이들에게 절대 "No"라고 말하지 않았다. 그러한 그를 보고 주위 사람들은 아빠가 애들 버릇 다 버려놓는다고 말할 정도였다.

이 예에서 보는 것처럼 술버릇 때문에 자녀들에게 적절한 관심을 보여주지 못한 엄마만큼이나, 자신의 불행한 과거를 아이들에게만큼은 되풀이 하지 않으려고 모든 것을 버려서 자식들을 위해 헌신하는 아빠의 사랑도 아이들에게는 치명적일 수 있다. 다시 말하면 부모의 사랑이 내가 받지 못했기 때문에, 내가 누리지 못했기 때문에, 우리 아이들에게만은 절대로 그런 일들이 생기지 않게 하겠다고 하든지, 우리 아이들만큼은 내가 누리지 못했기 때문에 충분히 누리고 살게 하겠다는 보상심리에서 출발한다면, 부모의 '사랑 아닌 사랑'은 아이들을 유기해서 키운 부모만큼이나 치명적이다. 왜냐하면, 거기에는 브레이크가 없기 때문이다.

나는 이것을 '오염된 자녀사랑'이라는 말로 표현한다. 부모와 자녀가 사랑이라는 말로 서로 관계를 맺지만 거기에는 부모, 자녀간의 경계가 없다. 부모는 자녀의 요구에 거절할 수 있는 힘이 없고, 자녀는 그러한 부모의 사랑을 누리면 누릴수록 건강한 자아가 있는 성인으로 자랄 수 있는 기회를 점점 박탈당하게 된다. 오히려 그 사랑이 커지면 커질수록 아이는 점점 그 사랑을 부담스럽게 여길 것이다.

앞의 예를 다시 보자. 사실 술버릇 때문에 엄마는 아이들과 가까이 할 수 없었다. 하지만 자신의 과거의 상처 때문에 아이들에게 더 집착하는 아빠의 사랑이 엄마와 아이들이 가까이 할 수 있는 공간도 막아 버린 것이다. 그래서 아이들은 엄마가 있는데도 엄마가 없는 것처럼 살게 된다. 결국은 아빠가 경험했던 그 비슷한 감정들을 아이들은 다시 경험하게 되는 것이다. 자신의 불행한 과거를 자기 자식들만은 경험하지 않고 살게 하겠다는 부모의 보상심리가 아이들이 자유롭게 주변을 탐색하고 결정할 수 있는 능력자체를 막아버린다. 이렇게 또 하나의 자기 존재감, 신뢰감의 상처를 입히는 관계를 만들어 가고 있는 것이다. 그래서 펙은 부모가 자녀에게 주는 이 '오염된 사랑' 에 대해 아주 의미 있는 말을 한다.

"사랑은 단순히 거저 주는 것이 아니다.

사랑은 지각 있게 주는 것이고,

마찬가지로 지각 있게 주지 않는 것이다.

그것은 지각 있게 칭찬하고, 지각 있게 비판하는 것이다.

상대방을 평안하게 해 주는 것과 더불어 지각 있게 논쟁하고,

투쟁하고, 맞서고, 몰아대고 밀고 당기는 것이다.

사랑은 '지도' 가 필요한 관계다.

지각 있다는 것은 신중한 판단이 필요하다는 의미이며,

판단은 본능 이상의 것을 요구하는 것이다.

그것은 심사숙고해야 하며 때로는 고통스러운 결정을 해야 할 때도 있다" [36]

08
chapter

성격의 형성

1. 부부도 외롭다-개인주의

지금까지 우리가 살펴 본 것처럼 부부간의 여러 가지 어려움을 겪게 되는 것은 우리가 자기중심적인 삶의 경험으로 서로 만나기 때문이었다. 특별히 가족은 자기중심적 삶의 경험을 형성하는데 어쩌면 가장 중요한 것이다. 태어나서 처음 만나는 사람들과의 관계를 갖게 되는 가족 안에서 어떤 방식으로 어떤 형태의 관계를 가졌느냐가 사실 오늘을 살아가는 우리의 모습을 만드는 것이다.

많은 사람들이 동의하는 부분이겠지만, 오늘 현대를 살아가는 사람들이 걱정하고 염려하는 것은 사람들이 너무 개인주의적이고 이기적이라고 하는 것이다. 찰스 테일러(Charles Taylor)는 그의 책에서 현대인들에게 있는 현대병 중에서 가장 위험한 것 하나는 바로 이 개인주의라고 지적했다. 사실 현대 사회가 낳은 가장 근사한 발명품 중에 하나는 '개인주의'라고 할 수 있다. 하지만 이것은 오늘날 현대인에게 가장 위험한 것 중 하나가 되었다. 테일러는 이 개인주의적 사고로 행동하는 사람들은 자기 자신 이외에 더 큰 것을 바라볼 수 없기 때문에 개인주의가 위험한 것이라고 지적하고 있다. 이 개인주의적 성향은 사람들로 하여금 자기를 중심으로 한 이외의 것들은 그냥 '다른 것(Things)'으로 생각하게 한다. 나와 다른 것들은 인격적인 만남으로 서로 존중하게 되는 관계가 아니다. 이 다른 것들은 주체인 '내'가 '객체'가 되어, 주체가 원하는 것들을 얻기 위한 도구로 전락해 버린다. 이것이 개인주의적 사고의 무서운 점이다.[37]

철학자인 존 맥머레이(John Macmurray)도 이와 비슷한 이야기를 했다. 그는 이 관계를 사회적, 개인적 관계로 지적한다. 사람들은 어떠한 목적을 위해서 서로 만나고 헤어진다. 하지만 현대인들이 만나는 것은 어떠한 개인적 목적을 이루기 위해 부분적으로 만나는 것이다. 맥머레이는 우리 전체를 다 드러내서 서로가 서로를 이해하며 진실하게 만나는 것은 힘들다고 말한다.[38] 그러니까 사람들이 개인적으로 많이 관계를 맺지만, 실제 '나 자신'을 다 드러내는 진실한 관계가 된다는 것은 어렵다고 한다. 사람들이 시간이 지날수록 개인주의적인 태도가 생기기 때문에 현대 사회는 어려움을 겪는 것이다. 그것은 '나' 중심의 생각, '나'만을 위한 사고나 행동, 다른 사람을 단순히 '나' 자신의 목적을 위한 도구(Things)로 바라보는 태도 때문이다.

이러한 사회에 사는 사람들은 그래서 외롭다. 사람들은 많고, 서로 많은 관계를 맺는다. 그렇지만 그곳에서 진짜 '나'를 드러내고, 깊이 있게 만나는 관계가 없다고 느끼기 때문에 주변에 사람들이 많은데도 불구하고 우리는 외롭다고 느낀다. 문제는 그러한 감정들은 부부 사이에도 마찬가지고, 가족 안에서도 동일하게 느껴질 수 있다는 것이다. 그래서 우리는 그러한 감정들을 마주치는 것이 두렵고 무서워서 다른 일에 몰두한다. 어떠한 사람은 돈을 많이 벌어서 성공을 하면 그 감정들이 없어질까 봐 그 일에 전력할 수 있다. 어떤 사람은 혹시나 기대하며 사람들을 찾아 나서지만 번번히 실패하는 경우도 있다. 누구는 사회적 명성과 지위, 또는 학위를 쫓아가든지, 운동이나 자녀에게 투자하든지, 아니면 그 공허감을 못 이겨서 마약이나 술로 그 감정을 달래려고 할 수 있다. 하지만 이것도 저것도 아니면, 건전하지는 않겠지만 자신 안으로 숨어들어서 우울증과 같이 정신적으로 앓는 다양한 방법들이 있을 수 있다.

그렇다면 왜 그런 일들이 생기는가? 왜 사람들이 개인주의적이 되고 자기 밖에 모르게 이기적으로 사는가? 여러 가지 설명들이 가능하지만 앞서 언급한 존 볼비(John Bowlby)는 이와 관련해서 흥미로운 연구결과에 대해서 말하고 있다. 그에 따르면 부모와 유착을 형성하는 시기에 일정 기간 부모와 이별을 경험하는 아이들이 보이는 반응을 세 가지 단계로 나누어 설명하고 있다.

그 첫 번째 단계가 저항(Protest)의 단계인데, 부모가 떠나버린 아이들은 처음에 울거나 소리를 지르거나 물건을 집어 던지거나 하면서 저항을 하는 단계이다. 이 시기에는 보모들이 아이를 달래려고 안고 어르고 물건을 쥐어 주어도 별로 효과가 없는 단계이다. 이 단계에서 답은 오직 부모가 아이한테 나타나서 아이를 달래는 수밖에 없다. 그러나 아이의 바라는 것과는 다르게 부모가 나타나서 아이를 달래주지 않으면, 아이는 처음 단계를 지나서 자포자기(Despair)의 단계로 간다. 이 단계의 아이들은 저항의 시기를 지나서 일정 부분을 현실로 받아들인다. 이는 아무리 울고 저항해도 나타나지 않는 부모님을 포기한다. 그리고 그 사실을 현실로 인정하고 주변에 조금씩 관심을 나타내기 시작한다. 그래서 보모 선생님을 향해서 웃기도 하고, 그가 주는 장남감에 관심을 보이기도 한다.

두 번째 단계를 지나서 아이가 겪게 되는 다음 단계는 적응(Adaptation)의 단계이다. 이 단계에서 아이들은 부모가 없는 현실에 적응해서, 자기를 돌봐주는 보모 선생님이 없어져도 화내거나 울지 않는 특징이 있다. 또 보모 선생님이 없다가 다시 나타나면 아무 일도 없다는 듯이 보모 선생님과 이전과 같은 관계를 맺는다. 그런데 이 단계에서 아이들은 보모 선생님이 아니라, 보모 선생님이 가져오는 물건(Things)에 관심을 보인다. 따라서 이 관계를 자주 경험하는 아이들은 피상적(Superficial)인 관계를 맺는다. 그래서 자기중심적이고, 개인적으로 자라날 가능성이 많다.

2. 신뢰감 형성-유착이론

볼비 이후로 그의 유착이론을 더 발달시킨 사람들 중에 바톨로메우(Bartholomew)와 호로위트즈(Horowitz)가 아주 흥미로운 유착의 네 가지 유형에 대해서 말하고 있다. 앞서 말했듯이 한 개인의 삶에 있어서 중요한 대상과 맺어진 초기관계가 건전하게 이루어지면 아이들은 건강한 유착관계를 형성하게 된다. 그러한 관계를 바탕으로 해서 성인이 되어서도 배우자와 또 앞으로 생길 자녀들과도 건전한 관계를 형성해 간다고 할 수 있다. 바톨로메우와 호로위트즈가 말한 아이들이 초기에 부모를 통

해서 형성하게 되는 네 가지 형태의 유착관계를 여기서 잠깐 살펴보면 다음과 같다.[39]

첫 번째 안정형

이 형태의 유착관계는 초기 부모와의 관계가 잘 형성되어서 아이가 자기 자신은 물론 타인에 대해서도 가치 있게 여기고 신뢰할 만한 대상으로 받아들이게 되는 경우이다. 따라서 대인관계를 맺을 때도 자신의 자율성을 잃지 않으면서도, 타인과 편안한 관계를 유지할 수 있게 되는 잘 형성된 유착형태이다.

두 번째 종속형

종속형의 유착형태는 앞의 안정형과 차이가 난다. 안정형은 자신과 타인에 대해서 긍정적으로 바라본다. 반면, 종속형은 타인에 대해서는 긍정적으로 보고 있지만, 본인 자신에 대해서는 상당히 부정적인 견해가 있다. 이러한 유형의 유착형태가 있는 사람의 대인관계 스타일은 혼자서 자신을 가치 있게 여기지 않는다. 그래서 그것을 다른 사람과의 관계를 통해서 채우려고 한다. 왜냐하면, 관계 자체가 중요해서 자신의 의견이나 생각보다는 다른 사람의 생각 의견들을 더 존중한다. 그래서 자기 것을 희생하는 경우로 나타난다. 그러한 행동을 하는 궁극적인 원인은 자기에게 '존재감'을 주는 '타인'을 잃게 될지 모른다는 두려움 때문이다.

세 번째 회피형

이 유형의 특징은 자기 자신과 타인에 대해서 부정적인 견해를 가진 형이라고 할 수 있다. 자기 자신과 타인에 대해서 부정적인 견해가 있기 때문에 누군가와 가까운 관계가 된다는 자체가 이 유형의 사람들에게는 짐이 되는 일이다. 따라서 대인관계에서 주로 보이는 형태가 깊은 관계를 회피하는 형으로 나타나지만, 진짜 그 이면에 숨겨진 동기는 친밀한 관계가 되는 것을 두려워하는 마음이 있기 때문이다.

네 번째 고립형

이 유형의 사람은 자기 자신에 대해서는 긍정적인 견해, 타인에 대해서는 부정적인 견해가 있는 사람이다. 따라서 자신의 가치는 느끼고 있지만, 다른 사람을 가치 있게 느끼지 못하기 때문에 굳이 가까운 관계가 되려고 하지 않는다. 얼핏 보면 회피형과 비슷하다. 그러나 고립형 유형의 사람은 자기 자신에 대해서는 긍정적인 견해가 있기 때문에 굉장히 독립적인 사람으로 보인다는 것이다. 그들은 나만 옳고 다른 사람은 다 틀린 것처럼 행동하는 것으로 보이는 특징이 있다. 그래서 첫인상은 교만하고, 다른 사람을 무시하며 때로는 권위적인 사람의 모습으로 보일 수 있다.

3. 믿을 만한 나와 그들-자기 신뢰감

부부들이 서로의 참 모습을 발견하지 못하고 더 나아가 자신의 진짜 모습을 드러내고 나누기를 두려워하는 것 이면에는 사실 자신이 믿을 수 있는 사람이 없다고 하는 초기 신뢰감 형성의 실패 때문에 생기는 결과이다. 앞서 언급한 유착이론의 예도 사실은 이 신뢰 때문에 생기는 결과라고 볼 수 있다. 이 네 가지 대인관계 방식은 초기 중요한 관계를 맺게 된 대상과의 관계의 결과이다. 다시 말해, 이것은 내가 의지하고 믿을 수 있는 대상인지, 내 마음을 열고 다가가도 변함없이 그곳에 있을 사람인지에에 대한 판단의 결과이다. 만약 이런 초기 대상에 대한 신뢰가 형성되는 중요한 시기에 그것이 성공적이지 못하면 발생할 수 있는 대인관계의 유형이다.

에릭 에릭슨(Erick Erikson)이 말하기를 아이들이 태어나서 겪게 되는 발달단계에서 아이의 성장에 중요한 인물과 관계를 맺으며 발달하는 심리적 정서가 바로 '신뢰' 라고 한다. 이 '신뢰' 는 아이가 자기 초기 삶에서 중요한 사람과의 관계에, 그 사람이 신뢰할 만한 사람이면 자신과 다른 사람을 신뢰하게 되는 것이다. 이 신뢰는 아이들의 요구에 적절하게 반응하는 관계를 통해서 형성된다.[40]

에릭슨은 이 신뢰감의 형성이 아이가 태어나서 발달하는 여러 심리적 발달단계에서 가장 처음으로 발달하는 것이라고 했다. 그는 이것이 적절하게 발달하지 않으면 성인이 되어서도 두고두고 문제가 될 수 있다고 말한다. 이 신뢰감을 형성한다고 하는 것은 부모가 아이의 요구에 적절히 응답했을 때 발달한다고 간단히 말했지만, 이 '아이의 요구' 라고 하는 것에는 굉장히 다양한 것들이 포함되어 있다. 그런데 사실 한국적인 정서에서 '아이들의 요구' 라는 것이 대체로 무시되고 가볍게 다뤄지기 때문에 문제가 있다.

자기 신뢰감 형성은 아이의 감정이 초기 관계에서 어떻게 다루어졌는지 중요하다. 일반적으로 한국적 문화나 정서에서 아이들이 기쁘거나 슬프거나 화가 났다는 개인적인 감정을 어른 앞에서 드러내는 것이 사실 자유롭지 못하다. 우리가 흔히 말하는 "쪼그만 게 뭘 안다고", "머리에 피도 안 마른 것이", "어린 녀석이 별걸 다하네!" 라고 말하는 것들은 이미 어린아이들의 감정, 느낌 같은 것은 아예 중요하지 않다는 의미가 들어 있다. 하지만 중요한 것은 아이들도 이미 느끼고 자기들의 감정을 가지고 있다는 것이다.

외국에 처음 와서 자주 들었던 이야기들 중에 하나가 한국에서 방금 온 아이들은 영악하다는 말이었다. 외국 아이들이나 여기서 자라난 2세 아이들은 단순해서 자기가 한 말 그대로 믿고 행동한다고 했다. 하지만 한국 아이들이나 한국에서 막 온 아이들은 눈치가 빠삭해서 아이가 아이 같지 않다고 했다. 처음에는 그 말을 이해하지 못했다. 그렇지만 캐나다에 살면서 나 역시 캐나다 아이들과 한국 아이들을 비교하면서 자연스럽게 느낄 수 있었다.

서양 부모들과 동양 부모들, 특히 한국 부모들은 아이들을 대하는 태도가 분명하게 나누어진다. 그 차이점 중의 하나는 '사생활(Privacy)'의 인정이다. 서양 사람들은 나이가 아무리 어려도 아이들을 하나의 독립된 인격체로 대하려고 노력한다. 한국적인, 동양적인 사람들보다 서양 사람들이 좀 더 강하다. 물론 여기서 서양적인 것이 좋고 동양적인 것이 무조건 나쁘다고 말하려는 것은 아니다. 두 가지 모두에게 장점과 단점들이 있을 것이다. 그냥 단순히 나와 세상에 대한 신뢰를 형성하는데 부정적인 결과가 있는 양육방법에 대해서 말하려고 한다.

서양 사람들은 아이를 낳으면 일단 먼저 아이들의 방을 따로 분리시킨다. 다른 침대를 마련해서 아주 어릴 때부터 자기만의 공간을 가지고 생활하도록 훈련시킨다. 나이가 아주 어리다고 해도 자기만의 공간이 있다는 것은 매우 중요한 의미가 있다. 이것은 아이가 어리다고 해도 자기의 감정, 느낌이 있는 하나의 독립된 인격체로 대우하겠다는 의지의 표현 이라고 할 수 있다.

부정적으로는 앞에서 지적한 것처럼 이런 것들이 아이들을 너무 자기만 아는 이기적인 사람으로 자라게 하는 것처럼 보이기도 한다. 이런 아이들은 말하는 것도 우리와 좀 다르다. 문장을 시작하는 단어들이 대부분 "내가 생각하기에(I think)" 라는 말이다. 다시 말해서 모든 생각의 기준이 '내가' 라는 것에서 시작한다. 이것은 어릴 때부터 아이가 가진 감정이나 느낌을 무시하지 않고 독립된 개인으로 성장할 수 있게 해 준 부모님의 노력이라고 할 수 있다. 이러한 자기중심적 삶의 경험을 가진 아이들의 특징 중의 하나는 자신과 다른 사람의 말과 행동을 신뢰한다. 내가 그렇게 말하고 그 사람이 그렇게 말하는 것은 꼭 그럴 것이라고 믿는 것이다. 그래서 말하고 행동하는 것 뒤에 혹시 다른 무엇인가가 있다고 생각하지 않고, 있는 그대로 믿고 거기에 반응하는 것이다.

그런데 동양, 특히 한국 가정에서 자라난 아이들은 요즘은 많이 바뀌기는 했지만, 서양의 아이들과는 이 부분에서 다른 것들을 경험하게 된다. 아직도 우리 문화에서는 '내가' 라는 말보다는 '우리' 라는 말이 힘이 있다. 사실 한국에 사는 아이들처럼 부모님과 긴 '공생'의 기간이 있는 문화도 찾아보기 어렵다. 어릴 때 서양 아이들처럼 떨어진 방과 침대가 있다는 것은 우리 한국 상황과 정서에는 그렇게 많지 않다. 형제들이 많던 시기는 형제들이 많아서 자기만의 공간을 가질 수 없었고 요즘처럼 하나, 둘씩 낳는 환경에서는 부모는 귀한 아이들과 떨어질 수 없다.

특히 한국 사고에서 아이들을 키우는 방법 중에 하나가 어른들의 생각과 결정이 가장 중요하다는 것을 생각해 보아야 한다. 아이들이 생각하고 느끼는 것도 중요하지만 그러나 더 중요한 것은 어른들이 생각하고 느끼는 것이다. 모든 일을 결정하는데 있어서 어른들이 생각하고 느끼는 것으로 아이들의 '운명'이 결정되는 경우가 허다하다. 만약 아이들이 계속해서 자기들의 감정이 무시당하고 받아들여지지 않으면 어떻게 될까. 아이들은 자기들의 감정을 느끼거나 자기의 감정을 드러내는 것 자체를 포기하고 자기보다 어른들의 감정을 먼저 살피고 알아내려고 할 것이다. 바로 '눈치'가 빠른 아이로 성장하는 것이다. 이러한 환경에 익숙한 아이들은 성인이 돼서 사람과 관계를 맺을 때도 부모님처럼 무리 가운데 힘이 있고 능력이 있는 사람들의 눈치를 보며 행동하는 사람이 되기 쉽다.[41]

데이빗 씨멘즈(David Seamands)가 사고가 있는 사람의 성격을 만들어가는 여러 가지 요인들을 이야기 하고 있다. 그 중에 하나가 '예측할 수 없는 집안 환경'이라는 것이다. 이 말은 집안 부모님의 감정을 도대체 아이들이 알 수가 없고 예측할 수 없다는 말이다. 부모님들이 언제 웃다가 화를 낼지, 언제 화를 내다가 갑자기 또 감정이 변하게 될지 알 수 없다. 아이들은 분명히 기뻐해야 하는 상황인데도 전혀 감정 표현이 없는 부모님 밑에서 고민한다. 끝 모를 부모님들의 감정탱크를 어떻게 채워야 할지 몰라서 그 부모님의 웃는 모습을 보려고 필요 이상의 노력을 한다. 그는 이러한 것들이 완벽주의 성격을 발달시킨 사람들의 원인 중에 하나로 지적하고 있다.[42] 그런데 여기서 좀 더 생각해 보면 이러한 부모들의 태도가 아이들에게 미치는 영향은 매우 크다.

부모가 아이들을 교육할 때 중요한 것은 원칙이다. 언제 무엇을 하고 어떤 것을 해서는 안 되고 아이와 부모는 이러한 상황에서는 이것을 해야 한다는 원칙 말이다. 그런데 아이들에게 안전한 환경을 제공하는 데 실패한 부모들은 이 원칙이 없거나, 있어도 전혀 지키지 않거나, 자기 맘대로 원칙을 무시하는 사람들이다. 이 원칙이라고 하는 것은 아이들이 정직하게 내가 한 사람의 인격체로 대우받고 있다는 생각을 하게 하는데 굉장히 중요한 의미가 있다. 또 이 원칙은 자기의 행동에 대해서 그 결과를 예측할 수 있게 하기 때문에 중요하다. 내가 어떤 행동을 했을 때 상대편이 보일 반응이 어떤 것인지 그리고 그러한 결과를 얻기 위해서 나는 어느 수준까지 어떤 행동을 해야 한다는 기준이 생기게 되는 것이다. 그런데 자기 신뢰감 형성에 실패한 가정에서 자라난 아이들은 이러한 원칙이 없는 가정환경에서 자라난 아이들일 수 있다.

예들 들어, 저녁 7시까지만 TV를 보라고 말을 해놓고, 어느 날 엄마가 기분이 좀 좋았는데 그날 집에 돌아오니 아이가 9시가 넘었는데도 TV를 보고 있다고 하자. 그런데 엄마가 7시까지 TV를 보도록 원칙을 정해놓았다. 하지만 그날 기분이 좋은 엄마가 하는 말은 "7시까지 TV보기로 했는데 지금 뭐 하는 거야, 조금만 더 보고 자" 라고 하는 별 대수롭지 않게 여기는 반응이었다. 그런데 다음날 엄마가 기분이 몹시 안 좋았는데 아이가 TV보고 있는 모습을 봤다. 그런데 시간은 6시도 안됐는데 엄마는 버럭 화를 내면서 "너는 하라는 공부는 안 하고 맨날 TV만 보고 공부는 언제 할래, 빨리 TV 끄고 공부 안 해?"라고 했다고 치자. 그러면 이런 상황에서 아이들의 반응은 우리 집안에서는 원칙이 중요한 것이 아니고 부모님의 기분이 중요하다고 생각하게 된다.

다시 말해 이러한 자기중심적 삶의 경험이 있는 사람들에게 환경은 자기의 감정, 느낌을 드러내놓고 이야기할 수 있을 만한 안전한 장소가 아니다. 그래서 항상 상대편이 무슨 말을 하게 될 때 그 사람이 말하는 것이 진짜 그 사람이 원하는 것인지, 다른 의미는 없는지 눈치를 보게 된다. 그리고 자기의 감정을 드러내기보다는 다른 사람의 감정을 먼저 생각하고 심한 경우는 다른 사람의 감정이나, 느낌이 자기의 것인 양 '척'하고 행동하거나 그렇게 믿고 행동하게 되는 것이다. 왜냐하면, 자신의 감정을 드러내고 표현하면서 살기에 이 세상은 안전하지도 않고 그렇게 해봐야 자기 부모가 그랬던 것처럼 받아들여지지도 않고 소용없는 일이기 때문에 그러한 위험을 감수하고 힘든 일을 하느니 차라리 편하게 사는 쪽을 택하게 되는 것이다.

그래서 어른들이 볼 때 한국 아이들은 영악해 보이고 약아 보이는 것이 사실은 아이들의 잘못이 아닌 것이다. 눈치 보며 살아야 하는 환경에서 자라난 아이들이 자기중심적 삶의 경험들을 통해 그러한 행동을 몸에 익힌다.

어떤 부모들은 "우리 아이는 입만 열만 거짓말을 해요"라고 말하는 분들이 있다. 왜 아이들이 엄마 아빠에게 거짓말을 하게 되는가? 아이들이 거짓말 하게 되는 것은 어른이 되어가면서 점차로 없어져 가는 것이기 때문에 크게 걱정할 일이 아니다. 하지만 그러한 거짓말하는 행동이 사라지지 않고 계속되고 더 교묘해 진다면 이것은 문제가 크다. 그런데 잘 생각해 봐야 한다. 아이들이 왜 어른 앞에서 거짓말을 할까. 뻔히 드러날 줄 알면서 그 상황을 모면하기 위해 거짓말을 하는지, 그리고 거짓말을 하는 아이들의 그 당시의 상황이 어떤 것인지를 이해해야 한다. 그 상황은 사실대로 말해봐야 아이들이 손해만 보는 상황일 수 있다. 사실대로 말했더니 칭찬이 아니고 두드려 맞고 혼나는 상황이라면, 아이들은 굳이 그러한 일들을 반복하고 싶지 않을 것이다.

상담 교육 현장에서 부모님에게 미국 초대 대통령인 조지 워싱턴에 관한 이야기를 자주 한다. 내가 초등학교 다닐 때 선생님께서 '정직' 한 아이가 훌륭하게 될 수 있다고 가르칠 때 많이 사용하는 이야기였다. 우리가 다 아는 것처럼, 워싱턴이 잠시 아버지가 나간 사이에 아버지께서 사온 도끼를 시험해 본다고 집에 있는 나무를 도끼로 쳐서 잘라냈다. 그런데 문제는 워싱턴이 잘라낸 그 나무는 아버지께서 특히 아끼시는 나무였다. 외출 후 돌아온 아버지가 자기가 아끼는 나무가 잘린 걸 알고 화가 나셔서 누가 나무를 잘랐느냐고 말했을 때, 워싱턴은 머뭇거리거나 두려워하는 기색 없이 솔직하게 "제가 도끼를 시험해 보려고 나무를 잘랐습니다." 라고 말했다. 그러자 아버지가 워싱턴이 자기가 한 행동에 대해서 숨기지 않고 솔직하게 말했기 때문에 워싱턴을 혼내지 않고 칭찬했다. 물론 이 이야기는 후대에 그의 전기를 쓴 작가가 너무 굴곡이 없던 워싱턴의 유년기 시절을 좀 더 극적인 상황으로 전개하기 위해 만들어 낸 이야기라는 것이 밝혀졌다. 하지만 이 이야기를 통해서 선생님께서 아이들에게 주는 교훈을 생각해 보자. 그것은 어떤 상황에서도 정직하게 행동해야 워싱턴처럼 훌륭하게 된다는 내용이다. 어릴 때 그 이야기를 들으면서 정직하게 행동하는 것이 얼마나 중요하고 그렇게 하는 것이 꼭 필요하구나 하고 다짐했던 기억이 있다.

그런데 이야기를 좀 뒤집어서 생각해보면, 정직하고 솔직한 워싱턴이란 분도 대단하지만, 워싱턴이 그렇게 행동할 수 있도록 환경을 만들어 준 부모님이 사실은 더 대단하다. 만약 워싱턴의 부모님이 워싱턴을 감정이나 느낌, 생각이 있는 아이로 다루지 않고, 무시하고 혼내고 야단하는 부모님이었다고 하자. 그래서 워싱턴의 자기중심적 삶의 경험이 부모님은 자기를 받아주지 않는 무서운 아버지로 기억하고 있다면, 나무를 벤 후 워싱턴의 대답은 분명히 달랐을 것이다.

이야기는 간단하다. 아이는 아직 나이가 어리고 육체적으로 부모님에게 의존적이다. 그래서 "쪼그만 게 뭘 알겠어." 하고 무시해 버리기 쉽다. 하지만 다행스럽게 부모님께서 그 아이의 감정, 느낌들을 독립된 한 인간으로 받아들여 주고 인정해 준다면, 그리고 그 아이가 부모님을 통해서 자기중심적 삶의 경험이 쌓여져 왔다고 하면, 그 아이는 분명히 세상에 대해서 신뢰하며 자라날 수 있을 것이다. 그래서 사람들이 하는 말, 행동, 표현들을 다른 숨겨진 것이 있다고 의심하거나 두려워하지 않고, 진짜 그대로 자기의 감정을 드러내고 눈치를 보며 행동하려고 하지 않을 것이다. 그저 순수하게 행동할 것이다. 이 말은 즉 내가 무엇을 생각하는지, 무엇을 느끼는지, 우리의 감정은 어떤 것인지, 다른 사람의 눈치를 보지 않고 솔직하게 표현하고 이야기할 수 있게 된다는 것이다.

그런데 불행하게도 한국적 상황에서 많은 경우 아이들은 자기의 감정, 느낌, 생각들을 무시당하거나 잘 받아들여지지 않은 삶의 경험들이 있다. 그런데 배우자를 자기감정을 드러내는 것을 허락하지 않는 삶의 경험을 다시 경험하게 하는 사람과 만났다고 생각해 보자. 과연 그 결혼 생활이 어떻게 되겠는가? [43)]

4. 자기 신뢰감 발달의 실패-정서적 유기

자기 신뢰감이라는 말을 다른 말로 하면 유기(Abandonment)의 경험이 아이에게 어떠한 영향을 미치는지를 의미하는 것이다. 앞에서 언급한 사독이 자아가 발달하는데 영향을 미치는 두 가지 기제에 대해서 이야 기하고 있는데 그중에 하나가 유기이다. 쉽게 말하면 유기의 경험은 '버 려짐'의 경험이다. 이것은 아이를 돌보는 주요한 인물이(대부분 부모) 아 이의 요구에 적절하게 반응하지 못해서 생기는 것이다. 유기는 두 가지 형태가 가능한데 하나는 신체적 유기(Physical abandonment)와 정서적 유기 (Emotional abandonment)가 있다.

신체적 유기는 아이가 부모의 존재를 필요로 하는 그 순간에 부모가 있지 않은 경우이다. 그러니까 아이가 적절한 부모상을 형성하고 부모 가 없어도 자기를 버리고 영원히 떠난 것이 아니라 지금은 없어도 곧 돌 아 올 것이라는 신뢰감이 형성되지 않은 상태에서 반복된 신체적 유기의 경험은 아이가 어떠한 대상에 대해 신뢰하지 못하게 한다. 결국 다른 대 상이나 물건에 대해서만 관심이 있고 위로를 받는 폐쇄적인 성격이 되거 나, 앞서 언급한 개인주의적 성격을 발달시키거나, 아니면 유기의 경험 이 반복되는 것이 두려워서, 관심을 보이는 어떤 대상에게 지나치게 집 착 할 수도 있다. 이것이 신체적 유기가 일으킬 수 있는 결과다.

영(J. E. Young)은 그의 책에서 "유기도식(abandonment Schema)"이라는 용어로 이 신체적 유기에 대해서 잘 설명하고 있다. 이 용어는 한 개인이 자기와 가까운 사람을 반복해서 잃게 되면서 생기는 일정한 사고형식을 말하는 것이다. 예를 들면 가까운 사람들을 죽음이나, 질병, 또는 혼자 남겨지는 경험들을 통해 생기는 결과라고 할 수 있다. 그래서 이러한 유기도식이 생긴 사람들은 "저 사람을 또 잃어버리겠구나!"라고 생각하고 두려워하며 살아간다. 누군가가 절대적으로 필요한 순간에 그 대상이 사라지는 경험들이 많을 때, 특별히 이 경험이 더 강하게 자리 잡는다.

이러한 유기도식이 있는 사람들은 슬픔, 우울증, 상실의 경험이 전반적인 삶을 지배하는 주요한 감정이 된다. 그런데 만일 이러한 유기의 경험이 참을 수 없을 만큼 강하면 그것은 분노로 표현되기도 한다. 또 상대에 대해서 지나치게 집착하거나 지배적, 소유하려는 욕구가 강하게 나타나고, 강한 질투심도 드러낸다. 또는 상대를 잃어버리지 않기 위해서 상대가 원하면 무엇이든지 할 각오가 돼 있는 자세로 대인관계를 맺든지, 아니면 아예 유기의 경험을 피하기 위해서 다른 사람들과의 깊은 관계를 피해버리고 피상적인 관계만을 맺는 경우도 가능하다.[44]

이러한 신체적 유기와 더불어 정서적 유기라는 것도 있다. 이것은 아이가 정서적, 감정적으로 누군가 필요할 때 그 사람이 아이가 필요한 감정을 받아들이거나 인정하지 않고 무시할 때 발생한다. 앞서 언급한 자기신뢰감 형성에서 정서적 유기의 경험이 중요하다. 특히 이것은 한국 부모들이 자녀들과 관계를 맺는데 중요한 점이다. 이것은 다른 유기의 경험보다 빈번하게 일어나기 때문이다. 특별히 많은 시간을 아이들과 같이 보내는 문화에서 자라난 아이들, 그리고 아이들을 많이 낳지 않고 하나 혹은 둘을 낳아서 온갖 정성을(?) 들이며 양육하는 환경에서 아이들은 자랄수록 이러한 정서적 유기의 경험을 더 빈번하게 만난다.

앞서 언급한 데로 아이들을 양육하면서 아이의 감정과 느낌에 대해서 주의하지 않고, 부모의 감정이나 느낌을 무의식적으로 강요할 때, 아이들은 이 정서적 유기의 경험을 한다. 따라서 아이는 아예 자신의 진짜 감정이 무엇인지를 표현하지 못하게 훈련이 되어서, 마치 자기의 진짜 감정보다는 어른들이 느끼는 감정이 자기의 감정인 것처럼 착각한다. 아니면 그렇게 믿고 자신의 진짜 감정을 숨기게 된다. 이러한 아이들은 자신의 감정표현이 서툴다. 또한 자신이 좋아하는 것이 무엇인지, 무엇을 어떻게 해야 하는지도 모르며 이 상태로 살아간다. 삶에서 언제나 중요한 것은 나의 감정, 느낌이 아니라 나한테 중요한 사람의 감정, 느낌이 더 중요하게 되는 것이다.

케르(Kerr)가 이와 관련해서 아주 흥미로운 이야기를 하고 있다. 그는 그의 책에서 정서적 척도가 되는 기준을 100으로 나누고 그 단위를 사분해서 해서 0-25까지, 25-50, 50-75, 그리고 마지막으로 75-100까지 그 단위에 있는 사람들의 정서적 특징을 묘사하고 있다. 특히 그중에 문제가 있지만 정상적 생활을 할 수 있는 25-50사이에 있는 사람들의 상태를 잘 설명하고 있다. 그에 따르면 이 단계에 있는 사람들은 다른 사람들의 생각이나 사상을 그냥 비판 없이 받아들이고 권위주의적인 것에 의지하거나, 종교, 문화적 가치, 철학, 법, 과학 물리와 같은 것에 지나치게 의지하는 경향이 있다고 한다. 이 단계에서 중요하게 보아야 할 것은 거짓 자아의 등장(Pseudo-self)이라고 할 수 있다. 이 단계에 있는 사람들은 자기의 진짜 자아로 사는 것이 아니고, 자기 생각이 아닌 다른 사람의 생각을 마치 자기 것인 양 믿고 살아가게 되는 것이다. 결혼생활도 마찬가지로 누가 주도권을 가지느냐에 따라 그 주도권을 가진 사람의 의견을 무조건 따라가는 경향이 있는데, 이 단계에 있는 사람들이 주로 택하는 삶의 태도는 침묵이나 회피의 경향이 강하다는 것이다.[45]

좀 흔하지 않고 예외적인 경우라 읽는 분들이 어떻게 받아들일지 모르겠지만 한 가지 경우를 보도록 하자.

한 부부가 있었다. 아내와 남편은 시댁 쪽 부모의 반대로 부부가 서로 좋아하는데도 불구하고 결혼할 수 없었다. 시댁 식구들은 신부가 몸이 성치 않아서 정상적인 생활을 할 수 없다고 판단하고, 결혼을 극구 반대했다. 그런데 너무 사랑했던 두 사람은 그 반대에도 불구하고, 서로에 대한 사랑을 키우고 미래에 대한 계획을 세워나갔다. 그런데 신부가 결혼도 하기 전에 혼전 관계를 통해서 아이를 갖게 되었다.

이러한 사실을 알게 된 시댁 쪽에서는 시누이까지 나서서 그 결혼을 반대했다. 그리고 급기야 그녀를 찾아가서 아이를 낙태시키려고 했다. 그러나 그녀는 우여곡절 끝에 친정을 나와 시댁식구들을 피해 결국 아이를 낳았다. 자기가 몸이 정상적이지 않기 때문에 건강한 아이가 아닐지도 모른다는 걱정이 많았다. 그러나 다행히 아이는 정상적으로 태어나고 잘 자라주었다. 그때부터 이 여인은 한국에서 사람들의 눈치를 받으며 미혼모로서 살아가기 시작했다. 물론 힘든 것을 각오하기는 했지만 자기가 생각했던 것 이상으로 더 힘든 현실이 그녀를 기다리고 있었다.

그녀는 미혼모였으며, 거기다 몸도 성치 않았다. 그런데 그러한 그녀를 시댁은 물론 심지어 친정 부모들도 멀리했다. 그 상황에서 남편도 연락이 끊기고 만날 수가 없었다. 하지만 정확히 말하면 연락이 끊겼다기보다는 그녀가 연락하지 않으려고 일부러 일방적으로 참는 것이었다. 그녀는 단순히 연락하면 아이 아빠가 생활하는데 어려움을 겪을지 모른다고 두려워했다. 사랑한다면 사랑하는 사람에게 그러한 부담을 주지 말아야 한다고 느꼈다. 그 사이 아이의 아빠는 부모가 소개한 여자를 만나서 결혼하게 되었다. 그녀는 그 소식을 듣는 순간, 그나마 있던 조그만 희망도 다 사라지는 것 같았다. 그래서 이제는 정말 잊어야 한다고 생각했다.

모든 사람이 다 떠나고 모든 환경이 자기한테 등을 돌리는 것 같은 상황에서 그녀는 딸 때문에 희망을 품고 살 수 있었다. 그녀는 비록 고생해도 이 딸만은 어떻게든지 잘 키우려 했다. 그래야 다른 사람들에게 자신이 모든 것을 버리고 살아온 것에 대한 이유가 될 수 있었다. 그래서 자신은 먹고 싶은 것, 입고 싶은 것, 하고 싶은 것들을 다 참고, 오직 딸만을 위해서 살게 되었다. 다행히 딸은 엄마의 기대대로 잘 자라주었다. 더군다나 엄마가 몸이 성치 않다는 것에 대해서도 전혀 주눅이 들어 하지 않는 것 같았다. 학교에서도 내내 전국에서 1, 2 등을 할 정도로 공부도 잘했고, 그 또래 아이라고는 느껴지지 않을 정도로 행동도 의젓했다. 오히려 어떤 때는 힘들어하는 엄마를 위로할 정도였다.

그런데 시간이 지나고 아이가 자라면서 엄마는 미혼모로 아이를 키우는 자신과 아이를 바라보는 주변에 시선, 그리고 그것 때문에 아이가 받게 될 영향 때문에 한국을 떠나 살 생각을 하다가 결국 캐나다로 오게 되었다. 문제는 그때부터 시작되었다. 아이는 캐나다에 오고 나서부터 변하기 시작했다. 한국에서는 그렇게 공부도 잘하고 선생님에게 사랑을 받던 아이가 이곳에 와서 적응도 못하고 공부도 시원치 않았다. 그래서 대학을 가야 하는 나이인데도, 고등학교를 졸업 못하고 있었다.

또 더 참기 어려운 것은 그전에는 먼저 엄마의 감정, 기분을 알아서 달래주고 위로해 주던 착한 딸이었는데, 이제는 엄마가 조금만 무슨 말을 해도 화부터 내고 도대체 대화 할 수가 없는 상황이 됐다. 그녀가 딸에게 요즘 가장 많이 듣는 말이 "아, 짜증나" 였다. 그녀는 둘이 사는 조그만 아파트에 들어가는 게 너무도 싫었다. 생각할수록 화도 나고 자기가 살아온 삶이 한심하게 느껴졌다. 그녀는 딸을 위해서 얼마나 희생하고 헌신했는데, 지금 그녀에게 어떻게 그럴 수 있는지, 어디서부터 무엇이 잘못됐는지 알 수 없었다. 그녀가 따로 바라는 것은 없었다. 단지 딸이 자기처럼 살지 않고 행복해 졌으면 좋겠다고 바랬다.

여기에 더 많은 내용이 있지만 일단 여기서 줄이도록 하자. 사실 이 두 모녀의 관계는 "정서적 덩어리" 였다. 두 사람은 따로 떨어져 있지만, 서로의 감정에 지나치게 영향을 주고받았다. 신체적으로는 독립적이지만 정서적으로는 하나인 생활을 해 왔던 것이다. 하지만 이러한 관계는 엄마도 딸도 모르는 사이에 시작한 것이다. 헌신적인 엄마가 딸에게 절대적인 희생을 하면서 자기도 모르는 사이에 딸을 정서적으로 희생시켰던 것이다.

엄마는 자기도 모르게 일정한 기대를 가지고 아이를 몰아가고 있었다. 그래서 자기의 감정, 느낌까지도 아이가 같이 느끼고 이해해 주기를 바랬다. 곧 서로가 다른 인격체이지만 완전히 한 몸처럼 같이 느끼고 같은 곳을 바라보았으면 하고 기대하는 것이다. 그러나 아이는 자라면서 그러한 무언의 기대를 가지고 접근하는 엄마가 굉장히 부담이 되었다. 이 둘 사이의 감정들을 두 가지로 정리해 보면, 엄마가 변한 딸을 보고 느끼는 감정은 '배신감' 이다. 그런데 그 엄마가 싫어서 반항하며 함부로 행동하는 딸은 그렇게 행동하면서도 심한 '죄책감' 에 시달린다.

여기에서 우리가 중요하게 보아야 하는 것이 있다. 그것은 아이가 엄마와의 관계에서 정서적 유기의 경험을 하고 있다는 것이다. 자기의 감정이 있지만 자기보다는 엄마의 감정이 더 중요하기에 아이는 일방적으로 자기의 감정을 희생하고 엄마의 감정에 더 민감하게 반응하는 것이다. 이것은 아이들을 돌보는 사람에게 일반적으로 보이는 형태이다. 더군다나 아이를 돌보는 대상이 정서적으로 불안하고 건전하지 못할수록 그 관계는 더 악화될 수 있다. 그러한 정서적 유착을 시도하는 방법들이 다양하겠지만, 이 경우는 사랑이라는 이름으로 포장된 지나친 헌신이라고 볼 수 있다. 그런데 그 헌신 때문에, 그 헌신을 받는 대상이 돌보는 사람의 기대나 요구에 부합되지 못하는 행동을 하게 될 경우, 심각한 죄책감에 시달릴 수 있다.

5. 나는 가치 있는 사람인가?—자기 존재감

아이들이 초기 세상과 나에 대해 신뢰감을 형성하는데 중요한 것이 있다. 그것은 자기중심적 삶의 경험을 한 부모가 아이의 감정과 느낌 등을 어떻게 대했느냐에 대한 것이다. 그 외에 또 한 가지 중요한 것은 아이들이 "나는 가치 있는 사람인가? 사람들이 나를 가치 있는 인물로 느끼고 대접하는가?" 하는 자기 가치감 형성에 관한 것이다. 이 자기 가치감을 발달시키는 여러 과정에서 자기중심적 삶의 경험이 있겠지만, 가장 중요한 것은 얼마나 아이들의 의견이나 생각이 중요하게 받아들여졌느냐 하는 것과 관련이 있다.

　이것은 앞서 말한, 부모가 아이의 감정을 받아들이고 인정해 주면서 생기는 자신과 타인에 대한 신뢰감을 말하는 것이다. 그러면 자기 신뢰감의 발달과 자기 존재감의 차이가 무엇일까. 자기 신뢰감이 실패하게 되는 경우는 어른이 자기감정을 일방적으로 앞세워 아이들을 무시하는 경우다. 그러나 자기 가치와 관련된 자기존재감 발달에 실패하게 되는 것은 "아이를 위해서 배려한다." 는 것들이 잘못 변형되어서 생기는 부작용 때문이다. 임종렬의 저서 "대상중심이론 가족상담" 에서 밝히고 있는 것처럼 부모님의 지나친 사랑이 오히려 아이를 망쳐 놓는 경우라고 할 수 있다. 이 말은 아이를 사랑한다고 하면서 사실은 아이를 사랑하는 것이 아니라, 대부분의 부모님의 사랑은 자기가 잃어버린 꿈을 사랑하는 '일방적 사랑' 일 가능성이 많다고 하는 것이다. 그 책에서 인상적인 것은 부모님의 사랑만큼 조건 많은 사랑이 없다고 하는데 사실 우리가 아이들을 사랑한다고 하면서 얼마나 큰 희생을 아이들에게 강요하고 있는지 모른다.[46)]

　예를 들면, 부모가 아이들에게 흔히 하는 말이 "내가 하라는 대로 해. 이게 나 좋으라고 하는 거야? 다 너 좋으라고 하는 거지. 네가 공부 열심히 해서 좋은 대학가고 사회에서 성공하면 그게 너한테 좋은 거잖아!" 하는 식이다. 당연히 맞는 말이다. 그 말은 부모님이며 사랑하고 관심이 있어서 하는 말이다. 그런데 정말 그럴까? 정말 아이한테만 좋을까? 여기에서 문제는 "내가 좋으라고 하는 게 아니고 네가 좋으니까 해" 라고 말하는 그곳에는 아이들의 의견이나 생각은 전혀 받아들여지지 않는다고 하는 것이다.

토론토에 있으면서 유학을 온 아이들이나 같이 아이를 데리고 온 부모들, 심지어 이민 와서 아이들을 여기서 낳고 키운 부모님을 만나고 그 자녀를 상담해보면서 알게 되었다. 외국에 사는 부모님도 여전히 자녀가 가기를 선호하는 과는 의대나 법대였다. 거기에 가서 의사나 변호사가 되는 것을 좋아하는 것은 한국과 같았다. 사실 캐나다도 의대나 법대는 들어가기가 쉽지 않다. 그렇지만 일단 졸업만 하면 사회적 지위가 보장되는 직업이기 때문에 열렬한 부모님은 어떤 노력을 감수하고라도 꼭 아이들을 그곳에 졸업시키려는 의지가 대단하다.

캐나다에서 의사가 되기 위해서는 일단 대학 학부에서 의대대학원 진학과 관련된 과정들을 먼저 해야 한다. 그리고 본격적으로 대학원에 들어가서 의사가 되는 길을 간다. 하지만 많은 아이가 대학 학부과정을 시작하기는 하지만, 쭉 이어서 대학원에 진학하는 아이들은 찾아보기 쉽지 않다. 1년이나 2년 정도 지나면 다른 과목으로 전과하든지, 아니면 점수가 안 되어서 학교를 포기하는 경우가 비일비재하다.

그런데 고등학교에 다니는 아이나 심지어 더 어린 학급의 아이들을 만나서 전공은 정해졌는지, 어느 대학을 갈 것인지 물어보면 그들은 흥미롭게 대답한다. 아이들의 대답이 "잘 모르겠어요.", "의대나, 법대요"이다. 그러면 잘 모르겠다고 대답하는 아이나 어디를 가겠다고 분명히 말하는 아이들, 그것도 대학이 꼭 의대나 법대만 있는 줄 알고 다른 과는 생각해 본 적이 없다는 듯이 말하는 아이들을 보면, 둘 다 똑같은 부모 밑에서 자랐다는 생각이 든다. 둘 다 일찍부터 자기의 의견이나 생각은 받아들여지지 않고 일방적으로 부모님의 생각, 의견을 따라 행동하도록 훈련받은 것 같다.

아이들의 교육 때문에 이민을 가는 부모님들이 요즘 부쩍 늘었다. 그래서 거기서 생기는 문제들이 여러 가지 있다. 사실 한국에서 보고 듣는 것과 직접 외국 땅에 나와서 사는 경우는 상당한 차이가 있다. 그런데 그 모든 위험을 감수하고 아이들의 미래를 생각해서 가족이 이민을 오는 경우를 보면, 대단하다는 생각을 넘어서 일종의 존경심까지 생긴다. 하지만 그러한 가족을 바라보면서 "아이들이 저런 부모님의 마음을 좀 이해해야 할텐데" 라는 마음에 걱정이 앞선다. 왜냐하면 많은 경우 교육 이민을 와서 잘 정착해서 계획대로 사는 경우보다, 아빠는 아빠대로 엄마는 엄마대로 자녀는 자녀대로 서로 굉장한 어려움을 겪기 때문이다.

한편 더 위험한 것이 있다. 초등학교도 졸업하지 않은 아이들을 조기 유학이라는 이름으로, 아는 사람도 없고 말도 통하지 않는 나라로 보내는 경우다. 아이의 '장래' 를 걱정하는 부모님들이 아이를 사랑하는 마음으로 보낸다고 한다. 하지만 그 아이들을 보며, 걱정이 이만 저만이 아니다. 그런데 놀라운 것이 있다. 조기 유학을 와서 결국 문제가 생긴 부모님들을 만나서 상담하면 어떤 부모들은 말한다. 부모님이 먼저 가라고 해서 결정한 것이 아니고, 오히려 아이들이 먼저 조기 유학을 보내달라고 졸랐다고 한다. 과연 아이들이 진심으로 그랬을까? 왜 아이들이 사랑하는 부모님을 떠나서 그 먼 길을 가려고 했을까? 아이들이 그렇게 해서라도 얻으려고 하는 것은 무엇이었을까?

아이들의 장래를 생각해서 미리 계획해주고 길을 제시해주는 부모님의 노력은 정말 필요하다. 그렇게 안 하는 사람도 많은데, 부모가 그렇게 해서 아이들이 훌륭한 사람으로 성장한 뒤 사회에 기여한다면, 그보다 더 좋은 일이 없을 것이다. 그러나 그 결정을 내리고 일을 진행해

가는 과정에서 많은 경우, 정작 그런 일들을 당해야 하는 아이들의 의견이나 생각이 반영되거나 진지하게 한 사람의 생각으로 논의되는 경우가 거의 없다. 이것이 한국 가정의 문화다. 만약 있다고 하더라도 어린 아이들은 그러한 결정을 내릴 만큼 충분하게 성장한 성인도 아니다. 그 결정의 결과가 어떤 것일지 논리적으로 판단할 수 있는 나이도 아니다. 그래서 대부분 일단 부모님이 조사하고 판단해서 결정하면 통보한다. 그보다 조금 나은 방법이라면 감언이설이나 협박 등을 통해서 아이들은 자신의 생각과 의견들을 설득 당한다. 이 과정에서 아이들은 마음에 들지 않지만 어쩔 수 없이 거기에 수긍하고 받아들인다.

이 과정들이 아이가 어릴 때부터 계속되어 왔다고 하자. 그러면 그 아이는 마치 자기 신뢰감에 상처를 입는 아이처럼 아예 자기 생각을 포기하거나 생각하기를 멈춘다. 그리고 앞에서 말한 것처럼 무엇을 물어보면, 아무 생각이 없는 것처럼 "몰라요" 라고 대답한다. 마치 부모님의 생각이 자신의 것인 양 착각하는 것이다. 그런데 이 과정들 때문에 아이들이 진정한 자기 존재감을 발달시킬 수 없도록 심리적 정서에 영향을 미친다. "내가 가치 있는 존재인가", "내가 사랑 받을 만한 사람인가" 하는 의문이 생긴다. 이런 과정들이 거기에 대한 확신을 갖지 못하게 하는 자기 존재감에 깊은 상처를 입힌다고 하는 것이다.

계속해서 자기의 의견과 생각이 무시당하고, 주변에 힘 있는 사람들이 자신의 중요한 문제를 포함한 사소한 일들이 결정되는 상황을 경험했다고 하자. 그리고 그 자기중심적 삶의 경험이 반복되었다고 하자. 아이들은 스스로 생각하거나 결정하거나, 심지어 내 생각을 드러내서 다른 사람과 갈등을 겪을 것 같은 상황을 만들지 않으려고 피해버리게 될 것이다. 오직 다른 사람이 결정해 준 그 결정을 따르고 그 결정을 이루기 위해서 최선의 노력을 하면서 나의 가치를 결정 짓는 것이다. 그리고 나의 가치는 그 사람이 나에 대해서 내려준 그 결정을 얼마나 잘 수행해서 이루느냐에 달려 있다. 만약 그 일들을 잘 해서 이루어 내면, '나는 가치 있는 존재', 이고 그렇지 않으면 '나는 쓸모없는 인간' 이 되는 것이다.

사회뿐 아니라 교회 안에서 이 자기 존재감에 상처를 입은 사람들이 너무도 많이 있다. 궁극적으로 하나님을 경험하고 그분이 주는 평화와 위로를 경험하기 위해 우리는 교회에 온다. 그런데 우습게도 교회 안에서 어떤 이유로 교회를 떠나든지, 아니면 신앙생활에 주저 하는 사람들이 자주 하는 말은 "상처받았다" 라는 말이다. 누구한테 상처를 받았다는 말인가? 하나님한테? 아니면 사람한테? 하나님과 진실한 관계가 있었다면, 그리고 그것이 신앙생활의 진짜 목적이라고 하면 우리는 하나님이 절대 우리에게 상처를 주실 분이 아니라는 것을 알고 있다. 그러면 누구한테? 물론 사람이다.

그런데 그 상처 받았다는 말을 잘 들어보면 이 상처는 우리에게 있는 자기 존재감과 관련이 있다. 자기 존재감을 건드리는 행동, 말, 관계들 때문에 우리는 상처받았다고 느끼는 것이다. 별것도 아닌 것 같은데 우리는 내가 한 말을 상대편이 잘 듣지 않는 것 같으면 저 사람이 나를 무시했다고 느낀다. 그래서 별것도 아닌데 자기가 내놓은 의견이나 안건이 심각하게 받아들여질 때까지 계속해서 묻고 질문하고 따지고 든다. 아니면 무시당한다는 생각이 들까 봐 아예 말하지 않거나 피해버리려고 한다. 어떤 사람은 끊임없이 관심을 끌려고 모든 행사마다 열심히 참석하고 교회 부서마다 열심히 빠지지 않는다. 그런데 그렇게 열심이던 사람이 갑자기 보이지 않는다. 다양한 이유를 말하지만 사실 처음에 열심일 때 감사하고 고마워하던 교인들의 반응이 어느덧 조금씩 줄어들자 더는 힘이 나지 않기 때문이다. 그는 끊임없이 누군가로부터 칭찬과 감사의 말을 들어야 한다. 이러한 것들이 사실은 자기 존재감의 상처가 있기 때문에 일어나는 일이다.

피터 스카지로(Peter Scazzero)는 그의 최근의 책에서 정서적으로 성숙한 것이 영적으로 성숙한 것과 일치되는 것이라는 말을 했다. 거기서 정서적으로 성숙하지 못한 사람이 교회 안에서 보이는 10가지 특징을 기술한 것이 있다. 그 중에 "자기가 틀렸다는 말을 절대 하지 않는 사람, 항상 남을 비평하는 사람, 자기와 의견이 다른 사람을 절대 용납하지 못하는 사람, 조그만 의견을 자기를 향한 공격으로 받아들이는 사람" 등이 있다. 이것이 어떻게 보면 자기 존재감의 상처로부터 오는 부산물일 수 있다.[47]

6. 자기 존재감 발달의 실패–자기만의 공간 확보의 실패

한국 정서에서 아이들이 흔히 가지는 부모님과 또는 자기 삶에 있어서 중요한 사람과의 관계는 쉽게 말하면 "공생"의 관계라고 할 수 있다. 이 말은 엄마와 아이가 비록 몸이 나뉘어져 있지만 마치 한몸인 것처럼 느끼고 사는 것이라고 할 수 있다. 마가렛 말러(Margaret Mahler)는 아이들이 태어나서 엄마와 가지는 특별한 관계를 잘 구분해서 설명하고 있다. 그녀는 아이들이 태어나서 초기에 부모들과 가지는 관계를 공생이라는 단어로 설명하고 있다. 이 공생의 시기는 생후 약 3, 4 주 후 그러니까 초기 자폐단기(The normal autistic phase)를 거쳐서 아이에게 생기는, 엄마와 맺어지는 자연스러운 관계이다. 앞서 펙 박사가 잘 묘사하고 있는 것처럼 이때 아이는 엄마를 따로 떨어진 개별적 존재로 보지 않고, 자기와 동일한 몸을 이루고 있는 관계로 인식한다. 이 시기 아이에게 있는 특징은 엄마와의 경험을 우리 성인들이 하는 것과 같은 복잡한 과정을 거치는 분류작업을 통해서 기억하는 것이 아니다. 단순히 "좋음" 이거나 "나쁨" 둘 중의 하나로 정리해서 기억한다. 물론 이 단계에서 아이의 생존을 위해서 엄마는 절대적으로 필요하다. 여기서 생존은 단순히 육체적 필요를 공급하는 수단으로만 아니라, 정서적이고 심리적 안정과 발달을 위한 절대적 존재를 의미한다.[48]

흥미로운 것은 위니캇(D. W. Winnicott)이 지적하고 있는 것처럼 엄마가 적절하게 돌보지 못했을 때, 이런 일들이 일어난다. 엄마가 적절하게 돌보지 않으면, 아이는 쉽게 말해 "누군가 자아를 침입" 했다고 느낀다. 이때 아이의 감정은 자기 밖의 외부세계에서 누군가가 어떤 요구를 하고 있다는 것이다. 그래서 그 요구에 응답해야 한다고 긴박함을 느낀다. 이 과정에서 아이는 자기의 욕구는 포기하게 되고 자기가 원하는 것이 아니라 외부에서 주어지는 것에 자신을 맞추게 된다. 특별히 아이는 너무 빠르고 강제적으로 자기가 아닌 외부 사람의 요구나 필요에 민감하게 반응하는 특성을 발달시키게 된다. 이 경우가 위험하다.

계속해서 이 책에서 지적하고 묘사하고 있는 것처럼, 만약 이런 외부의 간섭이나 적절하지 못한 돌봄이 계속 된다면 아이는 자기 경험의 분열을 경험할 것이다. 그것은 참 자아(real self)와 거짓자아(false self)의 분열이다. 아이는 자신의 참 모습과 형상, 요구를 담고 있는 참 자아는 무슨 대가를 치르더라도 숨기게 되고, 대신 외부에서 기대하고 요구하는 것 때문에 형성된 거짓자아를 자신의 참 자아인 것처럼 믿게 된다. 결국 아이에게 있는 자신의 모습은 엄마의 이미지가 형상화 되어 아이에게 박혀 있는 것이라고 할 수 있다.[49] 이렇게 행동해야만 하는 이면에는 자신이 정말로 요구하거나 기대하는 것을 말했을 경우 벌어질 일들이 무섭기 때문에 생기는 자연스러운 반응인 것이다.

다시 한번 강조해서 말하면, 자기 신뢰감이 '감정, 또는 느낌의 영역과 관련된 부분' 이라고 하면, 자기 존재감은 '심리적 공간' 이라는 차이가 있다. 위니캇 이론을 통해서 살펴본 것처럼 강한 외부자의 의견이나 생각이 너무 강해서 아이는 자신의 의견을 미처 말할 수도, 드러낼 수도 없게 된다. 이때 아이는 '자아의 영역' 을 누군가 침범한다고 느낀다. 곧 자기의 공간이 없어지는 것이다. 자기 신뢰감에서 외부자를 통해서 아이가 느끼는 감정이 '무시' , '버려짐' 과 같은 감정이라면, 자기 존재감에서 아이가 외부자를 통해서 느끼는 감정은 '조종' , '지배' , '컨트롤' 이라는 감정이다. 즉 아이는 외부자를 통해서 지배당하거나 조종당한다는 느낌을 받는 것이다.

따라서 자기 존재감 발달에 실패한 아이들에게 있는 숨겨진 욕구는 다른 누군가가 침범하지 않고, 자기를 보호하고 참 자아가 될 수 있는 '자기만의 공간' 이다. 헨드릭스(Hendrix)는 그의 책에서 위니캇의 이론을 인용하면서 초기 공생관계에 있는 아이가 이러한 공생관계를 벗어나서 자기 독립을 성취하지 못했을 경우에 어떤 일들이 생길 수 있는지 말하고 있다. 그는 이 환경에서 자란 사람의 일반적인 대인관계의 유형은 가까이 오려는 사람을 자꾸 자기의 영역 밖으로 밀어내는 행동을 하게 된다고 말한다.[50] 그 이유는 외부자가 자기의 공간을 침해해서 '숨막히는 경험'을 했기 때문에 다시 그 일들을 반복하고 싶지 않기 때문이다.

한 청년이 있었다. 이 청년은 캐나다에서 대학을 나오고 조그만 외국인 회사에 다니고 있었다. 위로 두 살 많은 누나 그리고 밑에 여동생 하나가 있다. 캐나다에는 아버지가 먼저 오고 그리고 그 청년이 중학교를 막 마치고 엄마와 나머지 식구들이 아버지를 따라 오게 되었다. 사실 아버지가 있기는 했지만 학교 교사인 엄마가 생활력이 강해서 대부분의 일들을 엄마가 알아서 했고 아버지에 대해서 기억나는 것은 잠깐 잠깐 집에 들어오는 것뿐이었다. 그런데 그때마다 엄마하고 심하게 다투던 기억이 많았다. 그는 대부분 가정에서 가장의 역할을 하지 못했던 아빠를 대신해서 힘들게 집안 살림을 꾸려나가는 엄마가 안쓰러웠다. 그래서 가끔씩 와서 싸움만 하고 분위기만 험악하게 만드는 것 같은 아버지가 오는 게 싫었다. 캐나다에 오면 먼저 온 아버지가 어느 정도 살림 기반을 장만하고 정착하게 될 것이라고 식구들은 기대했다. 하지만 막상 와서 보니 아버지가 해 놓은 것은 전혀 없었고, 한국에서 그랬던 것처럼 영어도 잘 되지 않던 엄마가 모든 일들을 도맡아서 해야 하는 상황이 됐다. 애초에 가장으로서 역할을 잘 하지 못하던 아버지는 나이가 먹어 가면서 더 말수도 없어지고 가족과의 관계도 점점 더 서먹서먹해져 갔다. 결국 엄마가 억척스럽게 일을 하면서 조그만 일식집을 내게 되었고, 누나는 대학에 다니면서 엄마를 돕게 되었다.

그런데 그는 이상하게 그것이 싫었다. 그는 조용하고 항상 주눅이 든 것처럼 말도 못하는 아빠를 닮아갔다. 엄마가 그에게 말하듯 어떻게 보면 말하고 행동하는 것도 아빠와 똑 같았다. 그러나 반대로 누나는 엄마를 닮아서 매사에 추진력이 있고 한번 결정한 것은 누가 뭐라고 해도 끝까지 해내는 '여장부' 스타일이었다. 엄마는 아무래도 그보다는 누나를 더 좋아했다. 엄마는 일단 이 청년이 무엇인가 조그만 잘못을 하면 가차 없이 혼내고는 했다. 그 청년은 초등학교 다닐 때 한번은 엄마가 없는 시간에 선반에 있는 찻잔을 실수로 떨어뜨려서 깬 적이 있었다. 그런데 그때 집에 들어와서 그것을 발견한 엄마한테 거의 죽을 정도로 맞은 적이 있었다. 그 후로 엄마의 눈빛이 조금만 이상해도 주눅이 들어서 말도 못했다. 매사에 모든 일이 자기가 좋든 싫든 그런 건 상관없이 일단 엄마가 결정하면 그것으로 끝이었다. 싫다 좋다 말할 수 도 없었다. 캐나다에 온 것만 해도 그렇고, 대학을 가는 것도 그렇고, 모든 것은 엄마가 알아서 결정했다.

지금은 대학을 졸업하고 조그만 디자인 회사에서 직장 생활을 했다. 그렇지만 직장생활을 하면서 어려움을 겪고 있다. 그곳에 매니저가 이탈리아계 사람인데, 다른 사람에게는 그렇지 않은 것 같은데 유독 자기만 못살게 구는 것 같았다. 언젠가 한번은 기한까지 마쳐야 하는 일이 있었는데, 아무도 그 일을 하지 않으려고 했다. 그래서 왠지 도와주어만 한다는 생각에 하겠다고 했는데 그 일 이후로 매니저는 의례히 그런 일이 있으면 그 청년한테 와서 일을 맡겼다. 분명히 누가 봐도 그 청년이 할 일이 아닌데, 일을 떠맡기면서도 미안하다는 말이나 그런 기색도 없다.

한번은 크리스마스가 되어 여자 친구하고 약속이 있어서 가야 했다. 그런데 매니저가 그 청년한테 서류를 잔뜩 가지고 와 책상에 풀어 놓았다. 자기는 이번에 휴가를 가야 하는데 언제까지 이 서류작업을 끝내 놓으라며 책상에 놓고 가버렸다. 그 일을 할 수 있는 시간이 되는지, 맡겨도 괜찮겠는지 물어보는 것도 없이 그냥 의례히 그 청년이 해야 하는 것처럼 일을 주고 갔다. 그 일을 끝내려면 크리스마스도 없이 매달려야만 하는 정도의 분량이었다. 속으로 화가 나고 분해서 "왜 나한테만 일을 맡기냐고" 말하고 싶었지만 도저히 용기가 나지 않았다.

이처럼 그는 살면서 여러 가지 맘에 안 드는 일이 많은데 한번도 대놓고 말하지 못했다. 학교에 다닐 때 같이 기숙사에 있는 친구하고도 문제가 많이 있었다. 하지만 그때도 번번이 드러내놓고 싫은 기색을 하지 못했다. 엄마나 누나는 그 청년을 보고 아무것도 혼자서 할 수 없는 아이로 생각했다. 그래서 그가 나이 든 청년이 되었는데도 아직도 아이 취급을 했다. 여자 친구도 소극적인 청년이 마음에 들지 않아서 많이 답답해했다. 그런데 청년은 사실 자신의 생각을 말하는 것이 두려웠다. 솔직히 말하게 되면 상대편이 어떻게 생각할지, 어떤 일을 당하게 될지 두려워서 자기 생각을 말할 수가 없었다.

7. 자기신뢰감과 자기 존재감의 실패로 오는 몇 가지 삶의 유형

자기 신뢰감과 자기 존재감이 파괴되면, 결혼 생활뿐 아니라 우리의 일반 생활에 우리가 상상할 수 있는 것 이상으로 영향을 미친다. 사실 일상에서 만나고 대화하는 상대가 멀쩡하고 정상적인 생활을 하고 있는 것처럼 보이지만, 우리는 누구나 예외 없이 상처 난 신뢰감과 존재감을 형성한 독특한 자기 중심적 경험들이 있다. 이러한 자기 중심적 경험의 신뢰감, 존재감의 상처들이 반복되는 몇 가지 유형이 있다. 이 유형의 모습들은 사실 자기 신뢰감과 존재감의 상처를 입고서 자신들을 보호하기 위한 위장된 방어적 삶의 유형이라고 할 수 있다.

독재자

그들은 매사에 철두철미해 보이고 완벽함을 추구하는 사람처럼 보인다. 시간개념이 뛰어나고 자기 관리에 분명한 사람으로 굉장히 논리적이다. 그래서 감정적으로 일을 처리하는 사람을 이해하지 못하고 미성숙한 사람이라고 생각한다. 사람과의 관계에서도 단순히 친구나 인간적인 관계로 만나는 것이 아니라 일의 관계로 만난다. 그래서 업무적 목적이 끝나면 그 사람과의 관계도 끝나게 된다. 따라서 주변에서 차갑다는 소리를 많이 듣지만 직장 상사나 다른 사람들로부터 신뢰와 업무 능력으로 인정을 받는 경우가 많다.

그러나 자기 계획과 방법들이 너무 분명하고 꽉 짜여 있기 때문에 주변 사람들에게 그 틀에서 움직일 것을 강요한다. 다른 사람이 자기가 제시하는 방법과 다른 것을 말할 때는 자기에 대한 도전이라고 생각하고 굉장히 분개한다. 전통적인 사고에 충실하고 그것을 지키려는 노력이 대단해서 자기가 그렇게 노력하는 것만큼 다른 사람도 거기에 충실할 것을 기대한다. 주로 집안에서 일반적으로 장자인 사람들 중에 이러한 성격특성이 있는 사람들이 많다. 그러나 이러한 유형의 사람들은 많은 경우 자기의 진짜 감정을 드러내거나 표현하는 것들을 차단당한 경험이 있다. 그들은 자기 존재감에 상처를 입은 경우들이 많았기 때문에, 지나칠 정도로 완벽한 모습을 유지하고 냉철한 사고를 가진 사람으로 자신을 만들어 간다. 이것은 상처 입은 자신의 진짜 모습을 드러내지 않기 위해 노력하는 것이다.

반항자

이 유형은 권위적인 사람, 특히 부모가 하는 모든 행동이 마음에 들지 않고, 자기를 조정하려고 한다고 생각한다. 그래서 부모님에게 노골적으로 불만을 표시하고, 불신하며, 무시하는 행동을 한다. 또한, 언제나 부모가 하는 말을 곧게 듣지 않고 모든 것을 공격적으로 대응하는 경향이 있다. 권위적인 사람에 대해서 쉽게 말하면 거부반응이 있는 사람처럼 보일 정도로 권위적으로 자기의 주장을 하는 사람을 만나면 굉장히 반발한다. 그러나 사실 자기도 굉장히 권위적인 모습이 있다는 것을 알지 못한다.

만약 부모가 "머리라도 식힐 겸 여행이라도 다녀와라." 고 말씀하면, "그래, 이제 꼴 보기 싫으니까 어디 멀리 가라는 거지?" 라는 식으로 반응하든지 생각한다. 자기 인생의 상당히 많은 부분의 에너지를 부모나 다른 사람을 공격하는 데 쓰기 때문에, 자기 발전이 힘들고, 어렵게 되기 쉽다.

겉으로 보기에는 당차 보이고, 대단해 보이지만 결국 이런 현상은 부모나 친근한 사람으로부터 심각하게 자기신뢰감과 존재감이 상처를 받았다는 신호이다. 이런 사람들이 보여주는 대인관계는 두 가지 형태로 나타날 수 있다. 집에서 하는 것과는 다르게 배려심 많고, 다른 사람을 잘 도와주는 형으로, 그래서 밖에서는 사람들에게 인기가 많고, 자상한 이미지가 있다. 또 다른 형은 이것과는 다른 모습으로 사람들을 조정하려고 하고 지시적이며 권위적인 모습으로 나타날 수 있다. 그래서 철저하게 조직의 규율을 지킬 것을 강조하고, 그렇지 못한 사람에게 굉장히 분개한다. 하지만 자기 자신도 그 규율을 잘 지키지 못할 때가 있는데, 그러한 자신에게는 관대하다. 일관성 없이 부모나 다른 사람이 하는 일에 화를 내고 비난하는 것은 어떤 원칙에 의해서라기보다는 단순히 감정적인 반응일 때가 많다. 그래서 이런 사람은 심리적으로 훨씬 더 불안한 경우가 많다. 만약 이런 유형의 사람들이 서로 만나서 부부가 되면, 결혼생활을 시작하는 순간부터 서로 생각할 수 없는 전쟁터가 될 가능성이 있다.

하숙생

이러한 유형의 사람은 집안에 있지만, 집안일에 거의 신경을 끊고 사는 사람이라고 할 수 있다. 무슨 일이 있어도 전혀 다른 사람이 주인집에 하숙생으로 와 있는 것처럼 외면하는 형이라고 할 수 있다. 만약 부모가 심각하게 싸우고 다투는 중에도, TV를 보고 있다거나, 아예 외출한다든지, 문을 닫아 버리고 태연하게 자기 일을 하는 사람이라고 할 수 있다. 집에는 마치 밥 먹고 잠만 자러 오는 사람처럼, 철저하게 남의 집 사람처럼 행동하는 형이다. 그래서 부부 관계에서도 이런 유형의 태도를 유지하기 쉽다. 만약 지나치게 지배적이거나 주도적인 부인이나 남편을 만나게 되면, 그 배우자와는 정서적 교류를 끊고 가정에 무관한 사람이 될 수 있다.

예를 들어 남편 같으면 집에 와서 온종일 신문이나 TV를 본 다거나, 아니면 가족과 별로 교류가 없이 다른 무엇인가에 몰두하는 사람이 될 수 있다. 심각하게 되면 부인 몰래 내연의 관계도 가질 수 있다. 이러한 유형은 사실은 자기 존재감 상실을 다시 반복하는 것이 두려워 이런 행동을 하게 되는 경우라고 할 수 있다. 그래서 그 두려움을 피하려고 이러한 삶의 유형을 택하게 된다. 다시 말하면 만약 주변에 영향을 미치는 가족이나 중요한 사람의 문제에 휩쓸리면 아예 자신을 잃어버리게 될까 봐 두려워서 그럴 수 있다. 그것이 자기중심적 경험 가운데 깊게 자리 잡고 있기 때문에 자기를 보호하기 위해 '정서적 단절'이라는 극단의 방법을 택한다.

그림자

이 사람은 집안에서 별로 존재감이 없는 사람 중의 하나이다. 특별히 가족 중에서 힘이 없는 동생에 속해 있거나 중간에 있는 아이들일 가능성이 많다. 집안에서 있기는 있지만, 그 누구도 그 말이나 행동에 무게를 두지 않는다. 그래서 정서적으로 단절된 하숙생처럼 보일 수 있다. 그러나 하숙생은 자기가 개입할 힘이 있지만 그렇게 하지 않는 경우다. 이 경우는 개입하고 싶지만, 영향력이 없어서 마치 단절된 것처럼 머물러 있는 경우이다. 만약 이 그림자 형의 사람이 파워를 얻기 위해 극단의 방법을 취한다면, 정신병, 범죄, 문제아, 육체적 질병처럼 다양한 방법들을 사용할 수도 있다. 또한, 갑자기 아무 일 없이 조용하고 착하기만 한 사람이 전혀 예측하지 못한 돌발 행동을 할 수 있다. 집을 가출하는 것과 같은 의외의 행동들을 할 수 있다. 그러나 이것은 한순간에 일어난 일이 아니고 오랫동안 생각하고 고심한 결과들이다.

그림자 형의 남자일 경우, 결혼생활에서도 일반적으로 주도적인 역할을 하지 못하고, 폭력적인 방법으로 상대편을 제압하려고 하는 경우가 있고, 돌발적인 행동을 시도할 수도 있다. 즉 자주 폭음을 하고, 폭음 한 후에는 폭력적으로 된다. 사람들이 말하기를 "술만 안 먹으면 참 양반인데, 술만 먹으면 이상해진단 말이야." 라는 식이다. 반대로 그림자 형의 여성인 경우에는 대체로 활력이 없고 매사에 의욕부족이라는 말을 많이 들으며 자주 우울증을 경험하는 수도 있다. 교회에서는 지나치게 겸손하다는 말을 들을 수 있지만 사실 그것은 겸손한 것이 아니고 진짜 자신감이 없어서 주저하는 것이다.

중재자

이 유형의 사람은 집안에 화해자라고 할 수 있다. 집안의 모든 문제를 마치 자기의 문제인양 생각, 그것을 해결하려고 자기를 희생하면서까지 깊이 관여하는 관계 유형을 가진 사람이라고 할 수 있다. 따라서 가정의 평화를 위해서 기꺼이 모든 것을 감수하는 형으로 자기가 꿈꾸는 이상적인 집안을 위해 자기의 개인적인 꿈이나 계획도 포기할 수 있으며, 다른 가족들도 그렇게 해야 한다고 생각한다. 그렇게 하지 않는 다른 가족들에 대해서 이기적인 사람으로 보고, 서운하게 생각한다. 또 부모와 형제간의 다툼과 갈등이 있을 때마다 항상 중재 역할을 도맡아서 하고, 결혼해서 가족을 떠나도 그 역할은 크게 변하지 않는다. 그래서 결혼 후에도 종종 그러한 일 때문에 부부간에 갈등을 경험하기도 한다. 무슨 문제가 있으면 형제간에, 또는 부모가 연락을 취해서 도움을 청하기 때문이다. 그는 애써 그 역할을 피하려고도 하지만, 식구들은 다른 누구보다 이 사람이 변하는 것을 원하지 않는다. 왜냐하면, 가족들의 평화를 위해서 꼭 필요한 존재이기 때문이다. 잘못하면 결혼을 못하고 혼자 살 수도 있고, 그런 일이 있으면 가족 때문에 자기가 희생당했다고 생각하면서도 그 역할을 벗어버리지 못한다.

해바라기

이 형의 사람은 자기 생각이 없어 보이는 사람이다. 그러나 생각이 없는 것이 아니고 자기 생각을 다른 사람의 생각보다 앞서 두지 못하는 형이다. 언제나 자기보다 다른 사람을 먼저 생각한다. 그래서 때로는 주관이 없고 이리저리 휩쓸리는 사람처럼 보일 수 있다. 일반적으로 사람들한테서 "절대적으로 순종하는 아내, 말 잘 듣는 착한 아이" 라는 말을 듣는다. 다른 사람을 위해서 자신의 모든 것을 버리고 헌신한다. 얼핏 보기에 기능적인 면에서 중재자와 같은 역할을 한다고 하지만, 파워 면에서 차이가 있다.

중재자는 자기의 의견을 가지고 다툼이 있는 사람들 사이에서 조정하는 일정한 파워가 있지만 해바라기는 그러한 파워가 없다. 전적으로 다른 사람의 의견을 따르고 자기 의견이 있다고 해도 쉽게 말하지 못한다. 그래서 자기의 존재감이나 가치를 상대편, 또는 집단, 또는 가족들을 통해서 발견한다. 그들은 말끝마다 "우리 남편이, 우리 아이가" 라는 식이 편한 사람들이다. 그렇게 힘이 없어 보이지만 사실 절대로 그렇지 않다. 이들은 자신의 헌신 대가로 당신들도 나에게 무엇인가를 해 주어야 한다는 식의 무언의 압력으로 다가올 수 있다. 즉 그들은 헌신의 대가로 그에 합당하게 다른 사람에게 어떠한 기대를 한다. 상대편이 그 기대를 채우지 못하면, 상대편은 굉장한 '죄책감' 에 시달릴 수도 있다. 이러한 해바라기 형의 아이들은 절대적으로 부모에게 순종하도록 훈련된 자기 중심의 경험이 있다. 그래서 그들에게 사춘기 때 또래 친구들이 담배나 마약을 권할 때 "안돼!" 라고 말하는 것을 기대하기는 힘들 수 있다.[51]

삶의 유형의 다양한 조합

1. 독재자 – 독재자: 끝없는 전쟁

독재자와 독재자와의 만남은 쉽게 이루어지지 않겠지만 만나게 될 경우는 서로에게 최악의 만남이 될 것이다. 서로의 만남 자체가 누가 위에 있는지, 누가 최종결정을 하는 진정한 힘이 있는 사람인지를, 끊임없이 확인하고 확인시키려는 싸움이 연속될 것이기 때문이다. 만약 그들이 만나게 된다면, 상대의 리더십과 강인함, 결단력 있어 보이는 모습 때문에 끌리기는 할 것이다. 이들은 "내 말을 듣지 않으면 너는 적이야." 라는 말로 해석될 수 있을 정도로 자기주장이 강하고 이와는 반대로 상대편의 말에 귀를 기울이기가 어렵다. 따라서 모든 에너지가 상대편을 굴복시키는데 사용되기 때문에 둘 사이의 관계 외에 다른 사람에게 신경을 쓸 여유가 없을 수 있다. 만약 누군가가 상대편의 힘을 인정하고 받아들이지 않으면 서로 간의 관계는 상대편을 면박주거나, 잘못을 들춰내거나, 무능함을 증명하는, 쉬는 시간 없는 전쟁이 될 수 있다.

2. 독재자 - 해바라기: 뺏는 자와 빼앗기는 자

흔히 가장 이상적인 가정상으로 보여질 수 있다. 더욱이 남자가 독재자의 모습이고 여자가 해바라기 라면 모든 사람들에게 잘 맞는 조화로운 가정으로도 보여질 수도 있겠다. 남자는 여자에게 안정적인 삶과 확실한 계획으로 인도하는 모습으로 보여지고, 여자는 그 남자를 전적으로 신뢰하고 굉장히 헌신하는 관계를 유지한다. 그러나 여기에 함정이 있다. 남편이 원래적 성격이 독재적인 성격이 아니고 존재감의 상처를 입고 자신의 공간을 지키기 위한 성격특성으로 독재자적인 모습을 발전시킨 사람이거나, 또 해바라기 형의 부인이 신뢰감이 부족해서 자기 포기형의 모습이라고 하면 문제가 있다. 둘 다 거짓자아로 살아가는 것이기 때문에 권위자로 사는 남자도 자신의 능력 이상의 과잉기능을 하는 것이고, 해바라기 형의 부인도 지나치게 자신의 본 모습을 약화시키고 과소기능의 모습으로 살아가는 것이다. 따라서 남자는 지나친 책임감 내지는 부담감을 느끼기 때문에 이런 부담감을 다른 사회적 활동으로 풀려 할 수 있다. 반면 해바라기 형의 부인은 가정에서 너무 자신을 죽이고 사는 것에 대한 보상으로 가정 외에 자녀교육이나 교회 활동 같은 다른 생활에 몰두할 수 있다. 사람들은 부인에게서 이 외부활동에서 지나치게 주도적이고 완고하며 권위적인 가정에서는 볼 수 없는 의외의 모습을 볼수도 있다. 이 관계의 부부는 흔히 갱년기 증상 이후로 역전되는 경우를 볼 수 있다. 소위 자신을 포기하고 살아온 삶에 한이 맺힌 여인과 너무 지나친 과잉기능을 하다 지친 남성이 그 에너지를 다 쏟고 더는 그 역할을 할 수 없어서 그 관계가 역전되는 경우이다.

3. 하숙생 – 해바라기: 쫓는 자와 쫓기는 자

앞서서 언급한 사람이 가진 욕구, 즉 싱글 욕구와 동거욕구가 이 두 사람의 관계에 적용될 수 있다. 아내가 하숙생이든지, 남편이 해바라기 이든지 아니면 그 반대의 경우든지 이 두 사람은 한 사람은 쫓고 한 사람은 쫓기는 모양으로 보일 수 있다. 즉 해바라기 형의 사람은 하숙생의 역할을 하는 사람에 대해서 집착하듯이 접근할 수 있고 하숙생의 배우자는 상대편의 반응에 미온적인 태도로 응할 수 있다. 따라서 쫓는 사람은 마음속에 관심을 보이지 않는 것 같은 상대에 대해서 불만이고 쫓기는 것 같은 하숙생의 배우자는 자꾸 보채는 것 같은 해바라기 형의 배우자가 부담스럽게 느껴질 수 있다. 그런데 이 관계에서도 역할 상호성의 원리가 적용될 수 있다. 한 사람이 쫓기를 멈추고 다른 곳에 관심을 집중하게 되면, 쫓기던 상대편이 오히려 쫓는 역할을 대신하게 된다. 그래서 항상 집안일에, 자녀 돌보는 일에, 남편 챙기는 아내가 어느 순간 자기 자신을 개발하거나 좀 더 독립적인 생활을 하게 되면, 쫓겨 다니던 상대편 배우자가 가장 먼저 반응한다.

4. 중재자 – 중재자: 뒤바뀌는 역할

이들은 싸움, 다툼이나 의견 분쟁이 없어 보이는 가정결합의 모습으로 보일 수 있다. 그러나 두 사람이 모이면 어느 한 사람은 분명히 책임 지는 리더의 역할을 해야만 하고 결정해야 하는 순간들이 있다. 속담에 호랑이 없는 굴에 여우가 왕 노릇 한다는 식이다. 무엇인가 책임지고 결정하는데 익숙하지 않은 두 사람이 만나면 그중에 한 사람이 여우 노릇을 해야 하는 상황이 온다. 따라서 이 두 부부는 자신의 역할과는 다른 모습으로 살아갈 가능성이 많다. 그래서 그들이 어떤 형태를 취하게 될지 예측하기 어려운 결합이기도 하다. 한 사람이 독재자의 역할을 취하면 한 사람은 중재자나, 아니면 그림자, 또는 해바라기 형으로 갈 수 있다. 이 역할 변화가 가능하게 하는 것은 살아가는 환경, 경제적 요인, 가족의 분위기 같은 다양한 것들이 있을 수 있다. 분명한 것은 자기가 익숙한 모습으로 살아가기 쉽지 않기 때문에, 서로에 대한 불만이 쌓여갈 수 있다. 그래서 그 불만들을 직접적이거나 간접적으로 표현하는 일들이 많을 수 있다.

4. 그림자 - 중재자: 터지는 분노

힘의 균형으로 보자면 그림자 형보다는 중재자가 더 많은 힘이 있는 결합이라고 할 수 있다. 대부분의 그림자 형의 사람들은 자기의 의견을 상대방이 이해할 수 있게 설명할 수 있는 능력을 소유하지 못하거나 특별히 격한 감정이 얽힌 문제들을 표현하는데 있어서 서툴다. 그래서 상대적으로 그 능력이 강한 중재자 형의 사람들에게 조정 당한다는 느낌이 들기 쉽다. 또는 자기는 그런 중재자에 비해서 열등하다는 생각도 들 수 있다. 결국, 결혼생활에서도 그림자의 사람은 힘을 가지지 못한 아웃사이더의 역할을 계속할 수밖에 없다. 그래서 그들은 자기의 고정된 위치에서 자기를 드러내는 방법으로, 술을 먹고 난동을 피운다든지 하는 식으로 자기 속에 있는 분노의 감정을 거친 방법으로 표현한다. 하지만 이 반응이 결국 상대편 배우자의 중재자 역할을 더 강화시킨다. 그렇기 때문에 이러한 돌발적 행동이 반복되면 반복될수록 점점 더 가족과는 분리된 아웃사이더의 역할만 강화되기 쉽다.

이상과 같이 몇 가지 삶의 유형이 만날 수 있는 가능한 조합을 간략하게 정리하였다. 그러나 이 유형의 결합만 존재하는 것이 아니다. 무수히 많은 결합의 가능성이 존재하고, 어떤 환경에서 어떤 관계로 어떤 일들을 경험하느냐에 따라 자신의 삶의 유형과는 전혀 다른 모습으로 결혼관계를 유지할 수 있다. 따라서 앞서 언급한 관계유형에서 굉장히 다양한 결혼관계의 결합이 가능하다. 이러한 다양한 삶의 유형과 관계 속에서 자신은 어떤 독특한 삶의 유형을 살고 있는지, 왜 그러한 삶의 유형이 되었는지 이해하고, 내가 관계를 맺은 나의 배우자는 왜 그러한 모습으로 나와 관계를 맺는지 이해하는 것이 중요하다.

Recipes for a Perfect Marriage

3

PART

부부관계 역동과
습관의 형성

부부 관계 역동

지금부터 살펴보게 되는 것들은 앞서 언급한 몇 가지 관계 유형들이 부부관계에서 어떻게 반복되는지를 이해하는데 중요하다. 일반적으로 사람은 새로운 사람을 만나게 될 때 자기들이 성장하고 자라온 환경에서 생긴 자기중심적인 경험을 반복하게 되어 있다. 그러니까 하숙생의 성격이 있는 사람은 하숙생의 역할을 하게 된다. 물론 때로는 어떤 상황에서 누구를 만나느냐에 따라 전혀 다른 역할을 하게 될 때도 있다. 그러나 그역할이 자기에게 익숙한 모습이 아니기 때문에 다른 모습으로 살아가야하는 사람들은 무거운 책임감과 부담감과 상당한 심리적 어려움을 겪을수 있다. 그러한 일들은 부부간에도 일어나게 된다. 다음은 왜 그 일들이일어나게 되는지를 이해할 수 있는 몇 가지 원리들이다.

1. 과잉기능과 과소기능

이 말은 부부관계에서 한 사람이 자기 이상의 능력으로 주도적 역할을 한다고 하면, 다른 한 사람은 거기에 비해 자기 능력 이하로 하향 조정된 역할을 하게 된다는 말이다. 이것은 하향 조정된 역할을 하는 배우자가 상대편 배우자에 비해서 좀 더 수동적 역할을 하게 된다는 의미이다. 부부관계에서 어떤 부부도 서로 동일한 힘을 가지고 동일한 영향력을 행사할 수 없다. 흔히 우리가 말하는 기 싸움 후에 누군가 한 사람은 그 집안에 목소리가 되고, 나머지 사람은 거기에 따라가는 형이라고 이해하면 좀 쉬울 것 같다. 가족치료에서 말하는 이 기능은 흔히 정서적 독립이 이루어지지 않은 두 부부가 서로 의지하며 살아가는 공생적 삶의 한 단면으로, 예를 들어 우울증이 심하게 걸린 아내를 남편이 헌신적으로 돌보는 관계와 같다. 이 관계에서 아내는 마치 남편이 없으면 못사는 것처럼 모든 것을 남편이 다 해주게 된다.[52] 하지만 아내의 우울증이 부부간의 진짜 문제를 직면해서 생기게 될 위기를 모면하는 수단이 될 수 있기 때문에 문제가 있다.

만약 아내의 우울증이 나으면 놀랍게도 정반대의 현상이 발생할 수 있다. 즉, 갑자기 남편이 직장을 옮기거나, 잃는다든지, 자녀가 문제가 생긴다든지, 하는 일들이 일어난다. 간단히 말해 이 관계에서는 어느 한 사람이 지나치게 자기 이상의 역할을 하며 자기 능력 이상의 힘을 발휘한다. 그만큼 독립적이거나 추진력이 있는 성격이 아닌데 그렇지 않은 상대에 비해서 훨씬 더 추진력이 있거나 독립적인 모습을 갖추려고 자기 능력 이상의 일을 하게 된다. 이것이 과잉기능이다. 반대로 상대편은 배우자가 그러면 그럴수록 더욱 의존적이 되고 소극적이 된다. 자기가 생각하는 자기의 실제 능력 이하로 자기를 과소평가하게 된다. 이것이 과소기능이다.

스테파니 브라운(Stephanie Brown)은 알코올 중독과 관련된 가족 안에서 부부와 자녀간의 상호의존적 관계를 연구한 책에서 건강하지 못한 상호의존성(Unhealthy copendancy)의 관계를 말한다. 거기서 말하고 있는 상호의존성의 관계가 여기서 말하는 과잉기능과 과소기능과 비슷한 면이 있다. 그가 말하는 건강하지 못한 상호의존성의 특징은 잘못된 신념을 나누어 가진 가족들을 통해서 발달된다. 그 역할은 가족간에 연합이나 유착의 관계를 유지하려는 목적으로 사용된다. 건전하지 못한 상호의존적 관계에서 주도적 역할을 하는 인물은 자신의 삶을 자기의 능력 이상으로 누군가를 위해서, 무엇인가를 위해서 조직하거나, 유지한다.[53]

그 책에서 제시하고 있는 알코올에 중독된 부모를 둔 아이들에게 발달하는 거짓자아의 여러 형태에 관한 이야기는 충격적이다. 그러한 부모를 둔 아이들은 여러 가지 자아형태의 성격을 나타낸다. 그 형태중에 첫째 부정, 둘째 지나친 책임감, 셋째 전부 아니면 전무라는 생각(all-or-none thinking), 넷째 지배적이고 권위적 성격이 있다. 그 책에서는 팸(Pam)이라는 청년이 자기 부모에 대해서 가지고 있는 지나친 책임감의 예를 이렇게 기록하고 있다.

"나는 우리 엄마를 지키고 보호하기 위해서 존재하며, 그것은 내가 살아가는 가장 중요한 이유이기도 합니다. 만약 내가 매일 주의 깊게 엄마를 돌보고 보살피지 않으면 저희 엄마는 아마 죽을지도 모릅니다"[54]

앞서 언급한 것처럼, 보웬(Bowen) 가족치료에서 이런 현상을 정서의 기본레벨과 기능레벨이라는 단어로 나누어서 설명하고 있다. 과소기능과 과잉기능이 발생하게 되는 것은 기본레벨에서 생기는 변화가 기능레벨에서 생기기 때문이다. 다시 말하면 기본레벨은 변화가 없이 고정적인데 이 기능레벨은 어떤 환경에서 어떤 사람과 관계를 갖느냐에 따라서 변화가 생긴다는 것이다. 특별히 이런 변화 과정을 '자아교환' 현상이라고 말할 수 있다. 그것은 정서레벨이 40인 사람이 똑같은 레벨의 사람을 만났을 경우, 한쪽이 상대편 배우자의 레벨을 빌려서 60으로 올라간다면 상대편 배우자는 20을 주었기 때문에 나머지 20정도의 레벨에서 활동하게 된다는 의미이다. 이 기본레벨과 기능레벨에서 발생하는 관계들이 부부 사이에 과잉기능과 과소기능을 설명하는 이론적 배경이다.

따라서 부인이 자기에게 있는 능력 이상의 역할을 하게 되거나, 그림자의 사람이 권위자의 역할을 하게 될 때에 거기에는 이러한 역동들이 작동하고 있는 것이다. 흥미로운 것은 기본레벨의 수준이 높은 사람은 기능레벨의 변화가 심하지 않은데 기본레벨이 낮은 사람일수록 다른 사람의 의견이나 생각과 감정에 지나치게 민감하고, 자기주장을 하기 보다는 다른 사람의 생각을 자기 것으로 받아들이는 경우가 많다고 한다. 그래서 집단의 생각에 쉽게 동조하고, 자신이 견딜 수 없는 상황을 만나게 되면 회피하거나, 종교적 광신도가 되거나, 미신 같은 것에 의존하기 쉽다.[55]

2. 상호성의 원리

상호성이란 앞서 언급한 과잉기능, 과소기능과 또 뒤에 나오는 역할 암시성과도 밀접하게 연결되어 있다. 이것은 자신의 참 모습은 아닌데 상대편 배우자와의 관계에서 발달시키게 되는 나의 본성과는 다른 성격적인 면이라고 할 수 있다. 즉 배우자가 어떠한 이미지가 있느냐에 따라, 자신이 역할과 능력이 있는데도 불구하고 상대편이 기대하는 역할을 하게 된다는 것이다. 예를 들어 남편은 너무 논리적이고 지적인 사람으로, 아내는 너무 감정적이고 민감하다는 역할을 나누어 가지게 된다고 하자. 남편은 계속해서 그런 쪽의 자신의 이미지를 발전시키게 되고, 아내는 남편과는 반대되는 역할을 계속해서 발전시켜 나가게 된다는 것이다. 그래서 아내는 자기가 논리적이고 충분히 사물을 객관적으로 볼 수 있는 능력이 있는 사람임에도 불구하고, 남편이 그 역할을 너무 강하게 발달시키고 있기 때문에, 아내는 반대로 감정적인 아내로서 자기 역할을 한정 짓게 되는 것이다.

그런데 반대로 감정적인 아내가 논리적 영역의 능력을 발전시키게 되면, 논리적인 면이 강한 남편이 감정적 모습으로 바뀌어져 갈 수 있다. 이것이 상호성의 원리의 묘한 면이다. 한편이 원래의 익숙한 모습을 버리고 다른 모습으로 변화를 시도할 때 물론 일단의 저항이나 어려움이 기대되기는 한다. 그렇지만 상대편은 상호성의 원리에 따라 거기에 반응하게 된다.

또 다른 예를 들어 보자. 남편이 직장이 있고 돈을 잘 벌고 생활력이 강할 때는 아내가 굉장히 나약하고 의존적이었다. 그런데 남편이 갑자기 직장을 잃고 부인이 남편을 대신해서 생활전선에 뛰어들게 됐을 때, 이전과는 다르게 굉장히 생활력이 강한 면을 보이며 주도적이 된다. 이런 경우 주도적이고 생활력이 강했던 남편이 오히려 의존적이 되고 생활력이 없어지게 되는 경우와 같다. 이처럼 아내가 생활력이 강하고 돈을 잘 벌면 남편이 무능력하고 생활력이 없는 경우를 종종 주변에서 볼 수가 있는데, 이것은 상호성의 원리로 이해할 수 있다.

이 상호성의 원리는 어떤 면에서 굉장히 무섭다. 이 역할이 너무 굳어져 버리면, 역할을 하는 한 편은 굉장한 부담감과 책임감을 갖게 되는 대신 한 편은 지나친 무력감에 시달린다. 그러나 자신들이 지고 있는 역할이 너무 익숙하기 때문에 변화되기도 쉽지 않고, 시간이 지날수록 그 관계는 더욱더 고착된다.

한 예로 캐나다에 이민 와서 산지가 25년이 되어가는 부부가 있었다. 아내는 전혀 영어를 하지 않았고 배우려고도 하지 않았다. 하지만 남편은 집안일이며 바깥일까지, 심지어 어디를 갈 때조차 지도를 찾아 가는 것도 모두 그의 몫이 됐다. 반대로 아내는 철저하게 제한된 영역 안에서 생활을 했다. 아내는 도무지 모든 것에 관심이 없어 보였다. 특별히 힘든 일을 하는 것도 아닌데 소화가 안되고 몸이 아프다고 해서 헬스클럽 정액권도 끊어주고 골프 장비도 사주었다. 그러나 몇 번을 가고는 그만이었다. 남편은 부인이 도대체 무엇을 하고 싶어 하는지 알 수 없었다. 아내는 매사에 의욕도 없고, 잘하는 것도 없으면서, 맨 날 아프다고만 했다. 남편은 그러한 아내가 불만이었다. 그런데 그 아내는 대학 들어가기 전까지만 해도 고등학교 테니스부 대표선수였다.

두 사람의 중재자가 만났다고 가정해 보자. 두 사람의 성격특성상 싸우거나 다투는 일이 없어 보인다. 그러나 시간이 지나면, 두 사람 중에 한 사람이 중재자의 역할을 벗고 다른 관계유형을 택할 수 있다. 그 중에 한 사람이 아이가 태어나자, 자기 원래 역할과는 전혀 상관없는 독재자의 모습이 될 수 있는 반면에, 다른 한 사람은 아이와 아빠 또는 엄마 사이에서 자신의 중재자 역할을 더 극대화 시켜나갈 수 있다. 이것 또한 상호성의 원리로 이해할 수 있다.

3. 역할암시성

이것은 배우자가 상대편 배우자를 자신이 원하는 모습으로 만들어가는 원리이다. 예를 들어, "우리 남편은 화낼 줄 몰라요", "우리 아내는 굉장히 순종적이예요" 라는 식으로 상대방에 대해서 평가하거나 말하는 것이다. 이러한 행동이나 말투가 상대방으로 하여금 자신의 특성이 그렇지 않은데도, 거기에 반응해서 실제 그렇게 돼가도록 한다는 것이다. 따라서 배우자는 자신이 그렇지 않은데도 불구하고, 자신도 모르게 배우자가 생각하고 기대하며 말하는 이미지를 자신의 것으로 받아들인다. 또한 그 성격특성을 발달시키고 부부관계를 맺어간다.

결혼초기에 맺게 되는 습관과 긴밀히 연결되어 있는 이 기능은 결혼생활에서 상대편이 중요하다고 생각하는 일들 중에 큰 실수를 한 배우자에 대해 가지는 깊이 박힌 하나의 인식과도 관련이 있다. 예를 들어 아이를 낳는 아내를 병원에 두고 직장에서 돌아오지 않는 남편이 야속한 부인이 남편을 "가정에 소홀한 사람" 이라고 생각하면, 그 후로 남편이 어떤 행동을 해도 "가정에 소홀한 당신, 일이 먼저인 사람" 이라는 식으로 반응한다. 그렇게 응답을 하며 다양한 방식으로 암시를 주게 되면, 남편은 사실은 그렇지 않은데도 불구하고 그러한 행동을 하게 된다. 남편이 오히려 부인에게 있는 역할암시적 반응에 반대되는 행동을 하면, 부인은 그리한 남편의 행동을 칭찬하거나 격려하지 않는다. 오히려 이상하게 바라보거나 의심한다. 그렇기 때문에 남편은 아내의 역할암시성에 반대되는 행동을 점차로 하지 않게 되고 결국 어느새 아내의 기대대로 행동하게 된다.

이 역할암시성에는 긍정적 암시와 부정적 암시 두 가지가 있다. 대체적으로 긍정적 암시는 결혼 전에 자신에게 있던 배우자에 대한 상과 연결되어 있다. "세심하고 배려심 많은 남편"이라고 생각하는 아내가 그러한 남편을 만나서 자기의 기대대로 행동하는 남편을 보고 긍정적 암시를 주게 되면, 남편은 그 행동을 더욱더 발달시키게 된다. 결과적으로 결혼관계는 더욱 돈독해 지게 된다. 반대로 부정적 암시는 긍정적 암시와 다르다. 그 배우자에 대해 했던 기대와 다른 행동을 하게 될 경우, 그런 부정적 특성을 더욱 강화시키는 것이다. 예를 들어 남편이 결혼 전에 기대하던 아내는 "남편을 믿고 순종적인 사람"이었다. 하지만 막상 살아보니 전혀 다른 행동을 하는 것 같으면, 자신의 기대와 다른 부인의 모습에 부정적 암시를 주게 된다. 그러면 부인은 그 부정적 특성을 더 발달시킬 수 있다. 당연히 이러한 부정적 암시가 많으면 결혼 생활이 힘들어 진다.

덧붙여서 이런 역할암시성에는 좀 복잡한 정신적 기제가 작용한다. 이 관계에서 남편은 남편대로 아내는 아내대로 "자신이 원하는 데로" 상대를 만들어 간다. 이것은 자기 중심의 무의식적 경험을 통해서 일어나는 심리적 작용이라고 할 수 있다. 대상관계 이론가 중에 로날드 페어벤(Ronald Fairbairn)은 이 역할암시성과 관련해서 아주 중요한 이론적 배경을 제공해 준다. 그는 유아들의 자아발달과 관련해서 고전적 의미에서 인간을 성적인 에너지에 지배 받는 유기체로 보지 않고, 인간을 지배하는 정신적 에너지는 관계를 통한 대상에 집착하는 에너지라고 보고 있다.[56] 그런데 이 대상과의 관계에서 굉장히 중요한 역할을 하는 것이, 초기에 관계를 맺는 부모, 엄마의 이미지이다. 그런데 아이들은 태어나면

서부터 이 엄마와의 관계를 설정하는데 심각한 어려움을 갖을 수 있다. 엄마에 대해서 절대적 신뢰와 완벽한 이미지가 있는 유아들이 자기에게 모든 것을 제공해주고 생존에 완벽한 환경을 제공해 주던 자궁을 떠나서 이 세상에 태어난다는 것은 그 자체가 고생의 연속이다. 이때 아이는 출생과 함께 자기가 갖게 된 어려움들이 과연 누구 때문인지 고민하게 된다. 왜냐하면 아이들이 엄마를 아무 흠이 없는, 자기를 힘들게 할 이유가 없는 완벽한 존재로 받아들이기 때문이다. 따라서 아이들이 이런 대답하기 어려운 질문에 대한 답을 발견하고, 엄마의 완벽한 이미지를 보존하기 위해서 일종의 심리적 노력을 하게 된다. 이러한 심리적 과정을 '분열' 이라고 한다. 이것은 자신의 자아를 쪼개서 외부에서 오는 좋은 경험과 나쁜 경험을 따로 분리해서 기억하는 자아분열의 과정이다.[57] 즉 아이는 외부, 즉 엄마와의 관계를 통해서 나쁜 경험들을 분열된 자아에 저장하게 되는데 페어벤은 이 자아를 '거절자아' 라고 표현하고 있다.[58] 아이는 이 '거절자아' 속에 자기를 상처 준 부모에 대한 분노, 그러나 완벽한 부모에 대해서 생긴 나쁜 이미지, 또 한편 그 부모에 대해서 분노하며 그 부모를 향해 복수심을 갖는 것에 대한 죄책감, 자기 수치심 같은 다양한 감정들을 투사하게 된다. 이것은 자기중심의 무의식적 경험의 한 축을 이루게 되며, 배우자도 이러한 감정의 형태로 만나기 때문에 중요하다. 왜냐하면, 배우자를 만나서 두 부부가 하게 되는 역기능적 관계는 엄밀하게 말하면 자기 과거에 가졌던 관계를 반복하는 형태가 강하게 나타나기 때문이다. 성인이 돼서 결혼한 남편과 아내는 자신들의 '거절자아' 속의 감정들을 서로에게 투사하게 된다. 따라서 서로의 결혼 생활이 사실은 과거의 상처를 갖게 해준 부모님과의 해결되지 못한 관계의 반복이 되기 쉽다. 이 거절자아의 이미지는 융이 말하는 그림자와 많이 닮았다. 이 그림자는 우리의 타고난 천성적인 면인데 우리가 관계하고 있는 외부 사회가 그것을 원하지 않기 때문에 우리의 무의식 깊은 곳에 숨겨두고 억압하고 있는 부분들이다. 이 어두운 면들은 계속해서 현실로 뛰쳐나오려는 경향이 있다.[59] 이것들을 부정적인 방법으로 사용하는 방법을 투사라고 한다.[60]

부모가 적절하게 돌보지 못한 딸은 그 마음속 깊은 곳에 부모에 대한 분노가 자리 잡고 있기 쉽다. 이 분노는 분노를 품고 있는 사람이 부모에 대해서 그러한 마음이 있다는 사실 때문에 스스로를 "나 같은 아이는 맞아도 싸"라는 죄책감을 갖게 한다. 이 심리적 기제가 있는 사람은 자신을 학대하기 쉽다. 자기는 부모에 대해서 나쁜 마음이 있기 때문에 누군가에게 당해도 싸고, 자기를 잘 대해주고 관심 갖는 사람보다는 "함부로 막" 대하는 사람에게 더 끌리게 되는 것이다. 그래야 자기에게 있는 죄책감이 조금이라도 감소하기 때문이다. 또한 자기 존재감에 상처를 주고, 지배적이고, 주도적이었던 엄마의 이미지가 강한 남편은 그러한 엄마에 대한 분노를 아내에게 투사한다. 그래서 결혼 생활을 통해서 그 한을 풀어가는 것이다. 이러한 정신역동을 가진 부부가 만나면 하루가 멀다 하고 치고 패고 싸우는 부부가 된다. 그들은 그렇게 싸우는 것 때문에 헤어지려고 하면서도 헤어질 수 없다. 왜냐하면, 이러한 해결되지 못한 자기중심적 경험들이 역할 암시적 기능을 하면서 서로가 떨어지려야 떨어질 수 없는 관계로 만들기 때문이다. 그래서 매 맞는 부인은 맞으면서 왠지 시원하게 느끼고, 때리는 남편은 때리면서 누군가에게 지금 복수를 하는 것 같은 감정이 생기는 것이다. 결국, 투사로 관계 맺는 부부는 사실 환상의 세계에 살고 있는 것이다.[61] 이 부분은 역할 암시성의 좀 더 깊고 무서운 심리적 작용이다.

4. 삼각관계

이것은 가족, 부부 안에서 흔하게 발생하는 과잉기능, 과소기능, 상호성의 원리가 표현되는 관계방식 중에 하나이다. 많은 가족 치료 이론들이 삼각관계에 대해서 정의를 하고 있다. 보웨니안(Bowenian) 가족치료에서 정의하는 삼각관계는 사람이 살면서 겪게 되는 불안을 다루기 위한 하나의 수단으로써 가족 안에서 항상 있으며 계속해서 반복되기 때문에 쉽게 볼 수 있는 것으로 정의하고 있다. 이 삼각관계의 기능은 두 사람 사이에 문제가 있어서 갈등이 조성되면 그 문제를 직접 대면하기 어렵고 힘들기 때문에 제 삼자나 다른 사람을 개입시켜서 그러한 갈등을 피하기 위한 역할을 한다고 말한다.[62]

삼각관계의 예는 무수히 많고 한 가족 안에서 다양하게 사용되기도 한다. 발생하는 상황에 따라서 대상도 다양하게 바뀔 수 있다. 앞에서 잠깐 이야기 했듯이 남편과 관계가 소원한 부인이 자녀와 연합을 통해서 남편을 아웃사이더로 만드는 것이 가장 흔하게 일어나는 삼각관계의 한 모습일 수 있다. 또는 독재자인 아빠와 전형적인 해바라기 형인 엄마 사이에서 항상 말도 못하고, 일방적으로 당하는 것 같은 엄마의 편을 들어서 엄마의 목소리를 엄마를 대신해서 내는 딸의 관계를 볼 수 있다. 딸은 엄마와 연합해서 아빠와 싸운다. 흔히 싸움은 엄마를 몰아세우는 아빠를 말리는 것으로 시작해서 아빠와 엄마와의 싸움이 어느새 딸과 아빠 사이의 싸움으로 된다.

또 다른 예는, 다른 사람과의 갈등을 피하기 위해서 그 당시에는 아웃사이더인 제 삼자를 그 관계에 끼운다. 그 이후 자기는 빠져서 아웃사이더로 머물러 있다가, 갈등이 해결되면 다시 아웃사이더를 제하고 둘 사이에 끼어드는 관계이다. 쉽게 말하면, 사춘기에 접어든 아이를 다루기 힘 들자 직접 대면해서 갈등을 일으키기 두려운 엄마가 아빠를 불러서 아이의 문제를 이야기하고 해결할 것을 부탁한다. 그러면 그때까지 엄마와 아이 사이에 제 삼자로 머물던 아빠가 그 관계에 끼어들어서 아이와 대립하게 된다. 이때 아빠와 아이는 그 문제 때문에 갈등을 겪긴 하지만 문제가 해결되면 다시 엄마가 그 사이에 끼어든다. 그리고 아빠를 아웃사이더로 만들고 아이와의 관계를 계속해 나간다. 이러한 식으로 갈등이 있을 때 아웃사이더인 아빠를 갈등의 해결사로 초대하고 엄마는 제 삼자로 머물면서 아이와의 갈등을 피할 수 있다. 이 관계 때문에 아이는 아빠와 계속되는 갈등을 겪는다. 하지만 엄마는 자기가 겪어야 할 갈등을 피해서 아이가 엄마는 항상 아이편, 아빠는 이해를 못하는 독재자로 만들어 갈 수 있다. 로날드 리차드슨(Ronald W. Richardson)은 이런 관계를 박해자, 희생자, 구원자라는 관계로 설명하고 있다. 아빠는 항상 박해자로, 아이는 희생자로, 그리고 엄마는 그 아이를 구하는 구원자로 역할을 나눠가지는 것으로 설명하고 있다.[63]

이 삼각관계는 한 사람이 다른 사람의 정보를 차단되거나 왜곡하기 때문에 무섭다. 이 관계에서는 객관적인 정보를 듣기 어렵고 누군가 한 사람에게만 왜곡된 정보를 듣게 된다. 그러할 경우 아이는 성인되어서도 논리적으로 판단하고 객관적인 정보를 수집해서 결정을 내리는 힘을 잃게 된다. 그렇게 아이는 객관적인 이성적 판단을 하는 사람이 되기보다 주관적인 감정적 판단을 하는 사람이 되기 쉽다. 즉 나와 생각이나 느낌이 틀리면 그 사람은 나와 다른 사람이 되는 것이고, 배신자이며, 그 사람이 왜 그렇게 생각하는지를 이해할 수 없게 된다. 이 관계에 있는 사람은 어떤 식으로든지 그 사람을 나와 똑같이 생각하게 만들거나 아니면 내가 그쪽 사람의 생각에 맞춰가는 수밖에 없다. 삼각관계를 맺는 것이 익숙한 환경에서 자란 사람은 혼자서 무엇인가를 결정하고 자기의 이야기를 한다고 하는 것이 절대로 쉬운 일이 아니다.

일반적인 경우의 예를 또 하나 들어보자. 서로 사이가 좋지 않은 부부 사이에서 아이들은 자연히 누구 편에 서야 하는지 갈등하게 된다. 가장 이상적인 것은 부부간에 갈등이 없어야 하겠지만, 아무리 사이가 좋은 부부라고 하더라도 갈등은 피할 수 없기 마련이다. 그러나 되도록 꼭 피해야 할 것은 의식적이든지 무의식적이든지 자녀를 그 갈등 가운데 끼어들게 해서 누구의 편에 서도록 강요하는 일이 없어야 한다. 하지만 많은 경우 부모가 직접적이든 간접적이든 그러한 일들을 아이들에게 강요하고 있다.

엄마를 통해 아빠는 이상한 성격을 가진 사람으로, 엄마를 이해하지 못하는, 가정의 평화를 깨는 사람으로 아빠를 이해하게 된 아이들의 특징은 아빠와의 직접적인 접촉을 할 기회가 많지 않다는 것이다. 이것은 일방적으로 아빠와 접촉할 기회를 엄마로부터 차단당하기 때문이다. 상황이 더 악화되면 아빠뿐 아니라 아빠의 친계 가족들, 친 할아버지, 할머니와의 관계도 소원해 질 수 있다. 그러면서 아이들은 계속해서 엄마로부터 생각을 주입 받는다. 아이들은 논리적이거나 이성적으로 생각할 기회를 박탈당하고, 엄마를 슬프게 하는 모든 이유는 아빠 때문이라고 생각한다. 아빠가 왜 그런 행동을 하게 됐는지 생각해 볼 여유가 없이, 단순히 엄마를 힘들게 하기 때문에 아빠를 나쁘게 보게 된다. 아이들은 자라면서, 이런 관계적 방법이나 형태들을 성인이 되어서도 계속해서 반복하기 쉽다. 이런 사람들은 나와 친한 사람을 두고 다른 사람을 외부자의 관계로 만든다. 그래서 자신과 연합을 형성한 사람의 의견이나 감정은 무조건적으로 자신의 것으로 받아들인다. 그리고 그 사람도 그와 같은 행동을 해 주기를 기대한다. 그런데 만약 다른 사람이 자신과 연합을 형성하고 있는 사람에게 상처를 준다고 판단하면, 그 이유나 원인이 무엇인지 들어보기도 전에 그 사람은 물리쳐야 할, 이해할 수 없는 행동을 하는 나쁜 사람으로 보게 된다. 이것이 문제다.

습관의 형성

사람이 사람을 만날 때는 누구나 자기만의 일정하게 관계 맺는 방식이 있다. 어떤 사람을 만나면 어떤 식으로 그 사람을 대하고 또 다른 사람을 만나면 그 사람은 또 다른 식으로 대하는 방식이 약간씩 다른 것을 발견할 수 있다. 예를 들면, 한 아이가 아빠를 대할 때나 엄마를 대할 때 또는 가족을 벗어나서 친구들을 만날 때 대하는 방법에 조금씩 차이가 있다는 것이다. 그런데 이런 방식이 처음부터 생겨나는 것은 아니다. 그 사람과 관계를 오래 하다 보면 서로가 받아들일 수 있는 범위 안에서 관계 맺는 방식을 자기도 모르게 만들어 간다. 만약 이 관계가 오래 되면 오래될수록 이 관계방식은 더 굳어지고 자연스러워서 거의 느끼지 못한다.

부부도 마찬가지다. 살면서 사는 시간이 지나갈수록 부부간에 관계 맺는 특별한 틀이 생긴다. 이것이 부부간에 형성하게 되는 습관이다. 그런데 건강한 부부와 이혼을 생각할 정도로 심각한 위기에 있는 부부는 서로 간에 관계 맺는 습관이 확연한 차이가 있다. 만약 부부 사이가 건강해서 건전한 습관을 형성하고 있다고 하면, 서로 상호 의존적이고, 애정 표현이 자연스럽다. 그러나 문제가 있는 부부는 이런 부분에서 어려움을 겪을 수 있다.

물론 건강한 부부 사이에서도 다양한 심리적 증상을 체험할 수 있다. 그렇지만 건강한 부부 사이에는 오히려 그것이 서로의 결속과 소속감을 강하게 할 수 있지만, 건강하지 못한 부부는 그런 것들이 그 반대의 결과를 가져오거나, 많은 경우 건강하지 못한 관계 때문에 그러한 증상들이 나타난다.[64]

누구나 예상할 수 있는 일이지만, 이 습관형성의 모습이 건강한 부부와 그렇지 않은 부부가 다른 형태를 띠게 된다. 특히 건강한 부부들에게 있는 일반적 형태 중에 중요한 네 가지 요소는 서로에 대한 헌신, 애정, 용서 외에 서로에 대한 긍정적 평가가 있다.[65] 하지만 많은 경우 건강하지 못한 부부관계인 부부는 서로에 대해서 상당히 부정적 시각으로 바라본다.[66] 그래서 어떻게 해서든지(상황이 허락하는 한, 정말로 상황이 허락하는 한, 그리고 그 방법도 세련된 것에서부터 거친 방법까지 아주 다양하게) 서로에게 또는 주변의 모든 사람에게 그 부정적 시각을 표현하는 습관이 있다.

어려움이 있어서 부부상담을 하는 경우가 아니라도, 우리는 흔히 부부들 사이에서 나누는 대화를 조금만 주의해서 들어보면 이러한 부정적 시각으로 상대를 보고 평가하는 습관이 형성되어 있는 부부들을 쉽게 볼 수 있다. 흔히 집사람은 쇼핑을 너무 좋아한다든지, 남편은 술이라면 자다가도 벌떡 일어나는 사람이라든지, 하는 것들은 거의 애교 수준에 가깝다. 좀 상태가 심해지면 "저 사람은 절대 다른 사람 말은 안 들어", "대화가 안 되는 사람이야", "자기만 아는 이기적인 사람" 처럼 상대에 대한 시각이 거의 고착이 되어, 바꾸기가 어려운 부정적 습관이 형성되어 있는 경우가 많이 있다.

이렇게 부정적으로 서로 바라보게 되는 습관이 형성되는 것은 사실 서로가 서로에게 있던 기대가 현실로 이루어지지 않았기 때문이다. 그 기대가 깨어지는 아픔들을 경험하면서, 그 기대를 충족시켜 주지 못하는 배우자에 대해서 생기는 견해라고 할 수 있다. 이렇게 부정적으로 상대를 바라보는 습관이 굳어지면, 아무리 상대편이 긍정적 영향을 미치기 위해서 행동을 하게 되더라도, 상대편은 그런 긍정적인 면보다는 부정적인 면만을 보게 된다. 이것이 무서운 것이다. 이렇게 서로 부정적으로 대하는 습관에는 몇 가지 유형이 있다.

1. 부정적 언어

앞에서 언급한 건강한 부부관계에서 필요한 네 가지 중요한 요소로 헌신, 애정, 용서 외에 서로에 대한 긍정적 반응과 평가라고 할 수 있다. 이것은 다시 말해서 상대 배우자에 대한 격려, 용기, 칭찬, 긍정적인 언어 같은 것으로 이해할 수 있다. 건강한 부부일수록 서로에 대해서 이 긍정적 평가의 언어와 행동들이 많은 것을 볼 수 있다.

특별히 문제가 있는 부부들에게 가장 일반적으로 있는 습관이나 관계 역동의 형태들 중에는 서로에 대해 굉장히 부정적 언어가 많다는 것을 알 수 있다. 이런 관계가 있는 부부들은 상대에 대해서 비난하고 깎아내리며 상처를 주는 말들이 대화의 많은 경우를 차지한다고 할 수 있다. 부인은 남편을 향해서 절대로 칭찬이나 격려의 말을 하지 않고, 남편은 부인을 비아냥거리고 깎아내리기 일쑤이다. 만약 부부 관계가 이런 식이라고 하면, 이 부부는 애초부터 자녀들이 건강한 부모상을 가지고 자랄 것이라는 기대를 해서는 안 된다.

재미있게 보았던 TV프로그램이 하나가 있다. 문제가 있는 아이들의 집에 심리행동 치료 전문가가 직접 방문해서 문제 아동의 행동을 수정해 주는 것이었다. 한국도 유사한 방송이 있는 것으로 알고 있다. 문제 아동의 집에 심리 전문가가 직접 방문해서 아동의 행동을 며칠 동안 지켜보면서 문제 행동을 진단하고, 그 행동을 수정해 줘서, 비슷한 문제가 있는 부모들에게 교훈과 정보를 주는 유익한 프로그램이었다. 그런데 방송을 보면서 매번 도달하게 되는 결론은 문제는 아이가 아니고 부모라는 것이다.

심리전문가가 하루는 세 명의 아이를 키우는 집에 방문해서 그 집 아이들의 문제를 보게 되었다. 아빠가 아침에 출근하고 나면 온종일 아이들을 돌보는 일은 자연히 엄마 차지가 되었다. 그렇지만 도대체 아이들이 엄마의 말을 듣지 않았다. 심지어 아이들은 엄마의 말을 무시하고 말썽을 일으켰다. 엄마가 무게를 잡고 화를 내도 아이들이 엄마를 전혀 무서워하지 않았다. 그런데 그 이유는 엄마를 대하는 아빠의 태도 때문이었다. 엄마가 아이들이 식탁에 제대로 앉아서 밥을 먹지 않고 흘려서 혼내도, 숙제하지 않고 TV만 보는 것 때문에 꾸중해도, 아빠는 전혀 그런 엄마를 옆에서 돕지 않았다. 오히려 뒤에서 그런 부인의 행동을 비웃거나 비아냥거렸다.

그러한 아빠의 행동을 쭉 지켜본 아이들이 엄마의 권위를 인정하기는 쉽지 않다. 실질적으로 엄마는 애들에게 전혀 무서운 사람도 아니고, 집안에서 파워가 있는 사람도 아니다. 심각하게 아이들을 혼내고 있는데 그 앞에서 아빠가 엄마를 비웃거나 비아냥거리는 행동을 하고 있으면, 그런 아빠를 바라보는 아이들은 엄마를 어떻게 생각하겠는가. 또한, 지금 엄마한테 잘못했다고 혼나고 있는 자기 행동에 대해서는 어떻게 생각하겠는가?

심리학 이론 중에 1900년대 초에 큰 반향을 일으킨 사회학습이론 중에 관찰학습이 있다. 이 이론을 보면, 아이들이 성격발달에 있어서 단순히 모방하는 차원을 떠나 부모나 아니면 영향력 있는 사람의 행동을 단순히 바라보는 것만으로도 새로운 행동을 습득할 수 있다고 한다.[67] 이 이론이 주장하는 이 내용은 그 당시에는 상당한 충격을 준 이론이었다. 하지만 이제는 부모들이 하는 행동을 아이들이 관찰하고 모방하며 새로운 행동으로 발달한다고 하는 것은 더는 새로울 것이 없다. 이미 모두가 아는 내용이다. 그래서 북미에서 부모들이 아이들의 문제로 고민을 털어놓으면, 전문가들이 결론적으로 던지는 한마디가 "자기는 못하면서 말만 앞세우는 교육은 더는 효과가 없습니다(내가 하는 행동을 따라 하지 말고, 내가 하는 말대로 해, Do what I say, not do what I do)"라고 말한다.

특별히 부부간에 어떤 언어의 메시지가 오고 가고 있는지, 그 언어가 서로에게 어떻게 던져지느냐가 두 사람의 결혼 생활을 지배하고 결정하는데 굉장한 역할을 하게 되어 있다. 언어의 중요성에 대해서 프랑스의 영향력 있는 정신분석학자인 쟈크 라캉(Jacques Lacan)은 이렇게 말했다. 그는 언어는 한 개인을 사회 구성원의 한 사람으로 자아를 형성하는데 중요한 역할을 하는 것으로 '법의 아버지'라고 말할 정도였다.[68]

더군다나 부부관계에서 부정적 언어로 서로를 평가하는 것은 부부간의 역할암시성과 크게 관련이 있다. 말하면 말한 대로 상대편은 그렇게 반응하게 된다는 말이다. 남편이 부인에게 부인이 남편에게 부모가 자녀에게 부정적인 말로 서로를 평가하고 깎아 내리면, 아무리 상대가 좋은 자질과 훌륭한 성격을 가졌다고 하더라도, 어느새 그 부정적 언어의 대상이 되는 상대는 다른 쪽이 자신에게 하고 있는 그대로 반응하게 되어 있다.

북미 교육 현장에서 학업에 문제가 있는 아이들, 특히 지나치게 충동적이고 산만해서 주의 집중이 안 되는 아이들을 대상으로 많이 적용되는 심리치료 중에 하나가 인지 행동치료 방법이다. 그 이론에 근거를 둔 일단의 학자들이 유아의 언어 발달과 그 언어가 유아들의 행동에 어떻게 영향을 미치는지를 연구했다. 그 연구 결과에 따르면, 유아들은 어떤 특정 행동을 발달시키는데 세 가지 단계를 거치게 된다고 한다. 첫 번째 단계가 어른들의 언어가 아이들의 행동을 규제하는 단계이다. 즉 어른들이 말하는 언어의 내용이나 톤, 거기에 실린 감정들이 아이들의 행동을 규제한다. 두 번째 단계는 아이들 스스로의 언어가 자신들의 행동을 규제하는 단계이다. 그리고 마지막 세 번째 단계가 내부 목소리(Inner-Voice)를 발달시키는 단계이다. 두 번째 언어와 세 번째 언어의 차이는 새로운 행동을 하거나 습득하게 될 때 두 번째 단계의 아이는 그런 행동을 하기 전에 먼저 소리 내어 말을 하는 것이고, 세 번째는 그 소리를 내부에 담아두고 입 밖으로 내지 않는다는 것이다. 그러나 입 밖으로 내지는 않지만, 여전히 아이들의 행동에 영향을 미치기는 마찬가지이다. 이러한 내부 목소리가 일단 형성이 되면 그 결과는 상상 이상이다. 왜냐하면 두 번째 단계처럼 말을 하면서 새로운 행동을 하지 않고 자연스럽게 행동으로 옮기기 때문이다. 이 단계에서는 그 행동을 하는데 시간이 걸리거나, 의

식하는 것이 아니고, 거의 자동적으로, 순식간에 일어난다.[69]

부부의 서로 부정적 언어 습관도 이와 같다. "사랑한다, 고맙다, 잘한다, 멋있다, 우리 부인이, 남편이, 아이가 최고다." 라는 말보다 "너만 아니면 이렇게 안 산다, 네가 잘하는 게 뭐냐, 내가 실수한 게 많은데 너랑만나서 결혼한 게 가장 큰 실수다, 원수가 따로 있는 게 아니고 네가 원수다." 라고 하는 말과 행동, 그러한 감정이 실린 모든 것들이 상대 배우자에게 내부 목소리가 되어서 배우자의 행동을 지배하게 된다. 그러면상대편 배우자는 거의 무의식적으로, 사랑스럽고 멋있는 최고의 역할을하기보다는 원수가 되고, 배우자가 결혼한 것이 실수라는 생각이 맞는다고 반응하도록 행동하게 되는 것이다.

2. 비난적 책임 전가

이것은 부부에게 있는 갈등이나 어려움 같은 것을 상대편 배우자의책임으로 돌리는 경우를 의미한다. 쉽게 예를 들면, 술 먹는 남편이 부인에게 "네가 나한테 잘해봐, 밥도 좀 제때 주고 잘 해주면 내가 술을 먹니?" 라고 하자. 그러면 부인은 "네가 술을 안 먹으면 내가 밥을 안 주니? 술만 끊어봐 내가 잘 안 해주나?" 라고 하는 식이다. 나는 전혀 문제가 없는데 상대편 배우자 때문에 모든 문제가 발생하고 있다고 하는 식이다. 그래서 상담을 하거나 심지어 대화를 할 때도, 왜 이런 문제가 저 사람때문에 일어나게 됐는지를 핏대를 세워가면서 설명하고, 상대 배우자뿐아니라 상담자까지도 설득하려고 든다.

부부관계에 어려움을 겪고 있는 사람들은 대부분 자기들에게 있는 문제의 근원을 자기를 포함한 두 부부가 같이 만들고 있다는 사실을 잊어버린다. 그래서 나는 괜찮은데 저 사람이 문제라는 식으로 책임을 전가하는 경향이 있다. 이러한 비난적 책임 전가의 특징은 실제 부부상담의 경우에도 잘 나타난다. 예를 들어 부부상담의 경우 부부가 같이 상담을 시도할 때, 대부분의 경우에는 주로 상담 후 집에 돌아가서 해야 할 숙제를 내준다. 그 숙제는 한 사람이 열심히 해서 숙제를 완수해 오는 경우가 있기도 하고, 때로는 같이 협조를 해야만 완성이 되는 숙제를 내준 경우도 있다. 그런데 만약 한쪽 편 배우자가 협조하지 않아서 그 숙제를 완수하지 못한 경우, 상담자에게 이렇게 말한다. "자, 저는 이렇게 열심히 해서 내준 숙제를 잘 해왔습니다. 그런데 이 사람은 자기 숙제도 안하고 함께 해야 할 숙제도 이 사람이 협조를 안 해서 해오지 못했습니다. 이제 우리 부부문제에 있어서 누가 문제인지 아시겠죠?" 비난적 책임 전가에 익숙한 사람들은 이처럼 상담자를 설득하는 것처럼 말하거나 행동하기도 한다.

이 비난적 책임 전가에 익숙한 부부들의 관계 방식을 보게 되면 서로가 서로에게 우리 부부의 문제의 원인은 "바로 너"라는 사실을 확인시키려는 노력들로 가득 차 있다. 이처럼 이 의도들이 상대편이나 주위를 둘러싸고 있는 모든 사람들에게 말이나 행동으로 직접적이든지 간접적으로 표현되는 경우가 허다하다. 앞서 삼각관계에서 말했듯이 자녀와 삼각관계를 형성하는 가운데 부모들은 직접적이든, 간접적이든, 말이나 행동이나 다른 비유적 표현으로 자기들 결혼생활의 모든 잘못된 책임을 상대편 배우자에게 있다고 비난적 책임 전가 행동을 할 수 있다.

이 비난적 책임 전가 행동의 파괴적인 부분은 자기도 문제의 한 부분을 담당하고 있다는 것을 잊고, 무조건적으로 상대편 배우자에게 일방적으로 변하기만을 강조한다는 것이다. 그러한 경향이 강하면 강할수록 새로운 행동을 시도해서 변화를 가져온다고 하는 것은 점점 어렵게 된다. 왜냐하면 부부관계를 개선해서 새로운 관계를 맺으려고 에너지를 사용하는 것이 아니라, 매일 매일의 삶이 "나는 맞고 너는 틀렸어, 내가 문제가 아니고 니가 문제야" 라는 것을 서로에게 확인시켜려는 노력들로 가득 차기 있기 때문이다. 결국 부부가 서로를 지켜보고 관찰하는 것들이 지지하고 격려하면서 애정 어린 눈으로 바라보는 것이 아니라, 어떻게 하면 자기들이 주장하는 내용들이 맞는다는 것을 증명할까 하고 상대편을 대하게 된다. 당연히 상대편을 바라보는 것이 칭찬이나 애정이 아니고, 잘못을 찾으려는 눈빛으로 바라보게 된다. 거기서 배우자에 대한 긍정적 언어가 나오기를 기대한다고 하는 것은 말도 안 되는 일이다.

3. 잘못된 의도 파악

문제가 있는 부부들을 보면 서로 대화가 전혀 없거나, 있다고 하더라도 대화 방법이 틀렸거나, 잘못된 방법으로 대화를 나누는 것을 볼 수 있다. 그러한 경우는 차라리 대화하지 않는 것이 낫다고 느껴진다. 왜냐하면, 조금만 대화가 길어지면 서로가 기분만 나빠지는 경우가 많기 때문이다. 서로 어려움을 겪고 있는 부부들 상당수가 대화에 어려움을 겪고 있다는 것이 사실이다. 그들은 대화를 통해서 서로가 원하는 결론에 도달한다거나, 상대방의 진짜 의도하는 것이 무엇인지를 정확히 파악하지 못하는 사람들이기 때문이다.

사실 언어로 의사소통할 수 있다는 것이 하나님께서 우리에게 주신 큰 축복이면서도 또 한편으로는 그게 꼭 축복일 수만은 없겠다는 생각을 종종 해본다. 벌 같은 곤충은 사람처럼 복잡한 언어 체계를 가지고 있지 않고 서로 정보를 공유하는 수단이 몇 개가 되지 않는다. 그냥 단순히 꿀이 지금 이 장소에서 얼마만큼 떨어져 어디 있는지, 지금 자기들의 보금자리가 침입자들에게 위협을 받고 있는지 같은 간단한 메시지만을 전할 수 있는 언어라고 하기에는 부족한 몇 가지 전달 방법만이 있다. 그래서 그런지 언어로 생길 수 있는 갖가지 혼란들을 막을 수 있는 것 같다. 비교적 우리와 비슷하게 생기고 뇌의 구조도 비슷하게 발달한, 그래서 영화에 자주 등장해서 마치 인간하고 대화가 가능한 것처럼 보이는 침팬지 종류도, 우리처럼 이렇게 다양하고 복잡한 언어교통 수단이 없다.

하지만, 사람들의 언어라고 하는 것은 그런 곤충이나 다른 동물들과 달리 굉장히 발달했으면서도 그것 때문에 문제를 일으키는 것 중에 하나이다. 왜냐하면 우리의 언어라고 하는 것은 단순히 한 가지 정보만을 나누는데도 어떤 상황에서 어떻게 말하느냐에 따라서 그 의미가 달라질 수 있기 때문이다. 단순히 말하는 것뿐 아니라 목소리 톤을 어떻게 하는지, 얼굴 표정을 어떻게 짓는지에 따라서도 그 의미는 전혀 다른 느낌으로 상대에게 전달되기도 한다. 그래서 그레고리 베트슨(Gregory Bateson)이 말하기를 우리 언어는 두 가지의 기능이 있는데, 하나가 단순히 정보를 전달하는 기능과 또 하나는 그 정보가 받아들여지는 환경과 정보가 교환되는 두 사람 사이의 관계를 결정짓는 기능이 있다고 말한다. 이 말의 뜻은 언어는 단순히 사실을 전달하는 기능도 있지만, 두 사람이 어떤 환경에서 어떤 관계를 가지고 있느냐에 따라서 그 사실을 전달하는 사람의 의도와는 전혀 다른 의미로 받아들여 질 수 있다는 말이다.[70]

따라서 자기 존재감에 상처를 가진 남편에게 단순히 아내가 "세탁소에 이 옷 좀 맡겨 주세요." 라든가 "오늘 몇 시까지 애 좀 픽업해 주세요." 라고 말하는 것은 아내가 아무 생각 없이 말할 수 있는 정보의 차원이지만, 남편한테는 단순히 어떤 사실을 전달하는 것이 아닐 수 있다. 남편은 아내의 그 말에 자기를 조정하려고 했던 엄마의 이미지가 함께 떠올라서 괜히 불쾌하고 반응하지 않게 되는 것이다.

미카엘 니콜스(Michael P. Nichols)가 대화에 관해서 지적하고 있는 흥미로운 이야기 중에 하나가 "상대적으로 말이 없고 대화를 하지 않으려고 하는 사람들에게 있는 심리적 상태는 그 사람들이 그 대화 내용에 대해서 아무 생각이 없는 것이 아니라, 대화를 해봐야 상대편이 관심 있게 자기 대화를 들어줄 것이라고 생각하지 않기 때문이다" 라고 지적하고 있다. 결국 이 말은 자기 신뢰감과 관련된 내용이다.[71] 아내는 계속해서 무엇인가를 말하는데, 아내가 보기에 남편은 듣지도 않고 거기에 전혀 반응을 하지 않게 되거나, 일부러 무시하는 것처럼 보이기까지 하는 경우가 있다. 그러한 상황이 되면 아내는 남편을 보면서 분노하고, 무시당한 것 같이 느낀다. 흔히 "남편이 더는 나를 사랑하지 않는 것 같아" 라는 생각과 함께 그런 생각들이 강해지면 강해질수록 조바심이 난 아내는 남편을 더 다그치게 된다. 남편은 남편대로 아내의 반응이 부담스러워서 더 무관심한 척하게 되는 것이다.

이 과정들이 계속 되다보면, 아내는 대화를 하지 않고 자꾸만 무관심한 남편이 문제라고 생각한다. 그래서 틈만 나면 남편을 몰아세우게 되고, 그러한 아내가 즐거울 리 없는 남편은 아예 대화 자체를 시도하려고 하지 않게 된다. 이 부부들의 대화는 다른 주제로 시작을 했다가도,

결국 무엇인가 의미 있는 이야기가 시작만 되려고 하면, 항상 결론은 "우리 문제는 너 때문이야, 아니 너 때문이야"라는 비난형의 대화가 오고 가기 쉽다.

우리가 대화를 시도할 때는 사실 전달하려는 메시지 보다는 그 메시지가 품고 있는 의미들을 잘 파악해야 한다. 우리는 우리의 감정, 느낌, 생각들을 직접적으로 표현하기보다는 우회적으로 돌려서 말하는 것이 습관이 되어 있다. 하지만, 니콜스가 그의 책에서 강조해서 말하고 있는 것처럼, 우리는 대화를 할 때 그 대화에서 전해지는 정보차원의 메시지보다는, 그 메시지 뒤에 있는 감정(feeling)이 무엇인지를 알려고 노력해야 한다.[72]

예를 들어, 남편이 회사에서 퇴근하고 돌아왔는데 부인이 남편을 보자 마자 화난 듯이 "낮에 옆집 준호 엄마를 만났는데 글쎄 나보고 얼굴이 왜 그렇게 부었냐고, 살쪘냐고 그러는 거야!" 했다고 해보자. 이렇게 말하는 부인이 진짜 남편에게 듣고 싶은 말은 무엇이겠는가? "그러니까 밤에 조금만 먹으라고 했지, 왜 그렇게 많이 먹어." 아니면, 그냥 아무 반응 없이 "그래? 밥 좀 줘."라는 성의 없는 대답이겠는가?

니콜라스 이러한 경우를 메시지 뒤에 숨어 있는 감정이라는 말로 표현을 하고 있다. 그러나 나는 여기서 감정이라는 말보다는 '참 의도' 또는 '참 의미'라는 말이 더 적절하다고 생각이다. 다시 말해서 저 사람이 지금 이 말을 하고 있는데 단순히 정보를 전달하려는 것인지, 아니면 그 일 뒤에 있는 감정을 알아달라는 것인지, 아니면 단순히 지금 이야기를 들어줄 대상을 찾는 것인지를 보고, 이처럼 다양한 의도를 알아차리려는 노력을 해야 한다.

상담을 통해서 습관처럼 익혀진 것이 있다면, 말하는 대상의 말 한마디 한마디에 담긴 진짜 의미가 무엇인가를 고민하는 버릇이 생겼다는 것이다. 때로는 실수도 할 때가 있고, 좀 피곤할 때가 있기는 하지만 적어도 이 습관 때문에 생각 없이 있는 그대로 말할 때 생기는 문제를 어느 정도 막을 수 있다. 부부가 대화에 어려움을 겪는 경우에, 많은 경우 아내건 남편이건 상대방의 의도를 파악하는데 실패하거나, 아니면 자기가 생각하는 것이 맞는다고 믿고 그것을 상대방에게 강요하는 대화방식이 주를 이루기 때문이다. 그러면 대화 자체가 어렵거나 아예 대화를 회피하게 된다.

이와 관련해서 니콜라스가 그의 책에서 좋은 예를 하나 말하고 있다. 결혼하고서도 직장생활을 계속하던 아내가 두 아이가 생기자 아이들이 좀 크면 직장생활을 시작하려고 했다. 그런데 막상 조그만 아이들을 떼어놓고 다시 직장생활을 하기가 어려워서 아이들이 학교에 들어갈 때까지 다시 기다리기로 했다. 그런데 하루 종일 아이들을 집에서 데리고 있다 지친 아내가 놓치고 그리워하는 것은 사람들과의 '대화' 였다. 결혼 후 직장생활을 하면서 사람들을 자유롭게 만났던 아내는 집에 있으면서 대화를 할 상대가 없었던 것이다. 그래서 남편만 돌아오면 남편을 붙잡고 하루 종일 있었던 일들을 주절주절 이야기를 하곤 했다. 하지만 남편은 그러한 아내의 말에는 관심이 없고 들어오자마자 TV를 켜고, 잘 때까지 보는 것이었다. 아내는 그런 남편이 무정하고 화가 나서 속상해 했고, 남편은 남편 나름대로 최선을 다했다고 생각했다. 그런데 이 부부는 둘다 서로에게 중요한 것을 놓치고 있었다. 두 사람 다 상대편의 진짜 의도가 무엇인지를 모르고 있는 것이다. 남편은 아이들 때문에 힘들어 하는 부인에게 그럼 좀 더 편해 질 수 있는 방법을 찾아주려고 했다. 그래서 부인이 힘든 이야기를 하면 걱정하는 마음에 부인을 도울 방법이나 해결책을 '충고' 처럼 했던 것이다. 하지만 정작 부인은 원하는 것은 남편이 제시하는 충고와 같은 방법을 찾아서, 지금 겪고 있는 어려움을 나아지게 하려는 것이 아니었다. 부인이 진짜로 의도하고 원하는 것은 단순히 아이들과 씨름하느라고 힘들었던 하루 일과를 들어줄 대화상대가 필요했던 것이다. 그래서 남편이 들어오자 마자 부인은 퍼붓듯이 이야기를 시작한 것이다. 하지만 오히려 남편은 매일 똑같은 이야기를 반복하는 아내가 의아했다. 자기가 제시한 해결책은 시도도 해보지 않고, 매일 똑같은 이야기만 반복하는 아내가 오히려 불평만 해대는 귀찮은 존재로 여겨졌다. 그래서 아내를 피할 수 있는 방법으로 TV를 켜놓고 딴짓을 하는 것이었다. 남편의 이런 마음을 알지 못하고 겉으로 드러난 모습만을 바라본 아내에게 남편은 자기 이야기나 어려움은 아는 척도 안 하는 무심한 사람으로 보인 것이다.[73]

이 예가 보여주고 있는 것처럼 갈등이 있는 부부들, 특히 대화에 어려움을 겪고 있는 부부들 대부분은 말하고 있는 상대방의 진짜 의도가 무엇인지 알지 못하거나, 아니면 자기 식으로 오해를 하든지, 그렇지 않으면 엉뚱하게 말하는 사람과의 의도와는 전혀 다르게 해석하는 경우들이 많다고 한다. 이런 유형의 대화 형태들이 뒤에 나오는 선택적 해석과 맞물리면 문제는 더 심각해 진다.

4. 선택적 해석

이것은 부부가 서로의 관계에서 상대의 행동, 말투, 반응에 대해서 상대편의 의도와는 상관없이 자기 스스로 해석을 하는 작업이다. 하지만 이러한 해석의 작업이 어떠한 객관적 근거로 이루어지는 것이 아니고, 오랫동안 형성된 상대방과의 부정적 관계를 통해서 형성된 것들이 많다. 그래서 해석하는 것이 당연히 부정적일 수 밖에 없다. 이 선택적 해석을 하도록 하는 상대편 배우자의 행동에는 눈빛이나, 표정, 심지어 숨소리같이 다양한 것들이 포함되어 있다.

예를 들면, 집에 돌아온 남편이 왔는데도 아는 체도 하지 않고 식탁에 앉아 한숨을 쉬고 있는 부인을 보게 되면, 남편은 그런 부인을 보고서 왜 부인이 그러한 행동을 하는지 알아보려 하지 않는다. 오히려 자연스럽게 "또 친정집에 무슨 일이 있군, 결혼해서 떠나 살면 이제는 그만 다른 사람인데, 좀 잊고 살면 안되나? 자기 집 진짜 식구보다 친정 집 식구가 더 중요하지." 하면서 화를 낸다. 이러한 경우는 그동안 친정 집 문제로 어려움을 겪어온 두 부부가 아내의 행동만 보면, 자연스럽게 해석하고 반응하는 선택적 해석이 이루어진 경우이다.

이 선택적 해석의 영역에 대해서 좀 더 깊이 연구를 해 보면, 이 부분 또한 자기중심의 의식적이며 무의식적 경험이 깊이 관여를 하고 있다는 것을 알 수 있다. 이 자기중심적 경험의 무서운 영향력은 앞서 말한 데로 "모든 해석의 중심에는 나의 경험이 자리 잡고 있다" 는 것이다. 즉 내가 아무리 노력해도 저 사람의 생각과 마음을 완벽하게 이해한다고 하는 것이 불가능하다는 것이다. 모든 사람이 생각하고 반응하는 것은 그들에게 있는 자기들 삶의 자기중심적 경험에서 비롯된 것들이다. 보고 느끼고 생각하는 것은 자기중심적 경험을 바탕으로 이루어지는 것이다. 그렇기 때문에 어떤 상황에 대해서 매번 해석을 해야 하는 상황에

처하는 우리는 쉽게 우리의 의식적이며 무의식적 자기 경험의 틀에 의
존하게 되어 있다.

　엄마는 아이가 늦게 일어나고 제대로 공부를 하지 않는 것 같아서
걱정을 한다. 하지만 아빠한테는 그것이 엄마가 보고 느끼고 있는 것처
럼 똑같은 크기의 문제로 다가 오지 않을 수 있다. 또 어떤 경우에, 남편
은 부모님에게 순종하고 아무리 나이 차이가 많이 나지 않더라도 꼭 형
님과 누님으로 깍듯이 대접하는 것이 바른 것이라고 믿고 자란 자기중
심의 경험이 있다. 그렇지만 아내는 그런 것에 별로 중요성을 두지 않아
서 때로는 이해하기 힘들 수 있다. 어떤 남편은 명절뿐 아니라 시도 때도
없이 시골에 계신 부모님을 찾아가서 뵌다. 하지만 아내는 그런 남편이
유난을 떠는 것만 같고 왜 그렇게 중요한지 이해하지 못할 수 있다. 오히
려 그렇게 유난을 떠는 남편이 부담스럽기만 하고 때로 꼴 보기 싫기도
하다. 왜 그런 것들이 서로 다른 차이로 다가오는가? 그것은 서로가 다
른 삶의 경험이 있기 때문이다.

　앞의 예들은 좀 가볍게 생각할 수 있는 문제들일 수 있다. 그렇지만
만약 이 선택적 해석에 영향을 주는 나의 삶의 경험들이 근본적으로 나
의 자존감과 또는 신뢰감과 관련된 것들이라고 하면, 그때는 그렇게 간
단히 볼 수 있는 것이 아니다. 예를 들어 자기 존재감에 상처를 받아서
평생을 자기 존재감을 찾거나, 그것을 지키려는 노력으로 뭉쳐진 사람
이 자기 존재감에 상처를 주는 행동을 하는 배우자와 만나게 되었다. 만
약 그렇다고 하면 상대편 배우자의 과민한 반응을 보고 "아니 별 것도 아
닌데 왜 저렇게 흥분하고 저래?" 하는 마음이 들 정도로 폭발적이고 이
해할 수 없는 행동을 하게 된다. 앞의 내용을 잘 기억하고 있다면, 자기

존재감의 상처를 입은 사람들이 외부적으로 보이는 일반적인 행동유형 중의 하나가 그 주변 사람들에게 '자존심' 이 센 사람으로 보일 수 있다는 것이다. 이 유형의 사람들은 자기 의견이나 생각들이 받아들여 지지 않고, 누군가에게 끊임없이 조종, 지배, 침범 당하고 있다는 느낌을 받고 살아온 사람들이기 때문에, 자기 일생의 에너지가 자기를 찾고 지키는데 소모된다고 해도 과언이 아니다. 이 사람들의 특징은 여러 가지가 있겠지만, 단적으로 한 가지만 말하면, "다른 사람이 나를 어떻게 대하고 생각하는가?"에 굉장히 민감하다는 것이다. 따라서 그들에게는 우리 남편이, 우리 아내가, 아이들, 직장 동료가 나를 어떻게 대하고 생각하는지가 너무나 중요하다. 만약 부인이나 남편에게서 자기를 무시하는 것 같은 행동을 하거나 말투가 있다고 느끼면, 그 사람은 다른 어떤 것보다 그런 행동들을 참을 수 없게 된다. 이런 부부관계에서 선택적 해석을 통해 일어나는 반응은 남편이나 부인이 별 생각 없이 하는 행동인데도, 그것이 상처 입은 자기 존재감과 신뢰감을 자극하는 말과 행동이기 때문에, 다른 것들보다 더 강하게 반응하게 된다.

또 다른 예를 들어보자. 배우자의 행동에 민감한 남편은 아내가 드라마를 보면서 "와 저 사람은 능력도 좋네! 어떻게 저렇게 젊은데 성공을 했을까?" 라는 말을 들었다. 아내는 아무렇지 않게 뱉은 말인데 평소에 자기 능력에 대해서 자신감이 없는 남편은 자신에게 하는 말로 듣고 상처를 받거나 화를 낸다. 늘 시간에 맞춰 밥을 달라고 하는 남편, 조금만 그 시간이 지나도 화를 내거나, 좀 대충 챙겨서 주는 것 같으면 역정을 내는 남편을 보면서, "좀 건너뛰면 안되나, 한 끼 굶으면 죽는 사람처럼, 밥, 밥, 아주 얄미워 죽겠어." 하고 생각하는 아내들이 많다. 그런데 그런 식으로 밥때를 중요하게 생각하는 남편에게 제때 제시간에 밥을 맞춰 먹는 것은 단순히 밥을 먹는 것만이 아니다. 그것은 한집안에 가장으로 자기가 어떻게 받아들여지고 있는지, 매 순간 확인하면서 만족하는 자기 존재감을 확인하는 시간일 수 있다.

그런데 문제는 이 선택적 해석에 익숙한 부부들은 상대편 배우자가 잘 하는 다른 행동들은 다 제쳐두고 유독 자기 존재감이나 신뢰감에 상처를 주는 행동에 대해서만 선택적으로 골라서 해석하는 경우가 많다고 하는 것이다. 부인이나 남편이 잘 하는 것도 많은데, 유독 잘하는 아홉 가지를 보지 못하면서 잘못하는 한 가지만을 보고 서로를 비난한다. 또는 장점보다는 서로의 약점만을 보는 왜곡된 시각들이 선택적 해석을 하는 부부들의 특징이라고 할 수 있다.

5. 경직된 역할

경직된 역할은 오랜 부부 생활을 통해 서로 간에 익숙해진 관계습관 중의 하나를 의미한다. 이 경직된 역할을 통해서 남편과 부인이 서로 정해진 역할을 반복해서 한다. 경직된 역할은 마치 오래된 습관처럼 그 역할이 너무 익숙하게 굳어져 버려서 부부는 환경이 변했는데도 불구하고, 그 역할을 바꾸려고 하지 않는다. 또는 그 역할을 바꾸려는 그 어떤 노력에도 강하게 저항하는 경우이다. 흔한 예가 앞서 언급한, 부부간에 남편은 논리적이고 차분하지만 부인은 감정적이고 즉흥적이라는 식으로 역할을 나누어 가지는 것이다. 이것은 어떻게 보면 문화적 역할이 상당히 영향을 미치는 부분이다. 흔히 "남자는 태어나서 세 번 운다," 라는 식이다. 그래서 남자는 감정표현을 되도록 자제하고 차분하고 야성적인 것이 소유해야 할 기본적인 특성이라고 생각하는 반면, 여성은 가냘프고 눈물이 많은 것이 당연한 모습으로 받아들여지는 사회적 편견 같은 것이다.

　따라서 남편은 굉장히 논리적으로 어떤 감정표현 없이 부인을 대하고, 부인은 그런 남편에 비해 굉장히 감성적, 감정적인 모습을 취하게 된다. 그러다 보니 서로가 너무 다른 모습이 있는 것처럼 대하게 되고, 그 다른 면들을 서로 이해할 수 없어서 결국은 비난의 조건이 되거나 "그 사람은 원래 그래." 하면서 포기하게 되는 경우다. 이런 경우에 드라마를 보다가 감정에 겨워 우는 아내를 향해서 남편이 "그거 다 지어낸 이야긴 데 뭐 그런 걸 보고 질질 짜고 그래." 라고 말하면, 아내는 그렇게 말하는 남편이 도대체 감정도 없고 분위기도 없는 사람으로 생각하게 된다. 그러나 이것은 사실 건강하지 못한 부부가 가지는 부정적 습관의 한 면이다. 자신의 성격적인 면이 논리적이기는 하지만 감정적인 부분이 있는데도 불구하고, 상대편 배우자가 한 마디 말로 "당신은 너무 차가워" 라든가 "왜 그렇게 민감해" 라든가 하는 말을 하게 되면, 자연스럽게 그것을 자신의 성격으로 받아들이고 그런 성격에 맞게 자신을 맞춰가는 앞서 언급한 역할암시적 습관과 같은 것이다. 문제가 많거나 아니면 부부 생활이 갈등을 겪을 가능성이 많은 부부일 경우 각자의 서로 다른 특징을 더 강조하게 되고, 경직된 역할에 더 집착하는 경향이 있게 된다. 폭력적이고 부인을 구타하는 남편은 계속해서 부인을 구타하는 것이 자신에게 주어진 경직된 역할이 되는 것이다. 반면 구타당하는 아내는 구타당하면서 피해자로 살아가는 것이 자신이 가족 안에서 수행하는 경직된 역할의 일부가 된다. 이것들이 오래되면 다른 역할을 시도하거나 바꾸려고 할 때 본인 스스로가 어색하게 느끼거나, 그러한 자신의 변화된 행동에 대해서 오히려 상대편이 불편해 한다. 그렇기 때문에 새로운 시도를 하려는 배우자들이 매번 그런 시도들을 포기하고, 다시 옛날의 익숙한 모습으로 돌아가게 되는 것이다. 건강한 부부관계라면 이런 경직된 부부 역할을 떠나서 자유롭게 자신에게 주어진 역할이나 기능, 기대 등에 대해서 자유롭게 행동하고 반응할 수 있어야 한다.

가족치료법 중에 하나인 전략적 가족치료법에서는 문제 있는 가족의 특징 중에 문제가 있는데도 불구하고 문제가 되는 행동을 계속해서 반복하는 가족구성원들의 경직된 역할이라고 지적하고 있다.[74] 가족은 여러 가지 변화에 적응하면서 살아가는 생명체와도 같다. 일반적으로 가족치료 이론에서 강조하는 것 중에 하나가 가족은 유기체처럼 일정한 발단 단계를 거치게 된다는 것이다. 부부가 만나서 한 가정을 이루고 살아가는 것을 한 가족의 시작으로 본다면 그 때부터 이 가족은 신혼기, 아이의 탄생, 직장의 변화, 나이 들어감, 자녀의 결혼 같은 일정한 주기를 거쳐서 여러 단계의 변화를 맞게 되어 있다.

그런데 부부가 처음 신혼 때와 같은 감정과 태도와 기대로 배우자를 대한다거나, 아이가 자라서 청소년기가 되었는데 여전히 품 안의 아이처럼 대한다면, 문제가 있는 것이다. 건강한 가족, 부부관계라면 변하는 환경에 따라서 다양하게 자신의 역할과 위치를 바꿀 수 있는 유연함이 필요하다.

부부 상담을 하다 보면 상담의 내용들이 다양하지만 크게 재정적인 문제, 시댁이나 친정 때문에 생기는 갈등, 배우자의 외도, 또는 자녀들의 문제이다. 그런데 자녀들이 문제인 경우를 가만히 살펴보게 되면 아이들은 성장해서 이제 다른 형태의 부모, 자녀관계를 원한다. 그렇지만 여전히 부모는 자녀를 어릴 적 품에 안고 지내던 자녀로 대하고 그렇게 행동하기를 기대한다. 자녀는 변하고 있는데 부모는 경직된 역할로 변할 생각이 없는 것이다. 그러면서 예전과 다르게 행동하는 자녀들에 대해서 분해하고 그 자녀를 다시 부모님 말 잘 듣던 옛날로 돌아오게 하려고 온갖 협박과 회유를 하게 된다. 그러나 슬프게도 자녀들은 이제 부모 말이라면 절대적으로 믿었던 옛날의 아이들이 아니다. 왜냐하면 아이들은 그것이 성장해 가는 과정이기 때문이다. 결국 부모가 그 사실을 받아들이고 부모로서 자신의 역할을 다시 돌아보아야 한다.

융은 경직된 역할을 버리고 전혀 다른 삶의 모습으로 바뀌어 보려 하거나, 이전에 시도해 보지 않았던 무언가를 시도해 보려는 노력들은 성숙한 개인이 되기 위해 자아를 찾아가는 개인화의 경향이라고 말한다. 이것은 특정한 형태의 삶의 이미지나 모양만을 고집하는 것이 아니라, 다양한 형태의 삶의 모습에 자신을 개방하고, 고정된 역할을 뛰어넘어 자유롭게 역할을 바꾸고 생각할 수 있는 것이라고 할 수 있다.[75] 그래서 융은 종교, 특히 기독교 자체에 숨어 있는 '완벽주의(Perfectionism)' 가 문제가 되는 것으로 보았다. 이 '완벽주의' 라고 하는 것은 지금 이 상태가 완전하고 흠이 없으며 완전히 나에게 일치되어 맞는다고 보는 것이다. 그런데 그 상태가 바로 경직된 상태이고, 그것이 다른 것과 문제를 일으키는 원인으로 지적하고 있다.[76] 문제가 있고 갈등이 많은 부부들일수록 자신들이 옳고 맞고 상대는 무조건 틀렸다고 생각한다. 그리고 그들은 부부 관계에서 일정하게 서로 수행하는 역할들이 있다. 그들은 이 역할들이 경직되어 있어서 그 이상의 것들을 생각하기 어렵거나 새롭게 다른 모습을 시도한다는 것 자체를 부담스러워 하는 경향이 있다.

5. 자동적 반응

자동적 반응은 부부습관 중의 하나인 선택적 해석과 함께 움직이는 것이다. 어떤 상황에서 이성적으로 생각할 수 있는 능력을 잊어버리고, 그냥 반사적으로 서로에게 감정적 반응을 하는 습관이라고 할 수 있다. 이 자동적 반응은 상대방의 특정 행동이나 말투, 또는 표현할 수 없지만 다양한 형태를 통해서 상대편을 거의 자동으로 '폭발' 시키는 습관적 행동이다.

예를 들면, 눈을 옆으로 뜨고 자기를 말없이 쳐다보는 아내의 눈빛만 보게 되면 화가 나는 남편이 있었다. 그 눈빛은 부부 생활을 하면서 익히게 된 습관 중의 하나로 아내가 자신을 한심하다는 듯이 또는 무시할 때 쳐다보는 눈빛이었다. 아내에 비해 많이 배우지 못했다고 생각하는 남편은 눈을 그렇게 뜨고 자신을 쳐다보는 아내의 그 눈빛을 보면 견딜 수 없이 화가 났다. 결국, 남편은 아내의 그런 눈빛만 보면 화가 나서 아내에게 온갖 욕설과 폭력을 행사했다. 그러다가 그 중간에 아내가 그냥 가만히 반응하지 않으면 좀 진정이 될 수 있었다. 그렇지만 그때 아내가 "무식한 것이 무식한 티를 내는구나!" 라는 한마디만 하면, 상황은 걷잡을 수 없게 된다. 이것이 부부간의 자동적 반응의 한 예이다.

또 평소에 시댁식구가 많은 남편이 시댁식구에게 잘 연락을 하지 않는 부인에 대해서 불만이 많았다. 부인은 언제나 친정 부모한테는 전화도 자주하고 긴밀하게 지내면서 명절 때가 되도 시댁식구에게는 그렇게 다정하게 신경 쓰지 않았다. 평상시에는 "그래 내가 먼저 친정에 연락하고 잘 해야지" 생각하다가도 명절이나 가족생일만 되면 무엇이라고 할 것도 없이 괜히 부인에게 화가 나고 말도 하기 싫었다. 이 경우는 그동안의 자기 감정들과 불만들이 쌓여서 명절이라는 특별한 상황만 되면 자동적으로 그러한 감정들이 생겨나는 것이다.

오랜 부부생활을 하다 보면 부부가 서로에 대해서 익숙하고 잘 알게 된다. 이렇게 상대에게 익숙하게 되는 것이 좋은 것도 있다. 하지만 부정적인 것 중에 하나가 어떻게 하면 상대방을 화나게 할 수 있는 지도 너무 잘 알고 있다는 것이다. 이 자동적 반응은 선택적 해석과 함께 상대편의 의도와는 상관없이 본인의 선택적 해석을 통해서 지각에 변화가 생긴다. 자동적 반응을 통해서 감정적으로 반응하게 되는 경우이다. 따라서 부부 사이에 대화가 없거나 대화가 있다고 하더라도 상대편의 생각이나 감정을 다루는 깊은 대화가 없으면, 부부관계는 이 자동적 반응으로 오해와 다툼이 끊이지 않게 된다.

부부문제가 걷잡을 수 없이 극한 상황에까지 가 있는 부부들은 서로의 관계가 이 자동적 반응으로 움직인다. 이 상태는 논리적이거나 객관적으로 상대의 행동이나 반응을 판단할 수 없는 상태이다. 이 자동적 반응의 상태에 있는 사람들은 별 다른 기분의 변화가 없는데도 배우자를 상상만 하는 것으로도 기분이 나빠질 수 있는 사람들이다. 다시 말해 남편이나 아내의 특정한 행동이나 말투, 부부관계를 생각하는 것만으로도 불쾌해 질 수 있다. 이 상태는 선택적 해석과 함께 같이 작용하며, 이미 배우자한테 기분 나쁠 준비가 되어 있는 상태라고 할 수 있다.

자동적 반응으로 움직이는 부부들은 앞서 언급한 선택적 해석의 습관이 있는 부부들처럼 그들의 매번 무시당하고 묵살했던 과거 자기중심의 경험들에 의해 영향을 받는 상태이다. 누군가 그들이 아무리 중요한 무엇인가를 해도 그들의 생각, 의견, 느낌, 감정들은 들어주지도 않고 중요하게 생각하는 것 같지 않았으며 무시했다. 그래서 그들의 철저히 짓밟힌 자신들의 자기 신뢰감과 존재감의 자기중심적 경험들 때문에, 이것들이 또 다시 결혼생활에서 반복되는 것을 봐야만 하는 것은 더는 말로 할 수 없는 고통인 것이다.

결국. 이 고통의 감정들이 상대편 배우자의 특정한 행동이나 말을 통해서 유발되는 자동적 반응의 형태로 나타난다. 이 자동적 반응의 일반적 형태는 한국말로 하면 '울컥' 하는 감정으로 힘의 우위에 있는 사람들이 선택하는 방법은 분노이다. 그래서 아무리 여러 번 이야기해도 듣지도 않고, 변하지 않는 상대편에게 화가 난다. 뒤돌아 생각해 보면 별것도 아닌 것 같은데 일단 상대 배우자의 그런 행동들이 자신의 생각, 의견, 느낌, 감정을 무시하는 것 같은 느낌이 생기면, 과거의 그 자기중심의 경험들이 되살아나서 필요 이상으로 흥분하고, 분노가 터지는 것이다.

그러나 상대적으로 힘의 우위에서 밀려난 사람들은(부부관계에서 대부분은 아내들이) 다른 형태의 감정을 경험하게 된다. 어떤 사람은 우울증을 경험할 수 있고, 신체적 질병을 경험할 수도 있다. 아니면 그 화나 분노가 차곡차곡 쌓여서 다른 누군가 자기보다 힘이 약한 대상으로 옮겨갈 수 있다. 이러한 경우 대부분은 자녀들이 그 희생양이 되거나, 직장 생활을 한다면 자신보다 낮은 지위에 있는 누군가가 그 희생양이 되기 쉽다.

12
chapter

부부 관계 역동과 습관의 차이

　　그러면 이쯤에서 부부관계 역동과 습관의 차이가 무엇인지 궁금해 하는 분들도 있을 것이다. 그 둘 사이의 차이를 간단히 정리해 보자. 부부 관계 역동은 서로가 사는데 별로 문제가 없다고 느낄 수 있다. 어떠한 경우에는 부부관계를 위해서는 꼭 필요한 것으로 생각할 수 있는 반면, 일반적으로 습관은 행복한 결혼 생활을 하려면 꼭 고쳐야 된다고 서로가 동의하는 것으로 이해할 수 있다.

　　어떤 경우에는 부부관계 역동은 부부들이 생각하기를 서로의 생존과 사는 방법을 위해서는 오히려 꼭 필요한 것이라고 믿고 있을 수 있다. 예를 들어, 상호성의 원리라든가 과잉 과소 기능 같은 경우는 외부 사람들이 얼핏 보기에도 서로의 약점이나 단점을 보완하고 있는 모습으로 보이거나 한 사람이 다른 사람에게 굉장히 헌신적인 모습으로 보일 수 있기 때문이다. 또한 병적일 정도로 극한 상황까지 몰아갈 수 있는 역할암시성 때문에 생기는 부부관계도 사실은 괴롭지만 자신이 심리적으로 익숙한 환경을 제공해 주기 때문에 포기할 수 없는 마약과 같은 역할을 한다.

비교적 쉽게 발견되는 삼각관계는 때에 따라서 자신이 직접 문제에 대면하거나 갈등이 있는 대상과 부딪혀서 발생할 수 있는 불안을 해소 시켜주는 역할을 해주기 때문에 결혼 관계에 있어서 치명적일 수 있다. 그렇지만 꼭 없애야 할 것으로 생각하지 않을 수 있다. 어떤 대상에 대한 분노, 서운함, 또는 불안의 감정들을 직접 표현하는 것보다 비교적 쉽게 컨트롤 할 수 있는 누군가와 연합하면서 그 감정들을 간접적으로 표현할 수 있는 삼각관계가 훨씬 안전하기 때문이다. 그래서 어떠한 부부들은 이 관계가 자신들에게 있다는 것도 모를 뿐더러, 심지어 알게 되더라도 그것을 고쳐야 할 필요성을 느끼지 못할 수 있다. 또한 고치려고 할 때 겪게 될 불안이나 상대편으로부터 예상되는 저항 때문에, 쉽게 포기해 버리거나 그 관계 역동에 대해서 지적하는 상담자에게 강하게 불만을 표시하기도 한다.

반면 습관은 부부관계 역동에 비해서 쉽게 눈에 띄고 발견할 수 있는 것으로 부부는 서로가 서로의 관계에 도움이 되지 못하는 나쁜 습관에 대해서 잘 알고 있다. 일단 부정적 언어만 하더라도 상대편에 대해서 장점보다는 단점만을 말하고 많은 사람들 앞에서 배우자의 부정적인 언어습관 때문에 당황한 경험들이 있는 부부들은 부정적 언어 사용의 습관들이 서로의 부부관계를 얼마나 황폐하게 하는지를 잘 알고 있다. 또한 부정적 언어 사용과 함께 자주 문제가 되는 선택적 해석과 자동적 반응들은 다른 습관들과 비교해서 쉽게 발견할 수 있다. 물론 그 문제점에 대해서 상담자를 통해 지적 받기 전에는 쉽게 발견되지 않는다. 하지만 이것들은 배우자에게 있는 다른 긍정적인 면을 칭찬하려는 의지적 노력을 하는 과정이 있으면, 자연스럽게 나아지거나 사라지는 경우가 종종 있다.

따라서 부부 관계 역동이 일단 시간이 많이 걸리고 그 관계를 바꾸려는 배우자가 상대편 배우자의 심리적 저항에 부딪혀서 상당한 노력과 시간이 허비되는 것에 비해서 부부간의 습관은 비교적 짧은 시간 안에 쉽게 바뀔 수 있다. 그러나 얼마나 오랫동안 그러한 부부관계 역동을 지속하고 습관을 형성해 왔는지에 따라서 새로운 관계 역동이나 습관을 형성하는 것에 소비되는 시간의 차이가 있을 수 있다.

4

해결책을 찾아서

13 변화를 위한 8가지 법칙

13

chapter

변화를 위한 8가지 법칙

지금까지 우리는 가족관계에서부터 부부가 어려움을 겪게 되는 이유에 대해서 살펴보았다. 앞부분이 여러 문제점들에 대해서 이야기 한 것이라면, 여기에서는 이제 그 해결책에 대해서 생각해 보는 부분이다. 그 해결책을 구체적으로 말하기 전에 우리가 먼저 생각해야 할 몇 가지가 있다.

1. 포기하지 않는 것

상담이나 교육을 통해서 "정말 우리 부부도 변화할 수 있는가요?" 라는 질문을 자주 받는다. 그러한 질문을 하는 분들의 마음을 충분히 이해하고도 남는다. 어느 부부가 자기들의 결혼 생활이 지금 겪고 있는 그 상태까지 가기를 원하는 사람들이 있겠는가? 누구나 처음 결혼을 시작할 때는 자기 나름대로 꿈이 있었을 것이다. 어떻게 아름다운 결혼생활을 이어갈지, 아내는 남편과 어떤 관계를 만들어 갈지, 자녀는 어떻게 키울지, 구체적이지 않을 수 있지만 다양한 계획들 말이다. 그리고 결혼 시작부터 다가오는 현실적이고 아주 냉혹한 도전 앞에서, 그런 꿈들을 지키기 위해 온갖 노력을 다 했으리라는 것을 믿는다. 그럼에도 상황은 바뀌지 않고 더 나빠지고, 결국 어쩔 수 없는 자포자기의 심정에 도달했을 수 있다. 그래서 많은 경우 아내는 아내대로, 남편은 남편대로, 최소한의 역할만 하면서 상황이 더 나빠지지 않기를 바랐을 수 있다. 또 어느 경우에는 당장이라도 헤어지고 싶지만, 자식 때문에 마지못해 산다는 심정으로 결혼생활을 이어갈 수도 있다.

만약 그렇다면 얼마나 불행한 일인가? 그런데 엎친 데 덮친 격으로 거기에 독실한 신앙이 있다고 하면, 누구처럼 이혼도 생각하지 못한다. 그저 이것이 내가 진 십자가려니 하고 살아간다. 하지만 사실 그 십자가를 지고 가는 동안 나만 괴로우면 되는데, 건강하지 못한 부부 관계 때문에 애꿎은 아이들까지 알게 모르게 상처를 받으며 자라게 되는 것이다. 이 경우는 앞서 지적했듯이 잘못된 부부관계를 그대로 아이들에게 물려주는 것이다.

어려움을 겪고 있는 부부들의 경우, 자신들의 문제가 자신들 혼자 힘으로는 도저히 감당할 수 없는 너무나 큰 문제로 다가온다. 그렇기 때문에 여러 방법을 다양하게 써 보기도 한다. 하지만 그러면 그럴수록 그 문제에 압도당하는 감정에 힘들어 하게 된다. 더구나 한 사람만 일방적으로 희생하는 것 같은 상황에서 이쪽이 아무리 노력해도 저쪽에서 어떠한 반응을 보이지 않으면 은근히 화가 난다. '왜 나만 이래야 되나' 라는 심정으로 손해 보는 것 같아 약도 오른다. 그래서 더욱 상대편 배우자가 미워진다. 결국 아예 나만 손해보고 살 수는 없다는 마음으로 '그래 나도 안 해, 네가 안 하는데 왜 나만 이래야 돼' 라는 심정이 되기도 쉽다.

그러나 우리는 절대 포기해서는 안 된다. 아무리 해도 안 된다 하는 자포자기의 심정으로는 부부관계가 나아질 수 없다. 다시 한번 부부관계를 새롭게 하고 싶다면, 어떻게든지 다시 시작해야겠다는 희망을 가지고 용기를 내어야 한다.

많은 사람이 병이 걸리기 전에 마음이 죽는 것이 더 문제라고 말한다. 부부관계도 예외는 아니다. 만약 상대방에 대해서 포기하고 둘의 관계에 대해서 희망이 없다고 생각하고 마음을 닫아 버리면 그때는 정말 위험하다. 그때는 정말 희망이 없다. 그러한 마음이 있다면 상대에 대한 아무 감정도, 느낌도, 바람도, 심지어 기대도 없어서 자연스럽게 상대는 그렇게 반응할 수밖에 없다. 그러면 앞서 말한 것처럼 서로의 관계에 대해서 선택적으로 해석하고 자동으로 반응하는 관계만 남는다. 그러면 이것은 포기하는 심정으로 부부관계를 계속하는 것은 단순히 포기하는 것이 아니다. 아예 부부관계를 죽음으로 몰아가는 것이다.

2. 변화는 나부터

부부 상담을 오거나 교육을 받는 사람들이 대부분 나보다는 상대편 때문에 부부관계가 문제가 있다고 생각한다. 그래서 상담이나 교육을 받으려는 이유가 어떻게 하면 문제인 상대편을 바꿔서 자기가 원하는 방향으로 관계를 이끌어 갈 수 있을까 생각하는 경우가 종종 있다.

그러나 내가 무엇인가를 배워서 상대편을 바꿔야겠다는 생각은 시작부터 잘못이다. 신뢰감이나 존재감의 상처가 있는 배우자는 누구보다도 상대편이 자기를 조종하려고 한다는 의심하고 있는 사람들이다. 항상 그렇게 당해 왔기 때문에, 조금만 그런 눈치가 보인다고 하면 절대로 협조하지 않을 것이다. 만약 진짜 부부 관계를 새롭게 하고 싶다면, 상대편 배우자에게 자신이 지금 얼마나 열심히, 진실하게 '당신' 이 아니라 '나' 를 변화시키려고 하는지를 보여줄 수 있어야 한다. 만약 배우자가 자기들의 문제를 상대편 때문이 아니고 나 때문이라는 생각만 해도, 상대편 배우자가 다르게 보이기 시작하는 것을 경험할 수 있다.

어느 관계도 그냥 생기는 법은 없다. 사람이 살면서 어떠한 관계를 맺든지 그 관계는 상대적인 의미가 있다. 특히 부부관계나 가족관계에서 발생하는 문제는 아무 이유 없이 거저 생겨나는 것이 아니다. 거기에 일정 부분 내 역할도 있다는 것을 기억해야 한다. 다시 한번 강조하지만, 만약 부부관계가 나아지기 위해서 상담을 하거나, 교육을 받거나, 이 책을 읽을 때, 반드시 정말 반드시 기억해 하는 것이 있다면 그것은, 변화는 '저 사람' 이 아니고, '나부터' 일어나야 한다는 것이다.

많은 경우 우리의 자기중심적 사고 때문에 우리 자신의 실수를 보기보다는 다른 사람의 실수를 보기가 쉽다. 그래서 예수님이 성경에 "어찌하여 형제의 눈 속에 있는 티는 보고 네 눈 속에 있는 들보는 깨닫지 못하느냐, 보라 네 눈 속에 들보가 있는데 어찌하여 형제에게 말하기를 나로 네 눈 속에 티를 빼게 하라 하겠느냐(마 7:3-4)" 라고 한탄하시듯이 말씀하셨는지 모른다. 만약 어려운 부부 관계 때문에 상담을 받든지, 교육을 받든지, 이 책을 읽을 때, 나한테 문제가 있다는 생각으로 접근하지 않는다면, 어떤 방법이든지 단순히 상황을 바꾸게 할 어떤 치료약이나 도구 정도로 생각할 수 있다. 그러나 그러한 접근은 절대로 근본적인 해결책이 될 수 없다. 오히려 순간 효과는 있을지 모르지만, 장기적인 효과를 기대할 수는 없다.

우리는 모든 문제가 그냥 생기는 법이 없다는 것을 다시 한 번 기억해야 한다. 그 문제가 발생하는 데 어떠한 문제라도 나 역시 일정 부분 역할을 하고 있다는 생각이 있어야 한다. 그 조그만 역할을 하고 있는 내가 내 역할에 조그만 변화를 가져오면, 상대편도 그 변화에 반응하게 되어 있으며 문제는 해결된다. 그렇게 되면 진짜 그때부터가 바로 큰 변화의 시작이다.

3. 변화는 시간이 걸린다

상담 상황에서는 말할 것도 없지만 상담교육을 하는 상황에서도 종종 사람들이 와서 자기에게 있는 어려운 문제들을 이야기한다. 주로 듣는 것이 나의 역할이다. 그때 자기 이야기를 다하고 나서 직접적으로 묻는 말이 "어떻게 해야 하죠" 라든가, '이제는 다 이야기 했으니까 문제를 해결할 수 있는 좋은 답을 주겠지' 하는 눈빛으로 쳐다보는 경우가 종종 있다. 그럴 때마다 사실 좀 난감하기도 하고, 정말 그 문제를 한 번에 해결해 주고 싶은 유혹이 생기기도 한다. 그러나 그것들이 그렇게 쉽게 되지 않는다. 특별히 부부관계나 가족관계에서 반복되는 관계유형과 습관이 있다. 그것들이 시간을 두고 오랫동안 반복된 것일수록 새로운 습관을 만들어 간다는 것은 굉장히 힘든 일이므로 한 순간에 이루어질 수 없다. 여기에 엎친 데 덮친 격으로 상담하는 사람이 자기는 괜찮은데 상대편이 문제라는 생각까지 있으면 갈 길은 더 멀다.

요즘 상담학 흐름이 길면 몇 개월 아니면, 단 몇 번을 만나서 문제 해결을 보는 단기 상담으로 가는 것이 전반적인 흐름인 이다. 이러한 상담접근법의 대부분은 과거로부터 일어나는 일들이나 그것이 현재에 미치는 영향에 대해서 관심이 있기 보다는 지금 현재 드러나는 현상의 문제에 초점을 맞춘다. 왜 그 문제가 발생하게 되었는지 근본적인 이해와 접근을 통한 전통적 방법의 통찰치료가 아니기 때문에 (짧은 시간에 그런 부분을 다룰 시간도 없기도 하다. 물론 단기 치료의 효과가 없다는 것이 아니다. 어떤 경우, 특히 부부 상담 같은 경우는 단기 치료가 훨씬 치료적 효과가 높은 것처럼 보이기도 한다. 그리고 많은 임상 자료가 단기 치료의 효용성을 입증하고 있다. 또한 이 책에서 제시하고 있는 방법도 사실 단기 치료적 해결 중심적 접근방법이다) 언제든지 비슷한 문제가 다른 형태의 모습을 띄고 나타날 수 있다.[77]

여기서 강조하고 싶은 것은, 부부 관계에서 오랜 시간을 두고 형성된 습관들은 마치 우리가 태어날 때부터 자연스럽게 있는 피부조직과 같다는 것이다. 따라서 이러한 습관을 바꾼다는 것은 어쩌면 우리의 체질을 바꾼다는 말과 같을 수 있다. 그래서 이것은 굉장한 시간과 인내가 필요하다.

심리학에서 큰 업적을 남긴 사람들이 자신의 이론을 세우기까지 그 과정을 보면, 그것은 평생의 작업이며 그가 숨을 거두는 순간까지 자기를 분석하는 작업을 쉬지 않았다. 우리가 습관을 바꿔서 다른 모습으로 자라가는 것을 성숙이라는 의미로 이해한다면, 어떠한 심리학자들이 말하는 성숙은 일반 사람들은 거의 성취할 수 없는 단계를 말하는 것처럼 보인다. 그만큼 시간과 노력이 필요하다는 의미이다. 따라서 절대로 이 작업들을 한 순간에 끝나고 변화가 금방 일어날 것이라고 생각해서는 안 된다. 그 길은 오래 걸리는 길이고, 많은 도전과 방해가 있다는 사실을 알아야 한다. 그러나 결코 얻을 수 없는 것이 아니다. 만약 그 변화를 조금만 맛보면 이전에 누리지 못했던 말할 수 없는 자유를 누릴 수 있게 될 것이다. 그리고 그 기쁨과 자유와 오래 가야하는 치유의 여정에 힘을 주는 원동력이 된다.

4. 의식적이고 의지적 노력의 필요

부부관계의 변화를 가져온다는 것은 마치 오랫동안 입고 있던 옷을 벗고 새로운 옷으로 바꿔 입는 것과 같다. 새로운 옷을 사면 낡은 옷을 버리고 새것이니까 좋다고 느낄 수 있다. 하지만 이 옷은 내가 마음에 들어서 사 입는 옷이 아니라, 마치 전혀 마음에 들지도 않고, 입으면 정말 어울릴 것 같지도 않은 새 옷과 같다. 그래서 마지못해 입는 기분일 수 있다. 이처럼 부부 관계의 변화가 마치 그것을 시도하는 사람들에게는 새로 산 옷인데 전혀 마음에 들지 않지만 입어야 하는 감정이 생기는 과정과 같다. 그것이 좋던 싫던 두 부부는 너무 오랫동안 서로에게 익숙한 관계 맺는 방식들이 있다. 그것에 변화를 가져온다고 하는 것이 왠지 나한테 맞거나 어울릴 것 같지도 않은 새 옷을 입는 기분이라고 표현할 수 있다.

흔히 연애할 때는 "사랑한다, 좋아한다." 하는 표현들이 그렇게 쉽게 나오고, 어루만지고 쓰다듬고 하는 일들이 그 당시에는 자연스럽고 쉬웠는데, 언제부터인지 왠지 그 행동들이 진짜 자기 모습이 아닌 것 같고 그렇게 하는 게 어색해져서, 지금은 오히려 담담히 지내는 것이 편할 때가 있다고 말한다. 맞는 말이다. 부부 관계에서 이 습관의 형성과 관계역동이 일단 형성이 되면, 두 부부는 자기가 익숙한 습관과 관계역동을 벗어나서 행동하는 것이 마치 자기한테 전혀 어울리지 않는 옷을 입는 것과 같은 느낌이 생긴다. 그래서 익숙한 습관이 아닌 다른 행동을 하게 되면, 마치 다른 사람들이 자기를 쳐다보는 것 같고, 비웃는 것 같은 느낌도 든다. 또는 그렇게 행동하는 자신 스스로가 실없어 보이기도 한다.

부부 관계에서 남편의 말에 항상 비웃듯이 비아냥거리며 무시하는 듯한 태도가 익숙한 부인이 갑자기 그 행동을 멈추고 남편의 말을 진지하게 집중해서 듣는다고 하자. 부인 뿐 아니라 남편도 그런 부인의 태도가 어색하게 느껴질 수 있다. 남편이 무엇을 하든 큰 기대없이 "저러다 말겠지, 얼마나 하나 보자" 라는 역할암시를 하며 남편을 대하는 아내가 남편을 끝까지 믿어주고 신뢰한다는 새로운 역할 암시성을 갖기 위해 '그냥 밑져야 본전이니까 한번 해보지' 라고 할 수 있다. 그렇지만 그것은 그렇게 쉬운 일이 아니다. 이때 부부는 의식적이고 의지적인 노력이 필요하다. 그것은 익숙하지 않아서 굉장히 낯설지만, 그럼에도 불구하고 계속해서 내 것이 될 때까지 의식적으로 노력해야 한다는 것을 의미한다.

아빠나 엄마들이 아이가 귀여워서 장난 식으로 "아이고 우리 예쁜 똥고새끼" 라고 반복해서 말했다고 해보자. 유치원 다니기 시작한 아이가 그곳에서 '똥고' 라는 말이 더러운 배설물이 나오는 곳으로 상대편 아이들을 놀릴 때 쓰는 말이라는 것을 알고 부모님이 자신을 그렇게 부를 때마다 싫은 기색을 했다. 부모는 그렇게 부를 때 싫어하는 아이의 표정이 오히려 더 귀엽기도 하고 아이가 싫어하는데도 이미 습관이 돼 버려서, 아이를 볼 때마다 그렇게 부르는 것을 멈추지 못했다. 아이가 싫어하기 때문에 그러지 않으려면 부모님들은 굉장히 노력해야 한다. 이때 부모님들이 그렇게 하는 데에는 의식적이고 의지적 노력이 필요하다.

언젠가 상담에서 있었던 일이다. 아버지는 의사이고, 엄마는 결혼해서 전업주부로 지냈다. 그리고 외동 아들을 낳아 키웠다. 엄마는 그 외동아들 문제로 상담하러 왔다. 엄마는 아이와 함께 아이가 한국에서 초등학교 5학년을 마친 후, 캐나다에 와서 조기유학을 시작했다. 아이가 처음 캐나다에 와서 학교에 입학했을 때는 그럭저럭 적응도 해 나갔고 공부도 잘해서 주위에서 부러워했다. 그런데 좋은 사립학교를 찾아서 몇 번 전학을 다니는 과정에서 아이가 조금씩 이상해지기 시작했다. 급기야 마지막 학교로 전학을 오기 전 이전에 다니던 학교에서 대마초를 사서 피우다 발각이 되었다. 또한 대마초를 사다가 학생들에게 팔기도 해서 결국 그 일로 학교에서 쫓겨났다.

온통 자신의 인생을 아이한테 걸고 아이가 잘 되는 것이 한국에 있는 식구들한테도 자랑할 수 있다고 믿고 있던 엄마에게 아이의 그런 예상치 못한 일들은 충격 정도가 아니었다. 엄마는 자신의 인생이 더는 아무 의미도 없는 것 같아서 살 의욕마저 잃었다.

아빠가 상태의 심각성을 알고 급히 캐나다에 와서 아이와 엄마의 상태를 보고 상담을 하게 되었다. 그런데 상담과정에서 특이한 점을 발견했다. 그것은 아빠가 아이를 대하는 태도였다. 물론 아빠는 열심히 일해서 아이가 캐나다에 생활토록 수고를 다했다. 그래서 아빠는 그 일탈 행동을 하는 아이가 이해할 수 없고 화도 날 것이다. 상담 내내 아빠는 아이에게 계속해서 비아냥거렸다. 아빠는 "니가 뭘 하겠냐? 너한테 나는 일찌감치 기대는 포기했다", "니가 하기 달렸다. 열심히 안 하면 더는 너한테 돈 줄 일 없다." 라는 식으로 말했다. 아빠가 화가 나서 하는 말이겠지만 아이 없이 단독으로 만나서 상담 할 때도 아빠의 주된 대화 방식은 부정적 톤의 비아냥거리는 말투였다. 엄마를 통해서 알아낸 정보는 아빠가 아이를 그렇게 대하는 것이 이미 오래 전부터 습관이 되어 있다는 것이다.

아이가 그러한 행동을 하게 된 것에는 여러 가지 이유가 있을 것이다. 그러나 그 중에 중요한 한 가지는 아빠가 아이를 대하는데 칭찬은 없고, 비아냥거리고 빈정거리는 말투와 행동이 큰 역할을 한 것으로 보였다. 그런데 이 관계가 하루 아침에 형성된 것이 아니고 오랜 동안 지나면서 만들어졌다고 한다면, 이러한 습관을 바꾸기 위해서는 굉장한 노력들이 필요하다. 그리고 거기에는 바로 의식적이고 의지적인 노력들이 필요하다. 왜냐하면 아빠가 늘 비아냥거리고 부정적인 태도로 아이를 대했다면, 갑자기 아이에게 따뜻한 말과 칭찬하는 말을 한다는 것은 한번도 그렇게 해 본적이 없기 때문에 그것이 좋은 일인데도 불구하고 굉장히 힘든 일이기 때문이다.

여기에 또 하나의 예가 있다. 한 부부가 있었는데 큰딸과 작은 아들이 있었다. 아빠는 두 남매가 엄마 편만 들고 자기 편은 아무도 없이 가족 안에서 마치 혼자인 것 같다고 불만이었다. 특히 작은 아들이 너무 문제라고 이야기 했다. 반대로 아내의 불만은 도대체 아빠가 돼서 한번도 애들을 칭찬하는 걸 본 적이 없는데, 특히 막내 아들한테 그 정도가 심하다고 했다. 그래서 내가 "아니 왜 그렇게 아이한테 칭찬을 안 하세요?" 라고 묻자, 아빠는 "아니, 내가 칭찬을 받아 본 적이 없는데 어떻게 칭찬을 해요?" 라고 말했다.

이 두가지 예가 잘 보여주고 있듯이 한번도 그런 행동을 해 보지 않았는데 시도한다고 하는 것은 쉽지 않다. 부부관계에서도 새로운 행동을 한다는 것은 바로 이런 경우이다. 해보지 않았기 때문에, 아니면 그러한 행동을 한지가 너무 오래돼서 이미 부부 관계를 파괴하는 부정적 습관이나 역동들이 너무 깊이 박혀 있기 때문에, 그 오랜 행동을 깨고 새로운 시도를 한다는 것은 나한테 맞지 않고 마음에 들지도 않는 새 옷을 입는 경우나 마찬가지이다. 그래서 건전한 부부관계를 다시 세우려면 부정적 습관과 역동을 깨는 의식적이고 의지적 노력이 필요하다.

5. 일관성의 중요성

앞에서 잠깐 언급 했다. 재미있게 보았던 TV프로 중 하나가 문제가 있는 자녀의 집에 전문 심리치료사가 가서 문제를 해결해 주는 이야기였다. 자녀를 양육하는데 어려움을 겪는 부모가 전문가의 도움으로 바른 자녀교육의 방법을 배우고 효과적인 부모, 자녀간의 관계를 쌓아가는 것이었다. 이것을 볼 때마다 자녀교육에서 '일관성' 이 얼마나 중요한 것인지를 깨닫는다.

아이에게 한가지 좋은 습관이 생기려면 부모가 일관된 반응을 해야만 그 습성이 몸에 베게 된다. 그 프로그램에 나와서 부모들이 가장 많이 실수하고 지적당하는 것은 전문가가 옆에 있을 때는 가르쳐준 방법대로 일관되게 하다가 전문가만 없으면 옛날 행동들이 그대로 다시 나오는 것이다.

예를 들어 아이들이 새로운 행동을 배워서 시작하면, 어른들도 거기에 맞게 자기가 과거에 했던 익숙한 행동들을 버리고 새로운 행동과 방법으로 아이를 대해야 한다. 그리고 아이들이 새로운 행동을 하기 시작할 때 그 행동을 계속 유지시키기 위해서는 거기에 반응하는 부모의 대응이 굉장히 중요하다. 무엇보다도 그 부모의 대응의 핵심은 일관성, 즉 어떤 일이 있어도 똑같이 반응해야 한다. 잘 한 일이 있으면 긍정적 피드백을 주고 그렇지 않으면 그와는 다른 반응을 해야 한다. 하지만 부모들은 대부분 일관성이 없이 그때 그때 상황이나 자기들의 기분에 따라서 다른 반응을 보인다. 이렇게 되면 아이들은 바람직한 새로운 행동을 발달시킬 수 없다. 아이들은 그러한 부모의 태도를 보고, 굳이 몸에 익숙한 나쁜 행동들을 버리고 힘들게 새로운 행동을 배울 필요를 느끼지 못한다.

좀 더 구체적으로 예를 들자. 아이들 교육을 시키는데 부모님이 하소연 하는 문제 중에 하나가 아이들이 늦게까지 잠을 자지 않는다는 것이다. 재우려고 하면 떼를 쓰고 억지를 부리기 때문에 어떻게 할 수 없다고 했다. 그래서 갖은 방법을 써서 윽박지르고 혼내기도 했다. 쉽게 고쳐지지 않는 이런 경우, 아이를 제시간에 재우려면 잠자야 할 시간을 정해놓고 정해진 시간에는 아이가 잘 수 있는 집안 분위기를 만들어서 아이가 자기 방에서 자도록 해야 하는 것이 중요하다. 이때 기억해야 할 몇 가지 주의 사항 중에 하나가 아이를 방에 두고 나올 때 아이가 무슨 행동, 어떤 말을 하든 반응하지 말고 조용히 아이를 방에 놓고 나와야 한다. 이때 아이는 이러한 부모의 반응에 익숙하지 않기 때문에 몇 번을 계속해서 방문을 열고 나온다. 때로는 그런 부모한테 화를 내거나 짜증낸다. 아니면 정말로 부모 마음을 아프도록 슬프게 울기도 할 수 있다. 그럴 때 부모는 마음이 약해지거나 화를 내서는 안 된다. '일관' 되게 계속해서 자기 방에 나와서 자지 않으려고 하는 아이에게 아무 반응이나 아무 말도 하지 않고, 아이가 잠을 잘 때까지 계속해서 방에 넣어 놓고 나오는 것이다. 그래서 이러한 행동이 익숙해져서 정해진 시간에 잠을 잘 때까지 부모는 며칠이 걸리더라도 일관되게 매일 밤 이러한 행동을 해야 한다. 만약 그것이 힘들고 지치며 아이와의 싸움이 지루하다고, 새로운 습관이 아직 몸에 베지 않았는데, "오늘 하루만은 그냥 내버려 두자"라고 해 버리면, 모든 일들은 다시 원점으로 돌아간다. 일관적인 행동이 아이 교육에 얼마나 중요한지 알게 되는 부분이다.

부부관계에 새로운 습관과 관계 역동을 만들어 가는 것도 이러한 부모, 자녀와의 교육방법과 크게 다르지 않다. 부부 사이에 새로운 행동을 익히고 변화된 관계를 원하면 부부가 서로 기억해야 한다. 상대편에게 일관된 행동을 유지해야 한다는 것이다. 언젠가 부부관계를 강의를 하던 중에, 한 분이 강의 듣고 나서 새로운 내용이니까 시도해 보기는 하는데 그것을 계속해서 유지하기가 힘이 든다는 말을 한 적이 있다. 그전에도 유사한 강의를 듣고 며칠 시도하다가 그만두고, 며칠 하다가 다시 옛날 방식을 돌아가는 행동을 반복했다. 그래서 어떤 강의에 참석하고서 무엇인가 다시 새롭게 시도하는 아내를 두고 남편은 "저렇게 듣고 며칠 좋아졌지만 좀 지나면 다시 옛날처럼 행동하겠지"라고 반응한다는 것이다. 물론 꾸준하고 일관된 행동을 한다는 것이 결코 쉽지는 않겠지만, 새로운 변화를 원한다면 절대로 잊어서는 안 된다.

6. 조그만 변화가 시작이다

부부간에 새로운 행동과 관계 변화를 원할 때 흔히 그러한 변화들이 하루 아침에 극적으로 눈에 띄게 일어나야 된다고 생각한다. 이것은 단 몇 번의 상담을 통해서 아주 오래된 행동을 한번에 고칠 수 있다고 생각하는 것과 마찬가지이다. 그런 일이 생길 수도 있겠지만, 그렇게 쉽게 발생하는 일들이 아니다.

인지 행동치료의 치료 기법 중에 척도 질문이라는 것이 있다. 이것은 0에서 10까지 사이에 숫자에서 현재의 기분이나 감정 또는 만족도에 대해서 숫자로 표현하는 방법이다. 예를 들어 상담을 시작했을 때의 감정이나 상태를 4라고 표현했는데 마지막 상담에서는 4.2라고 표현했다면, 상담자는 큰 변화는 아니지만 0.2만큼 변한 숫자에 대해서 큰 의미를 둔다. 그래서 무엇이 그 변화를 가져왔는지, 어떻게 하면 그 변화를 지속할 수 있는지에 초점을 맞춘다.

만약 우울증을 심하게 앓고 있어서 매사에 의욕이 생기지 않아 직장에 출근하는 시간도 맞출 수 없는 상태의 사람을 도와야 하는 상황이 있다고 해 보자. 상담자는 몇 번의 상담을 통해서 그 사람이 정해진 시간에 벌떡 벌떡 일어나는 것과 같은 극적인 행동의 변화에 초점을 맞추지 않는다. 그 일은 절대로 일어날 수 없기 때문이다. 대신 만약 회사에 늦지 않게 출근하기 위해서 적어도 7시까지는 일어나야 한다면, 눈은 뜨고 있지만 조금만 조금만 하다가 7시 반에 일어나는 경우, 다음에는 7시 25분 그리고 그 다음은 7시 20분 하는 식으로 아주 조그만 변화라고도 할 수 없는 시간을 줄여가는 식으로 목표를 정해 치료를 시작한다. 왜냐하면 우울증이 심하면 사실 이 5분을 줄여서 일어나는 것도 결코 쉬운 일이 아니기 때문이다. 우울증이 심해서 몇 번을 시도해도 이 시간을 지킬 수 없는 경우가 대부분인데, 만약 힘든 노력을 통해서 어느 날 7시 29분에 일어났다고 하면 이 일분의 차이를 큰 변화로 생각하고 그러한 행동을 유지할 수 있도록 해줘야 한다. 이 1분이 대단하지 않다고 생각할 수 있다. 그렇지만 이것은 무엇인가 새로운 것이 생겨나고 변화가 시작한다는 신호일 수 있기 때문이다.

부부관계에서도 술을 먹고 매일 늦게 귀가하는 남편이 있는데, 그러한 남편을 집에 술을 먹지 않고 들어오게 하는 것을 목표로 정했다고 해보자. 그러면 먼저 할 일은 일단 남편이 집에 돌아오는 시간이 언제인지 정확히 기록하고, 부부가 서로 지킬 수 있는 선에서 합의를 해야 한다. 매일 새벽 1시가 넘게 들어오는 남편에게 매일 먹던 술을 하루 건너서 한 번씩, 새벽 1시에 들어오는 것을 술을 먹지 않고 들어오는 날에는 저녁 10시까지 들어오는 것으로 약속을 했다.(물론 지키지 않겠지만) 정말 어느 날 남편이 매일 술을 먹다가 하루 평소보다 술을 적게 먹고 온다든지, 아니면 10시까지 들어오기로 했는데 그 약속을 무시하고 평소대로 계속 늦게 들어오다가 어느 날 10시는 아니지만 매일 늦게 들어오는 그 시간보다 한 30분이라도 일찍 들어오면, 그것을 변화의 시작으로 보고 격려하며 칭찬해 주어야 한다.

하지만 우리는 그렇게 행동하기로 했으면 바로 그 다음날 바로 상대편이 그렇게 해야만(MUST) 한다고 생각하고, 거기에서 조금만 틀리면 바로 "니가 그렇지!" 라는 태도를 보이며 반응한다. 그러나 그렇게 반응하고 그렇게 극적인 변화가 있어야만 한다고 생각하면, 여러분이 지금까지 그랬던 것처럼 상대편에게 실망하게 된다. 결국 '저 사람은 답이 안 나오는 사람이니까 해 보나마나야' 하는 자포자기의 심정이 된다. 따라서 어떤 극적인 변화가 하루 아침에 일어날 것이라고 기대하지 말라. 그보다 우리가 기대하는 것에는 전혀 미치지 못하지만, 조그만 변화가 보이면 그것이 출발이라는 신호로 받아들이라. 그리고 인정하고 격려하라. 그러면 그것이 쌓이고 쌓일 때 큰 변화로 가는 지름길이 될 수 있다.

7. 저항에 대한 준비

부부 관계 변화를 위해서 어느 한쪽이 이전과는 다른 모습을 시도할 때 상대편이 저항할 것을 대비해야 한다. 이것은 반드시 기억해야 한다. 다시 말하면 익숙한 환경이 좋은 것이든 나쁜 것이든 익숙하기 때문에, 변화를 주려는 시도는 상대편에게 심리적 위기감을 준다. 따라서 변화하거나 다른 행동을 하도록 압력을 받는 상황을 상대편은 좋아할 수 없다. 결국 그런 시도를 못하게 의식적이나 무의식적 노력들을 하게 될 것이다. 이것이 곧 저항이다.

간단히 말해서 친한 친구가 있는데 집만 따로 살 뿐이지 나머지 대부분을 시간을 같이 보내는 친구가 있다고 생각해보자. 그들은 다른 사람이 두 사람 사이를 헤집고 들어올 수가 없을 정도로 매우 친하다. 서로가 무엇을 좋아하는지, 무엇을 원하는지 눈빛만 봐도 알 수 있다. 마치 서로 제 몸인 양 아끼고 사랑하는 친구 사이다. 그래서 개인적인 일뿐 아니라 각자 집안일도 다 아는 친구가 있다고 해보자. 그런데 어느 날 그렇게 죽고 못사는 친구가 너무 가깝게 지내는 것이 부담스럽게 느껴졌다. 다른 사람이나 새로운 환경을 접할 기회가 없자, 다른 사람도 좀 알고 새로운 경험도 좀 할 겸 단짝 친구에게 전보다는 좀 소홀하게 대했다고 해보자. 그런데 이 친구가 그런 것은 사실 친구에게 마음이 떠나거나 싫어서 그런 것이 아니었다. 단지 새로운 경험을 해보려는 것이었다. 하지만 그 친한 친구가 거의 매일 하던 전화도 좀 건너뛰고 전화를 하더라도 좀 짧게 건성으로 받기 시작하자, 다른 친구는 그 친구가 예전 같지 않다는 것을 느꼈다. 그래서 예전 친구를 돌아오게 하기 위해서 화를 내거나, 자기도 좀 소홀하게 대하거나, 예전보다 더 관심있게 아주 적극적으로 나오거나, 이도 저도 아니면 아예 그 친구보다 더 냉랭하게 모른척거나, 다른 친구를 찾아서 떠나거나, 이처럼 다양한 방법들이 해 볼 수 있다. 그런데 이 모든 노력들은 사실은 익숙한 자기들만의 관계를 포기하지 않으려고 하는 노력이다. 이것이 바로 저항이다.

부부관계는 계속해서 말하지만 그것이 짧든 길든 서로가 관계 맺는 익숙한 방법들이 있다. 이 익숙한 방법이라는 말이 담고 있는 의미는 굉장히 광범위하고 또 의미심장한 말로 오랜 시간을 두고 형성하게 된 개인의 독특한 삶의 방식과 관계방식이다. 그것은 바로 이 책에서 언급된 부부관계 역동과 습관이다. 이러한 부부 관계 역동과 습관은 한 순간에 이루어 진 것이 아니다. 그것은 오랜 시간을 두고 반복돼 온 것이기 때문에 파악하기도 어렵다. 또한 파악이 되었다고 하더라도 변화를 가져오기가 쉽지 않아서 어렵다. 따라서 부부문제로 상담을 시작하던 자녀문제이건 아니면 본인 개인의 문제로 상담을 시작하더라도 상담이 성공하기 위해서는 이 익숙한 환경이 무엇인지 파악하는 것이 굉장히 중요하다.

부부관계를 좋은 방향으로 이끌기 위해서 무엇인가 새로운 것을 시도하게 되면, 이 과정에서 필연적으로 저항과 부딪히게 된다. 이 저항은 나로부터 올 수도 있고 상대편으로부터 올 수도 있다. 그래서 이 저항이 필연적이라고 하는 것이다. 특히 자기 신뢰감이나 자기 존재감의 상처를 입은 배우자와의 관계를 개선하려는 노력들이 자칫 상대편 배우자에게 '나를 컨트롤' 하려고 한다는 느낌을 주면, 십중팔구 실패하게 되어 있다.

이 저항은 다양한 형태로 나타난다. 앞서 언급한 과잉기능과 과소기능의 역동이 있는 부부의 예를 들어보자. 아내는 생활력이 없는 남편을 대신해서 결혼한 후부터 아이들이 클 때까지 집안일과 생계를 유지하면서 억척스럽게 살았다. 그렇게 자신을 넘어 과잉기능을 했기 때문에, 자기대신 남편이 제대로 구실을 해서 돈도 벌고 능력 있게 되기를 바란다. 자기도 편하게 다른 엄마들처럼 육아에만 신경 썼으면 좋겠다는 것이었다. 그런데 막상 남편이 직장을 잡고 가장으로서 권위를 가지려고 하자, 정작 기뻐하고 그 변화를 반겨야 하는 부인의 태도가 예상과는 정반대였다. 오히려 남편의 노력을 비꼬고 '분명히 저러다가 얼마 못 가겠지' 라는 식으로 만나는 사람에게 남편이 무능력하다는 것을 더 강조하고 다니는 행동을 할 수 있다. 이 예는 익숙한 환경이 변화되는 것을 두려워해서, 부인이 저항하게 되는 것이다.

또 어떤 경우는 저항의 한 형태로 질병이 나타날 수도 있다. 부부 사이에 갈등이 심한 부부가 있었다. 남편은 퇴역한 장교였고, 부인은 전형적인 가정주부였다. 그런데 장교출신인 남편이 너무 가부장적이어서 부인은 남편이 대화가 안 되는 사람이라고 생각했다. 남편이 군인 생활을 할 때는 비교적 떨어져 지내는 일이 많아서 갈등이 심해도 그럭저럭 견뎌갈 수 있었다. 그러나 남편이 퇴역하고 나서 같이 지내는 시간이 많아지면서부터 숨쉬기가 아주 힘들 정도로 부부 사이에 갈등이 불거지기 시작했다. 그러다가 유학을 가고 싶어하는 큰딸이 두 부모를 설득해서, 결국 온 가족이 캐나다로 이민을 왔다. 캐나다에서 조그만 사업을 시작해서 온 종일 같이 있게 되는 시간이 계속되었다. 그러다보니, 이제는 서로 봐도 말도 하지 않을 정도로 심해졌다. 하지만 그나마 두 딸 중에 큰딸이 있어서 둘 사이를 중재할 수 있어 다행이었다. 그래서 남편이 무슨 할 말이 있으면 큰딸을 불러서 말하고, 그 내용을 큰딸이 엄마한테 전해주었다. 엄마도 아빠에게 무슨 할 말이 있으면 다시 큰딸을 불러 그 내용을 전해주었다. 남편은 워낙 불 같은 성격이라 한번 화가 나면 좀체 가라 앉지를 않았다. 옛날처럼 심하지는 않지만 나이가 들어가면서 큰딸이 그나마 남편을 진정시킬 수 있었다. 그러나 이제는 큰딸도 점점 지쳐가는지 조그만 일에도 화를 내고 짜증을 내는 일이 잦아 졌다.

대학을 졸업하고 조그만 회사에서 직장생활을 하던 딸아이가 한국에 있는 남자를 알게 돼서, 결혼을 결심하고 부모에게 그 사실을 알렸다. 그때부터가 문제였다. 아빠를 닮아서 한번 결심하면 굽히지 않는 딸의 성격을 잘 알기 때문에 말릴 생각도 못했다. 그렇지만 엄마는 두려웠다. 큰딸은 결혼하면 결국 한국에 돌아가서 살아야 했다. 그러면 남겨진 엄마는 힘든 남편과 함께 할 일이 정말 막막하게만 느껴졌다. 그동안 이래저래 큰딸을 친구 삼아 속마음도 털어놓고 이야기하며 이민생활에 쌓인 어려움도 이야기했다. 그리고 남편과의 문제도 큰딸이 있어서 그럭저럭 이겨나갈 수 있었다. 그러나 막상 큰딸이 떠난다고 하니, 엄마는 큰 버팀목을 하나 잃어버리는 것 같았다. 큰딸의 나이가 서른이 넘었기 때문에 서둘러 결혼을 시켜야 된다고 생각했지만, 막상 결혼식을 준비하러 한국을 왔다 갔다 하는 딸아이를 보면서 왠지 배신감도 들며 복잡했다.

그런데 엄마가 얼마 전 몸에 이상을 느껴서 병원에 검사를 받게 되었다. 병명은 암이었다. 너무 갑작스러운 일이라 처음에 믿어지지 않았다. 그렇지만 그 후에 얼마 있다가 아빠도 대장에 암이 발견되고 상태가 좋지 않기 때문에 빨리 치료해야 한다는 진단을 받게 되어 더욱 놀랐다. 두 부모의 갑작스런 발병으로 큰딸의 결혼 준비는 뒤로 미뤄지게 되었다. 신앙이 있던 큰딸은 갑자기 부모님이 큰 병이 생긴 이유가 어려움을 겪고 있는 두 부모님을 두고 떠나는 자신에게 하나님이 벌 주시는 것이라는 생각도 들었다. 그러다가 결국 부모님의 간병 때문에 딸은 결혼까지 포기하고 캐나다에 남게 됐다. 그런데 그 일이 있은 후 신앙생활에 열심을 내신 두 분한테서 수술도 하지 않았는데 암이 갑자기 사라져 버린 놀라운 일이 일어났다.[78]

지금 제시한 예는 좀 극단적인 경우가 될 수 있다. 그렇지만 우리는 대부분 무엇인가 새로운 것을 시도하다가 예상외에 심각한 저항을 만나게 돼면 그 새로운 시도들을 포기해 버리는 경우가 많다. 위의 예는 건전하지 못한 두 부부 관계 때문에 그 사이에서 큰딸이 희생당하고 있어서 위험한 사례였다. 부부 문제를 직접 다룰 수 없던 엄마와 아빠는 그 문제를 큰딸을 통해서 풀어보려고 했다. 그런데 큰딸이 결혼을 통해서 갑자기 사라진다고 하는 것은 자신들의 문제를 직접 대면해야 하는 위기 상황이 됐다는 말이었다. 그 의미는 자신들이 그동안 살아오면서 익숙해져 있는 관계유형에 변화가 생긴다는 것이었다.

특별히 부부생활에서 남편이 이득을 보는 경우가 많이 있다. 그렇기 때문에 그 남편이 부부생활을 통해 얻는 이득이 많으면 많을수록 그 저항의 단계나 방법도 다양하며, 강도도 훨씬 세질 수 있다. 따라서 그 저항을 줄일 수 있는 방법이 한가지 있다면 앞서 언급한 조그만 변화로 시작하는 것이다. 다시 말하면 "무엇인가 변화가 일어나고 있지만 그것이 그렇게 나한테 위협적이지는 않으며, 시도해 보면 도움이 될 것도 같다" 라는 느낌을 줄 정도로만 해야 한다는 것이다.

흔히 많이 당하고 손해 봤다고 생각하는 분들은 분하기도 하고 무엇인가 극단의 방법을 취해야만 상대방을 고칠 있다고 생각한다. 그래서 갑자기 지금까지 계속 해 오던 익숙한 관계방식들을 완전히 포기하고 뒤로 물러나는 경우가 있다. 하지만 오히려 이 방법은 상대편에게 위기의식, 분노, 경계심만 생기게 하기 쉽다. 이것은 상대방이 '오기'만 생기게 해서, "어? 니가 이렇게 해? 그래, 그럼 나는 이렇게 하지! 니가 안 해 줬으니까, 나도 안 해! 그래, 누가 이기나 한번 해보자!" 라는 반발심만 키워주게 된다는 말이다.

결혼해서 15년을 같이 산 부부가 있었다. 엄한 아버지, 아들만 아는 집에 막내딸로 태어난 부인은 막내이면서 유일한 딸이었다. 부인은 동생을 그렇게 못살게 굴고 괴롭히던 오빠들, 그런데도 남자만 위하던 부모님들만 기억할 뿐이었다. 그래서 결혼하면 남편의 사랑을 많이 받고 행복하게 살 욕심이 있었다. 어떻게 하면 남편이 자기만을 사랑하게 할 수 있을까 생각하다가, 부인은 '남편을 진짜 잘 사랑하면 나를 사랑해 주겠지' 라고 기대하며 그렇게 살았다. 그래서 결혼하자마자 사람들이 결혼한 남편을 부러워 할 정도로 정말 잘 섬겼다. 남편이 밥 먹을 때 굳이 젓가락을 들지 않아도 될 정도로 반찬도 집어 주었다. 심지어 퇴근하고 오면 항상 손수 발도 씻어 주었다. '이렇게 하면 남편도 나한테 그런 사랑을 주겠지' 라는 기대로 15년을 살았다.

하지만 결과는 전혀 예상 밖이었다. 아내가 그렇게 극진히 섬기면 감동한 남편이 해 줄 것이라는 부인의 기대와는 전혀 달랐다. 남편은 집에 오면 TV 앞에서 먹고 자며, 심지어 집에 못 하나도 박지 않아서 부인이 다 해야 했다. 남편은 그렇게 자기를 섬기고 사랑하는 부인에 대해서 감사하고 고마워 하기는커녕 "원래 집사람은 저래" 라는 식으로 반응했다. 부인은 속상해서 살 수가 없었다. 부인은 결국 자기가 얼마나 중요한 존재인지 알려줘야겠다는 마음에, 다 때려 치우고 쪽지 한 장 남겨놓고 친정으로 가버렸다. 예전에 몇 번 이런 식으로 친정에 가기는 했지만 이번에는 '남편이 좀 변화가 있겠지' 하는 기대로 아주 결심을 하고 20일 정도를 친정에서 머물렀다. 그렇게 하면 남편은 아무 것도 못하고 미안하다고 하며 부인을 모시러 올 줄 알았는데, 20일 동안이나 친정에 머무는 중에 남편에게서 전화 한 통도 오지 않았다. 결국 친정에 눈치가 보여 더는 있을 수 없게 된 부인은 아무것도 얻지 못한 체 집으로 돌아가야만 했다.

위의 예에서 보는 것처럼 남편의 익숙한 습관과 부인과 관계 맺는 방식은 무려 15년이라는 시간을 통해서 형성이 돼 있다. 이 관계는 일방적으로 부인이 희생을 해야 하는 관계다. 남편은 그 부인과 사는 것이 전혀 불편하지 않다. 굳이 그런 편한 관계를 고치려 할 필요도 없다. 결혼 초기에는 그렇게 자기를 대하는 부인에게 고마운 마음도 있었지만, 오랜 시간 그런 생활을 반복하다 보니 감사하다는 마음보다는 오히려 부인의 태도가 자연스러운 것으로 느껴졌다. 그래서 남편은 익숙한 관계를 바꾸기 위해서 애써 무엇인가를 시도해야 할 필요성을 느끼지 못했다.

그러나 속상한 부인이 그 관계를 바꾸기 위해서 시도한 방법이 문제였다. "어디 나 없이 한번 당해봐라"라는 심정으로 친정으로 가버린 '강한 극단의 방법'이 오히려 남편에게 소위 반발심만 갖게 하고, 변화를 원하지 않는 '저항'으로 나타난 것이다. 만약 잠깐 친정에 가는 것이라는 말을 하고 쉬러 간다면 남편이 전화도 하고 부인이 없는 동안 부인의 빈자리에 대해서 진심으로 생각할 수 있는 시간이 되었을 것이다. 그런데 한번 당해보라는 식의 부인의 생각과 극약 처방과 같은 극단의 방법을 했을 때, 부인은 결국 아무것도 얻지 못했다. 그리고 상황만 악화시킨 꼴이 된 것이다. 저항이 없을 수 없지만 그 저항을 최소화하기 위해서는 작은 것부터 시도를 해야 한다.

잘 아는 예를 들어보자. 뜨거운 물에 갑자기 개구리를 집어 넣으면 개구리는 물이 너무 뜨거우니까 놀라서 튀어 나온다. 하지만 아예 처음부터 차가운 물에 넣었다가 그 물을 조금씩 가열시키면 개구리는 아무런 저항도 하지 않고 그 물이 결국 자기를 죽이는 순간까지도 가만히 그곳에 있게 된다. 예가 적절한지는 모르겠지만, 나는 여기서 저항을 이러한 방법으로 접근해야 된다는 것을 강조하고 싶다. 다른 것에 비해서 좀 길게 저항에 대해서 말하는 이유가 있다. 상담을 하다가 몇 번 저항에 부딪히면 바로 포기해 버리는 경우가 비일비재하다. 그래서 결국 상황만 더 나쁘게 하는 경우를 많이 보았다. 그렇지만 절대 포기해서는 안 된다.

8. 마침기도

지금까지 말한 7가지 기억해야 할 내용의 마침표는 기도로 끝내야 한다. 왜 기도가 맨 처음이 아니고 맨 마지막에 두었는지 궁금해 하시는 분들이 있을 것이다. 사실 기도는 처음과 마지막이 중요한 것이 아니고, 이 과정을 진행하는 동안 계속해서 끝이 없이 이루어져야 하는 가장 중요한 과정이다. 기도가 중요한 것은 특히 몇 가지 면에서 중요하다.

첫째 기도를 통해서 우리는 하나님이 주시는 지혜와 하나님께서 인도하시는 것을 경험할 수 있기 때문이다. 기독교 상담이 일반 상담과 다른 특이점이면서도 큰 장점 중에 하나가 하나님과 성령님의 인도하심이라는 든든한 후원자가 있다고 하는 점이다. 목사로서 상담을 하면서 경험하는 것 중에 하나는 상담을 하다가 많은 경우 어려움을 당하게 되면 상담 중간이라도 속으로 하나님께 도움을 구하는 기도를 한다는 것이다. 특별히 상담을 하기 전에 나는 주로 그날 상담할 분들을 위해, 조용히 하나님께 묻고 답을 구한다. 이러한 경우 나는 "하나님, 오늘 이런 분들을 이런 문제로 상담을 하는데, 어떻게 하는 것이 가장 도움이 되겠습니까?"라고 묻고 기도하고 기다리면, 전혀 내가 생각지도 못한 방법들을 알려주시는 경험을 종종 한다. 이 경우 자신감은 말할 것도 없고, 실수마저도 좋은 결과로 나타난다. 만약 익숙한 상담케이스고 몇 번 다루어본 문제들이면, 비교적 자신감이 생겨서 기도하지 않고 상담을 들어간 경우가 몇 번 있었다. 그럴 때마다 나는 내가 전혀 예상하지 못한 방향으로 상담이 흘러가는 바람에 진땀을 흘려야 했었다. 역시 하나님이 가장 든든한 후원자이다. 기도는 갈등을 겪는 부부로 하여금 그런 하나님의 능력을 의지하게 하는 좋은 통로이다.

둘째는 우리의 마음을 다스려야 하기 때문이다. 우리가 마주치고 대해야 하는 대상은 우리가 어떻게 하면 중심을 잃고 쉽게 폭발해 버리는지를 가장 잘 알고 있는 대상이다. 이 대상들을 만나면 우리는 전혀 예측하지 못한 때에, 전혀 준비도 되어 있지 않은 상황에서, 전혀 우리가 다스릴 수 없는 감정이 요동치는 것을 경험한다. 이러한 일들은 예고도 없고 순식간에 왔다가 한 순간에 모든 것을 뒤집어 버린다. 그러고 나면 후회, 다시 졌다는 절망감, 아무 것도 할 수 없을 것 같은 자포자기의 심정, 무력감 같은 것들이 그 짧은 순간의 사건들 때문에 우리에게 복잡한 감정들이 생기게 한다. 그러나 이 모든 것보다 상대를 향한 주체할 수 없는 미움이 가장 무섭고 견디기 힘든 것이다. 마치 눈 앞에서 사라져 버렸으면 좋을 것 같은, 어쩌면 가인에게 있던 상대를 죽이고 싶을 정도의 미움, 증오의 감정들. 이것들을 다스릴 수 있는 방법, 그리고 다시 시작할 수 있게 용기를 주는 것은 기도밖에 없다. 이런 감정들이 나를 지배하지 않고, 죽이고 싶은 정도의 감정이 생기는 상대를 자신도 자신의 문제로 괴로워하는 상처 입은 연약한 '한 인간'으로 바라보게 하는 것은 하나님의 도우심을 구하는 간절한 기도밖에 없다. 이 기도를 통해서 우리는 우리의 감정을 다스릴 수 있다. 그래서 기도해야 한다.

셋째는 기도를 통해 에너지를 공급받기 때문이다. 사실 우리가 간과해서는 안될 사실은 가족을 통한 하나님의 거룩한 뜻이 있다고 하는 것이다. 우리는 그것을 가족을 통해서 하나님이 이루실 거룩한 나라에 대한 계획으로 이해해야 한다. 가족이 깨어지는 것은 하나님의 뜻이 아니다. 사랑으로 서로를 격려하고 하나님의 뜻을 이 땅 가운데 이루어 가야 할 가장 중요한 사명을 지고 있는 것이 가족공동체 이다. 특별히 하나님의 사랑으로 서로 섬기며 이룬 가족 안에서 자라난 자녀들이 앞으로 어떻게 우리가 사는 사회를 하나님이 함께 하시는 거룩한 나라로 이끌어 가게 될 것인지를 상상해 보라. 그런 중요한 사명이 가족에게 있는데 그런 가족이 깨어지는 것을 하나님께서 원하실 리가 없다. 가족이 깨어지고 제 기능을 하지 못하게 하는 것은 바로 '사단의 음모'이다. 이 말은 가족이 가장 치열한 영적 전쟁터라는 뜻이다. 가족으로 함께 살고 있지만 사실 우리는 매일 매일 치열한 영적 전쟁터에서 전쟁을 치르고 있는 것과 마찬가지이다. 이런 매일 매일의 전쟁터에서 지치고 않고 힘을 공급받을 수 있는 가장 중요한 통로가 기도이다. 기도를 통해서 우리는 하나님이 주시는 영적인 힘을 공급받을 수 있다. 만약 기도하지 않고 이 전쟁터에 서 있다면 우리는 상대편의 공격에 대응할 수 있는 아무런 에너지가 없는 것과 마찬가지이다. 충분한 영양을 공급받아서 근육이 생기고 뼈가 튼튼해 지면 우리는 자신감 있게 상대를 대할 수 있지만, 그렇지 않은 경우에 우리는 조그만 일에도 넘어지고 좌절하게 될 것이다. 그러므로 기도는 이 모든 방법들의 가장 기본이고 마침이다.

5

다시 사랑하기 위한
네 가지 단계 R. D. W. R

14

첫 번째 단계,
Recognizing 알아차리기

이 첫 번째 단계인 알아차리기 단계는 갈등이 있는 두 부부 사이의 관계 역동과 습관이 무엇인지를 알아차리는 것이다. 상담초기 과정에서 상담자가 상담을 하면서 상담하고 있는 대상의 문제가 무엇인지를 알기 위해 상담초기의 시간을 소비한다. 이처럼 갈등 있는 부부는 자기들의 문제가 무엇인지 정확하게 파악하는 것이 무엇보다 중요하다. 이것은 부부가 다시 사랑하는 마음을 갖기 위한 핵심적인 내용이다. 왜냐하면 부부가 다시 서로를 사랑하는 마음을 회복하기 위해서는 무엇이 자기들의 문제인지를 정확히 알아야만, 무엇을 어떻게 해야 할지 구체적인 목표를 정할 수 있기 때문이다.

상담강의를 할 때 기회가 될 때마다 거듭 강조하는 것이 있다. 그것은 상담을 시작할 때 '분명한 상담목표'가 있어야 한다는 것이다. 이것은 매우 중요하다. 상담기법이나 접근법에 따라서 차이가 있겠지만 효과적인 상담이 되기 위해서는 반드시 상담을 통해서 얻으려는 목표가 분명해야 한다. 이것이 정확하면 쓸데없이 시간과 에너지가 낭비되는 것을 막을 수 있다. 또 상담자가 자신감 있게 상담을 진행할 수 있고, 상담을 받으러 오는 사람도 신뢰하며 상담에 임할 수 있는 것이다. 또한 상담자가 분명한 목표가 없어서 겪을 수 있는 무력감이나 두려움을 없앨 수 있다.

대학원에서 상담학을 공부하면서 처음 상담실습을 시작할 때 일들이 아직도 기억이 난다. 상담학 공부를 하고 다양한 이론들의 학자들을 알게 되었지만, 실제 상담을 하게 되면서 도대체 무엇을 해야 할지 알 수가 없었다. 잘 들어주고 공감해 주는 것이 중요하다고 거듭 강조하셔서 열심히 듣고 공감을 해 주었는데, '그 다음에는 무엇을 해야 하지' 하는 마음만 들었다. 그때 가졌던 무력감, 두려움, 자신 없는 것 같은 감정들 때문에 힘든 상담을 했던 기억이 있다. 교수님들이 너무 많은 이론과 방법들을 제시해 주셨지만, 경험이 부족하고 아직 상담에 대한 정확한 그림이 그려지지 않은 나에게는 그분들의 이론을 내 것으로 만들어 가는데 한계가 있었던 것이다.

상담을 할 때 열심히 들어서 해결될 문제가 있고, 갈등이 있는 부부문제처럼 열심히 듣기만 해서는 해결되지 않는 심각한 문제들도 있다. 이때 갈등을 겪고 있는 부부들을 돕기 위해서 분명한 목표를 세우는 것이 중요하다. 그 목표를 세우는데 지금 이 부부의 '문제가 무엇인지' 를 정확히 아는 것이 더욱 중요하다. 왜냐하면 목표를 제대로 세우는데 갈등의 원인과 문제가 무엇인지 정확히 알아내지 못하면, 전혀 다른 상담목표를 세울 수 있기 때문이다. 그렇게 되면 절대로 좋은 결과를 기대할 수 없다.

따라서 이 책 앞 부분에서 언급된 부부관계 역동에서 나의 역할과 관계 방식은 무엇인지, 우리 부부 사이에서 어떠한 습관이 있고, 상대를 어떻게 대하고 있는지, 그러한 관계 역동이 부부 사이에 어떻게 또는 가족 전체에게 어떻게 영향을 미치고 있는지 알아야 한다. 그것 때문에 이득과 손해를 보고 있는 대상은 누구인지, 또 부부에게 있는 습관들은 부부 사이를 어떻게 메마르게 하고 있는지, 이것들을 잘 보고 파악하는 것이 문제를 발견하는 첫 걸음이 될 수 있다.

두 번째 단계,
Deciding 결정하기

부부 사이에 문제가 무엇인지를 정해졌으면 다음은 결정하기 단계다. 이 부분은 부부 사이에 어떠한 것이 구체적으로 변하기를 원하는 것인지에 대한 목표다. 즉 변화를 시도해서 얻고자 하는 긍정적인 성취목적들이다. 그런데 이 결정의 단계에는 몇 가지 주의할 것들이 있다.

첫 번째, 어떤 문제를 택할 것인가?

부부 사이에 문제가 한가지만 있다고 생각하는 사람은 아무도 없을 것이다. 말하다 보면 별별 문제들이 다 있다. 이해하기 쉬운 말로 현재 부부 사이에 갈등을 겪고 있다고 하면, 앞서 언급한 부부 관계의 역동과 습관의 모습들이 거의 다 있다고 보면 된다. 즉 습관 중에 서로에게 부정적 언어를 쓰고 있는 부부들은 서로의 정확한 의도를 파악하는데 실패하는 경우가 많고, 그 부부들은 자연적으로 선택적 해석을 하기 쉽다. 따라서 자기들이 고쳐야 할 부부 습관 중에 어떤 것들이 있을까 알아보다가 그것이 단순히 한 가지가 아닌 여러 가지이고, 또 복잡하게 얽혀 있는 것을 보면, 그 문제들에 압도당해서 도대체 어디에서 시작해야 하는지, 무엇부터 시작해야 하는지, 과연 그것이 가능한지 같은 여러 가지 생각으로 "우리는 문제가 너무 많아서 어떻게 할 수 없다"라고 말하면서 포기하게 되는 경우가 많다.

그런 문제들을 막기 위해서 이 단계에서 중요한 것은 그 발견된 많은 문제들 중에 어떤 것을 문제행동으로 보고 고쳐야 하는지, 그 중에 한 가지 또는 두 가지 정도를 선택해야 한다는 것이다.

두 번째, 실현 가능성이 있는 문제를 택하는 것

상담을 하면서 상담자가 항상 염두에 두어야 하는 것은 자기의 한계를 아는 것이다. 다시 말해서 자기가 상담을 통해서 도울 수 있는 부분과 그렇지 못한 부분을 정확히 알고 있어야 한다는 것이다. 예를 들어 남편이 직장을 잃고 경제적으로 어려워진 가정이 그 문제 때문에 부부 사이에 여러 가지 갈등이 생기고 자녀들과도 문제가 발생해서 상담을 시작했다고 해보자. 그 가족의 문제를 해결할 수 있는 가장 빠른 방법은 남편이 다시 직장을 갖고 경제적으로 회복이 되는 것이다. 그러나 상담자가 상담목표를 남편이 직업을 갖도록 돕는 것이라고 세웠다고 하면, 그것은 상담가의 역할과 능력을 벗어나는 일이다. 물론 직업을 찾는데 필요한 정보나 직업 재교육 훈련 기관 같은 곳에 대한 안내 정도는 해 줄 수 있지만, 상담자가 구체적으로 새로운 직장을 찾도록 도울 수 있는 것이 아니다.

이런 경우에는 가족 안에 남편이 직장을 잃어서 새로운 가족 구조와 관계에 변화가 발생한 경우이기 때문에, 가족이 그 변화를 받아들이는데 있어서 갈등을 겪는 경우다. 따라서 그 새로운 변화에 적응하고 관계를 새롭게 세워갈 수 있도록 돕는 정도가 상담가가 할 수 있는 역할이다. 그런데 상담자가 상담을 하고서 상담의 목표를 남편의 직장을 구하는 것이라고 세웠다고 하면 상담은 실패할 가능성이 많다. 왜냐하면 그것은 실현 가능한 목적이 아니기 때문이다.

결정하기 단계에서 실현 가능한 문제를 택하는 것은 이러한 경우이다. 부부 사이에 있는 여러 가지 문제 중에 그것이 부부 관계 역동에서 비롯된 것인지 아니면 습관에서 오는 것인지를 알아내었으면, 이 단계에서는 자신이 스스로 노력해서 어느 정도 효과를 볼 수 있는 것인지, 그것이 어느 것인지를 결정하는 것이 중요하다. 왜냐하면 이 책은 전문적인 상담자와 함께 하는 상담치료가 아니고 자기 스스로 문제를 진단하고 해결하는 방법을 찾는 것이기 때문이다. 이 책을 읽는 사람은 자기 스스로의 한계를 알고, 할 수 있는 것들이 무엇인지를 결정해야만 한다.

만약 빨리 서둘러서 어떤 구체적 결과를 보고 싶은 욕심에 자기 한계를 모르고 너무 크게 목표를 정하고 작업을 하려고 하면, 성공보다는 실패를 경험하게 될 가능성이 크고 실패를 경험할 경우 다음 단계로 다시 나갈 수 가 없다. 따라서 부부가 뭔가를 했을 때 큰 힘을 들이지 않고 성공할 수 있는 현실적으로 실현 가능한 일들을 시작하는 것이 다음 단계로 나갈 수 있는 동기도 부여하고 자신감과 용기도 갖게 한다.

세 번째, 조그만 것부터 시작하기
조그만 변화가 시작이다. 거기에서 말한 내용 중 중요한 것은 문제

행동에 하루 아침에 무슨 큰 변화가 일어나기를 기대하고 그렇지 않으면 실패한 것으로 생각한다고 하는 것이다. 하지만 그러한 극적인 변화는 쉽게 생길 수 없다.

결정하기 단계에서 흔히 빠지기 쉬운 함정이 있다. 그것은 가장 어려워 보이고 가장 고치기 쉽지 않은 문제를 해결하려고 결정하는 것이다. 이러한 실수를 하는 이유는 그것이 오랫동안 자기들을 괴롭히고 또 자기뿐 아니라 다른 사람들도 눈치 챌 정도로 쉽게 드러나는 문제들이기 때문이다. 그러나 기억해야 할 것은 조그만 것부터 시작해야 한다는 것이다.

예를 들어 몸무게가 키에 비해서 많이 나가는 사람이 있다고 생각해 보자. 정상적인 몸무게가 되기 위해서 한 20킬로그램 정도를 빼야 하는데, 이 20킬로그램을 한 순간에 단번에 빼려고 하면 문제가 발생할 수 있다. 그러므로 어느 정도 살을 빼야 하는지 분명한 목적이 되는 몸무게를 정하는 것이 중요하다. 그 몸무게를 얻기 위해서 언제까지 500그램을 빼고, 그 다음은 다시 1 킬로그램을 빼고 하는 식으로, 성취 가능한 단계로 조금씩 단계적으로 살을 빼가야 한다. 단 한 순간에 20킬로그램을 뺄 수는 없다.

16 chapter

세 번째 단계,
Working 작업하기

자, 이번에는 구체적으로 어떤 문제를 다룰 지 결정한 후에(D. Decid-ing) 그 문제를 풀기 위해서 구체적으로 어떻게 작업을 해야 하는지 그 과정에 관한 것이다. 이 부분은 다시 세 가지 과정으로 나누어져 있다.

첫 번째, 단계 나누기

단계 나누기는 목표가 정해졌으면 그 목표를 성취하기까지의 과정을 여러 단계로 나누어 도전하는 것을 말한다. 앞서 언급한 실현 가능한 목표를 정하고 그 단계를 조그만 세부 목표로 다시 나누어서 하나씩 이루어 가는 과정을 말한다. 즉 그 목표를 이루기까지 구체적으로 어떤 일들과 행동을 해야 하는지 세부적 항목으로 나누는 과정이다. 만약 목표가 단순하고 간단한 것이라면 단계 나누기의 항목이 간단하겠지만, 그 목표가 약간 성취하기 힘든 것일수록 여러 단계를 가질 수 밖에 없다. 상담초기에는 비교적 목적을 쉽게 잡는 경우에 단계 나누기 또한 단순하다. 그러나 상담이 오래되고, 부부가 어려운 단계를 시도해 볼 수 있는 신뢰감이 형성된 경우에는 복잡한 단계로 나아갈 수 있다. 따라서 이 책을 읽는 독자가 자기와 상대편 배우자의 신뢰도나 문제의 심각성의 정도와 본인의 의지에 따라서 목적을 정했을 때 처음 시작하는 것이라면 복잡한 단계로 나누는 것보다는 비교적 간단한 단계로 시작하는 것이 훨씬 효과적이다.

두 번째, 점검하기

이 단계는 첫 번째 시도했던 작업들이 잘 이루어졌는지 확인해 보는 경우이다. 상담상황이라면 한 주간 돌아가서 부부가 결정했던 문제들이 어떻게 잘 이루어 졌는지 다시 상담을 시작했을 때 점검해보는 단계라고 할 수 있다. 진짜 상담 상황이라면 부부의 반응을 보면 그 목적이 잘 이루어졌는지 작업효과가 있었는지를 쉽게 알 수 있다. 그리고 그것이 효과적이면 서로에 대한 피드백과 상담에 대한 피드백이 긍정적이고 다음 과제에 대한 기대와 힘이 생겨서 상담을 계속 지속할 수 있다. 혼자서 하는 경우라면 작업이 잘 됐는지 본인 스스로 점검이 가능한 객관적인 기준이나 점검표를 만들어서 해보는 것이 효과적일 수 있다. 이 점검하기의 목적은 목적의 성공여부를 가리고 만약 그것이 실패했을 경우 그 원인을 분석하고 다음 단계로 나아가기 위한 것이다. 만약 성공하지 못했으면 그 원인이 무엇인지를 정확히 파악해야 한다. 대부분 실패하는 경우는 너무 목적을 크게 정하고 결정해서 작업을 하는 경우, 또 일관성이 없이 하다 말다해서 상대편에게 신뢰감을 형성하는 것이 실패하는 경우, 예상했던 결과가 금방 나타나지 않자 실망해서 중간에 포기하는 경우 등일 것이다.

세 번째, 다음 단계 시도하기

처음 시도했던 행동들이 효과가 있고 자기가 목적했던 것들을 이루었다고 생각하면 다음 단계로 나아가는 것이 필요하다. 다음 단계가 의미하는 것처럼 초기 단계보다는 조금 복잡한 문제에 도전한다는 의미도 될 수 있지만 반드시 그럴 필요는 없다. 부부관계가 어렵고 또 갈등이 심하면 심할수록 절대 서둘러서는 안 된다. 오히려 비슷한 정도의 목적, 단계들을 여러 번 해서 서로간의 신뢰를 쌓아가는 것이 훨씬 중요할 수 있다. 기억해야 할 것은 관계 개선을 위해서 이 과정을 시도하는 배우자가 에너지를 잘 소유하고, 희망을 포기하지 않으며, 일관성을 가지고 주도적으로 해나가는 것이 굉장히 중요하다. 오랜 시간을 참고 살아 왔다고 생각한 부인이나 남편이 얼마나 더 참고 이것을 해야 하냐고 물을 수 있다. 참 답답한 현실이지만 희망을 잃지 않는 것이 중요하다. 그럴 때일수록 전혀 알지 못하던 사람을 막 만나 결혼해서 새로운 관계를 만들어 간다는 마음으로 도전하는 것이 도움이 된다.

chapter 17

네 번째 단계,
Rewarding 보상하기

  이 단계는 매 단계를 잘 수행해서 좋은 결과를 얻었을 때 주어지는 상과 같은 의미이다. 이 보상하기는 단순해 보이는 것 같지만 굉장히 많은 의미를 담고 있다. 이것은 잘 한 행동에 대해서 적절한 보상을 해 줌으로 다음 단계로 나아가게 하는 의미로 이전 단계가 잘 끝났고 다음 단계로의 나아갈 준비를 시키는 의미를 가진다. 이 보상하기는 부정적 언어와 상처로 얼룩진 부부가 서로를 칭찬하는 기회가 되고 서로를 긍정적 시선으로 바라볼 수 있게 하는 기회가 된다. 무엇보다 가장 중요한 의미는 부부가 서로 힘을 합해서 뭔가를 이루어 낼 수 있다는 자신감을 심어주고 부부관계에 발전 가능성에 대한 의지를 심어주게 된다는 것이다. 이 보상하기는 사실 매번 상대편 배우자가 서로 하기로 한 일들을 잘 완수했을 때 주어지는 것으로 보면 된다.

보상하기를 할 때 주의해야 할 몇가지

첫째, 서로 보상하기를 정할 때 한쪽이 일방적으로 정하지 말고 상대편이 원하는 것을 상의해서 정하도록 한다.

둘째, 보상하기의 내용을 정할 때 본인이 할 수 있는 것으로 해야 한다. 능력 이상의 것을 해 주기로 했다가 못했을 경우 차라리 안 하는 것만 못하게 된다.

셋째, 원하는 것을 언제 어떻게 받고 싶은지 구체적인 시간을 정해서 해야 한다.

넷째, 마지막에는 꼭 상대편에게 "감사하다나는 말"을 하고 마치도록 한다.

18
chapter

상담사례, 아빠 때문에
어려움을 겪고 있는 가정

지금 이야기하려는 경우는 이 책을 읽고 있는 독자들에게 지금까지 언급했던 과정들, 부부갈등의 문제를 알아차리고, 그 다음 단계에 결정하기 그 중에서 어떤 문제를 택해야 하는지, 또 실현 가능한 문제를 어떤 것으로 해야 하는지, 그리고 작은 것부터 시작해야 한다는 것을 보여주기 위해 실제 상담사례를 적어 놓은 것이다.

상담사례의 가계도

캐나다에서 조그만 식당을 운영하는 하는 부부가 있었다. 상담을 시작하게 된 경우는 가족과 원수처럼(식구들 표현으로) 지내는 아빠 때문이었다. 아빠만 없으면 가족이 평화가 유지될 것처럼 아빠는 무엇인가 일이 조금만 자기 뜻대로 안 되면 가게에 손님들이 많은 데도 아랑곳 않고 심한 욕을 해대고 버럭 화를 냈다. 더구나 힘이 드는 건 한번 고집을 피면 도대체 말을 들으려 하지 않고, 누가 뭐라고 했던 자기 고집대로 하

려고만 했다. 캐나다에 이민을 와서 시작한 식당인데 경험도 없이 시작
한 경우라 손해도 많이 보고 장사를 하고 있었다. 그런데 장사가 안 되
면 안 될수록 아빠는 더 자주 화를 내고 온갖 스트레스를 가족들한테 다
풀려고 했다.

　가족은 대학원에 다니고 있는 큰딸, 대학에 다니고 있는 딸과 아들,
아빠, 엄마, 이렇게 다섯 식구였다. 그들은 아빠의 심각한 언어폭력과 협
박이 자기가족들의 문제라고 보고 상담을 시작하게 되었다. 엄마를 통해
서 주로 정보를 듣긴 했지만 나는 문제 아이들 뒤에는 문제의 부모가 있
고, 문제의 남편이나 아내 뒤에는 문제의 남편이나 아내가 있다는 것을
생각하고 있었다. 남편을 상담실에 데려오라는 말에 부인의 반응은 "말
은 하겠지만 아마 오지 않을 거예요"였다. 물론 나도 자진해서 올 거라
고 기대하고 있지는 않았다.

　그러나 남편을 만나서 꼭 듣고 싶은 내용들이 많았다. 대충 예상은
하고 있었지만 온 가족이 모여서 어떻게 관계하는지 보는 것이 내게 있
는 몇 가지 가정들을 확인하는데 중요했다. 아빠가 상담에 참여해서 다
른 가족들한테 미칠 영향을 생각하면 꼭 아빠가 상담실에 오게 해야만
했다. 그래서 쉽게 드러난 아빠의 문제 행동, 언어폭력, 협박 등을 일단
해결해야 할 상담 목적으로 정하는 것보다 궁극적으로 거기에 가야 하
겠지만 아빠를 일단 상담실로 오게 해서 온 가족을 함께 보고 또 아빠의
이야기를 직접 듣는 것이 중요했다.

　첫 번째 상담은 엄마를 통해서 몇 가지 정보를 수집하고 어떤 어려
움이 있는지, 상담을 통해서 어떤 도움들을 기대하는지 알아보는 과정
이었다. 상담 마지막 시간에 엄마에게 가족이 모두 볼 수 있으면 좋겠다

는 말, 엄마는 아빠가 오지 않을 거라는 말을 했다. 왜냐하면 이전에도 몇 번 상담을 시도했는데 그럴 때마다 남편이 불편해 해서 몇 번의 시도가 다 실패로 돌아갔기 때문이라고 말했다. 이번에도 상담을 받는다고 같이 가자고 그러면 아빠는 분명히 오지 않을 것이라고 했다. 그래서 일단은 나머지 식구들을 다 같이 오라고 해서 시간을 정했다. 두 번째 상담에서 막내 아들은 시험이 있어서 오지 못하고 두 딸과 엄마만 같이 상담을 하게 됐다.

두 번째 상담을 통해서 여러 가지 정보를 들을 수 있었다. 특별히 가족관계와 가족구조를 알아내는데 시간을 많이 할애 했다. 두 번째 상담을 통해서 알게 된 가족구조와 정보는 위에 가계도를 통해서 설명하는 것이 훨씬 쉬울 것 같다. 위에 그려진 가계도는 두 번째 상담을 통해서 얻어낸 정보를 바탕으로 한 것은 아니다. 최종적으로 아버지도 상담에 참석하고, 막내 아들도 함께 있을 때 들은 정보를 바탕으로 해서 완성된 가계도이다. 설명을 돕기 위해서 여기에 간단하게 정리한 가계도를 집어 넣었다.

먼저 이 가족의 가계도를 통해서 알게 된 몇 가지 사실들은 엄마와 아버지가 맺고 있는 독특한 관계 유형과 그 사이에 자녀들이 부모와 맺고 있는 관계들이다. 처음 초기 상담을 진행하는 동안 가족들이 나에게 준 정보는 가족 안에서 문제 행동의 원인은 아빠로부터 비롯되고 아빠는 독재자처럼 자기 기분 내키는 데로 행동한다는 것이었다. 그래서 마치 아버지만 집에 없으면 모든 문제가 해결 되는 것처럼 이야기를 했다. 그러나 상담을 진행해 가면서 더 많은 정보를 알게 되었는데, 그 중에 집안에서 굉장히 주도적으로 역할을 해 나가는 것은 엄마와 큰 딸이었고, 딸이 크면서 점점 그 영향력도 더 커졌다. 이 내용은 엄마를 통해서 들은 내용과는 다른 것이었다. 특히 영어를 잘 하지 못하는 아빠와 엄마를 대신해서 대, 외적인 모든 일을 큰딸이 결정하고 도맡아 하는 상황이었다. 그런 이유로 가족 안에서 딸의 영향력은 상대적으로 점점 더 커져갔다. 아빠는 주도적으로 일을 진행해 가는 엄마에게, 아니 전체적 형태로 보면 집안에 있는 여자들의 힘에 밀려 반항아의 역할을 하고 있었다. 이런 가족 안에 힘의 역동을 표현하기 위해서 일부러 엄마와 딸의 위치를 크게 표시했다.

처음 아빠를 만나게 됐을 때 사실 적잖이 놀랐다. 왜냐하면 가족들이 정보를 주고 아빠를 묘사하는 것을 들었을 때 나는 과격하고 덩치가 큰 우락부락한 인상의 남자를 기대하고 있었다. 그러나 내가 만난 아빠의 첫 인상은 힘 하나 없어 보이는 빈약한 체구에 눈도 제대로 맞추기 힘들어 하는 유약해 보이는 인상이었다. 오히려 가족들이 다 모여서 상담을 시작하면서 아빠는 온 가족들에게 기가 눌려 보이기까지 했다. 결국 나는 아빠가 가족들의 기에 눌리지 않고 이야기 할 수 있도록 아버지 편을 들어주어야만 했다.

왜 아빠가 가족 안에서 반항자의 역할을 하고 가족들이 기대하는 자상한 아버지의 역할을 하기 보다는 심한 욕설과 가족들을 협박하는 돌발적인 행동을 하게 되었을까. 나는 계속되는 상담을 통해서 아빠가 할머니, 즉 아빠의 엄마와 가졌던 관계를 통해서 어느 정도 이해할 수 있었다. 3남 1녀 중에 장남으로 태어난 아빠는 장남으로서 가질 수 있는 성격특성을 전혀 없었다. 일반적으로 장남에게 있는 성격특성은 주도적이고, 리더십이 있으며, 완벽주의적 성격이 강하다는 것이다. 그렇지만 아

빠는 어느 것 하나도 그런 모습을 보여주지 못하고 있었다.[79]

아빠가 자랐을 때 가족 안에서 힘을 가지고 영향력을 행사했던 사람은 아빠의 엄마, 즉 할머니였다. 흥미롭게도 아빠는 할아버지에 대한 기억은 거의 없었다. 아빠가 기억하는 자기 가족들의 모습은 지나치게 주도적이고 엄했던 엄마에 대한 기억뿐, 자상하고 사랑을 주는, 인자한 어머니의 모습이 아니었다. 아빠는 자기 엄마 밑에서 자기의 생각대로 무엇을 한다는 것이 용납이 되지 않았다고 한다. 여러 가지 정황을 생각해 보았다. 아빠는 동일시를 통해 남성상을 확보해야 할 시기에, 아버지의 역할이 너무 작은 가정에서 적절한 남성상을 발달시킬 기회를 잃어버렸을 수 있다. 그리고 너무 주도적인 엄마 밑에서 사랑이라는 이름으로 거의 '사육' 되다시피 해서 심각하게 자기 존재감 발달에 상처를 입은 경우로 보였다.

가계도에서 보여지는 것처럼 아마도 할머니가 장남인 아빠를 이런 식으로 대하게 된 이유에는 아빠 바로 밑에 있는 남동생을 사고로 잃고 나서 부터인 것으로 보여진다. 아빠가 기억하는 동생은 똑똑하고 애교가 많아서 엄마의 사랑을 독차지 했다. 그 동생에 비해서 자기는 항상 말도 잘하지 못하고 특히 엄마 앞에서 주눅이 들어서 눈도 제대로 맞추지를 못했다고 했다. 하지만 동생은 전혀 그렇지 않았다. 그런데 초등학교를 다니던 동생이 3학년 때에 차 사고로 세상을 떠났다. 그날은 아빠에게는 잊을 수 없는 순간이었다. 같은 학교를 다니던 동생을 잘 데리고 다녀야 하는 것은 언제나 자기 몫이었다. 사고가 나던 날도 동생과 같이 학교를 마치고 집에 돌아오는 길에 횡단보도를 건너던 중 동생이 차에 치어 일어난 사고였다. 어떻게 손 쓸 틈도 없었고 눈 깜짝할 사이에 일어난 일이었는데, 그 순간 형의 머리에 떠오르는 것은 화난 엄마의 모습이었다고 한다. 병원에서 만난 아빠의 엄마는 아빠를 보자마자 심하게 두들겨 패기 시작했는데, 만약 옆에서 말리는 사람이 없으면 정말 죽일 기세였다고 한다. 그 일이 생긴 후 아빠는 엄마와 관계하는 것이 더 어려웠으며, 가족 안에서 언제나 외톨이처럼 지내게 되었다고 한다.

이 아빠에게 있는 여성에 대한 상은 엄마의 모습이 여러 가지로 겹쳐서 발달된 것 같다. 그 중에 부부생활에 영향을 미치는 엄마의 이미지는 크게 두 가지였다. 자기보다는 둘째를 더 사랑하는 것 같이 보였던 엄하면서 무서운 지배적인 어머니의 이미지 하나와, 생활력이 강하고 전능해 보이는 엄마에 대한 이미지였다.

이 두 번째 이미지가 아내에 대한 아빠의 기대, 즉 "자녀교육 잘하고, 비즈니스 잘하고, 남편 잘 돌보고" 표현에서 잘 나타나고 있다. 이민을 오기 전 한국에 있을 때 엄마는 어느 정도 아빠의 기대에 충족해서 이 일을 잘해냈던 것으로 보인다. 자기 직장이 있었던 엄마는 상대적으로 생활 능력이 없는 아빠를 대신해서 돈도 벌고 가정도 추스르고 여러 가지 면에서 아버지의 기대에 부응해서 일을 했다. 하지만 캐나다에 와서 일이 계획대로 되지 않고 점점 힘들어지자 더는 아빠가 원하는 식으로 반응할 만큼 충분한 에너지가 남아있지 않게 된 것 같다.

아빠는 특별히 성인으로서 타인과의 대화 능력이 떨어지고, 자기 의견을 전달하는 능력이 부족했다. 아마도 어릴 적에 주도적인 엄마 때문에 그러한 능력을 발달시킬 기회를 박탈당한 경우 같다. 그래서 자기 생각이나 감정을 논리적으로 전달하기보다는 쌓여진 분노의 감정과 함께 쏟아붓듯이 폭발하는 식으로 전달한 것이다. 그것이 지금 현재 욕설과 함께 돌출적인 행동으로 나타나게 된 것이다. 특별히 자기 존재감이 파괴돼서 타인의 의도를 신뢰를 할 수 없다고 느낀다. 상대방의 의도를 오해해서 자신을 컨트롤하려고 한다고 생각한다. 그렇게 대인관계에 문제가 있는 것으로 보인다. 이것은 아내가 상담 중에 언급한 내용으로, 교회뿐 아니라 일반 사람들과 대화하거나 관계를 하는데 어려움이 있다는 것을 미루어 짐작해 알 수 있었다.

주도적 성격의 엄마를 피해 아빠가 자신을 지키기 위해 택한 방법은 지방에 있는 집을 나와 고등학교를 서울에 있는 곳으로 와서 혼자 자취를 하는 것이었다. 그리고 결혼을 해서 장남인데도 따로 살려고 노력했고, 급기야는 직장생활을 이유로 한국을 떠나 캐나다에 와서 사는 것이었다. 그런데 어이없게도 상황은 다시 한번, 친 엄마와 같은 아내와 큰 딸을 통해 경험하고 있었다. 아빠는 그림에서 보여지는 것처럼 어릴 때 엄마와 살면서 그림자의 모습으로 남아 있었을 가능성이 많다. 지금은 가족 안에서 반항자의 역할을 하고 있다. 그러나 사실 그 모습 속에 숨겨진 것은 다시 당하고 싶지 않다는 자기 방어의 한 단면이다.

또 가족 안에 부부간의 관계 역동을 보자. 가계도에 나타나고 있는 것처럼 아빠는 가족과는 완전히 분리되어 섬 같은 사람으로 남아 있다. 엄마는 그러한 아빠를 배제한 체 자녀들, 특히 큰딸과 삼각관계를 이루고 있다. 그중에 막내아들과는 심각하게 정서적으로 유착이 되어 있었다.

상담을 진행하면서, 이민 온 후 가족들이 아빠가 가족들을 얼마나 힘들게 했는지 말하는 도중, 엄마가 격하게 울기 시작하자 아빠를 제외한 온 가족이 같이 울기 시작했다. 그런데 아빠는 그 상황을 어떻게 하지 못하고 몹시 불안해 하며, 심지어는 겁을 내는 것 같았다. 또 막내 아들은 가족이 그러한 고통을 겪어야 하는 것이 다 아빠 때문이라며 아빠에게 분노의 감정을 직접적으로 드러냈다.

사례에 적용하기

지금까지 한 상담사례로 가계도를 중심으로 이 가족에게 있는 여러 가지 문제점들을 간단히 살펴보았다. 그 과정에서 많은 문제들이 드러나게 되었다. 만약 여러분의 가족이 이러한 문제가 있다면 어디서부터 시작을 해야 하겠는가? 앞서 언급된 구체적인 적용 방법들의 단계에 따라 계획을 세워보도록 하자.

첫 번째 단계, 알아차리기 (R-Recognizing)

이 알아차리기는 부부관계의 역동과 습관을 알아차리는 것이었다. 쉽게 말하면 상담과정을 통해서 상담자가 발견해 낸 문제들과 내담자들이 제시한 문제들이 무엇인지를 알아차리는 과정이라고 생각하면 된다. 상담을 통해서 알아낸 여러 가지 문제점들을 살펴보도록 하자.

가족 안에 관계역동

1) 반항자인 남편과 독재자인 아내
2) 과잉기능을 하는 아내와 과소기능으로 축소된 남편의 역할
3) 삼각관계

이 가족 안에 엄마의 역할은 전 방위로 뻗어있다는 느낌이 든다. 이 것은 결혼 초기부터 계속된 관계 방식 중에 하나로 보인다. 엄마는 아빠 보다 생활력이 강해서, 아빠를 대신해서 가정에 경제적인 부분부터 가사 와 양육까지 모두 책임을 지고 있었다. 그러나 이민을 와서 생활하면서 도 이 부분이 크게 바뀐 것은 없다. 가정에서 아빠로서 권위가 있기를 원하는 남편의 바람과는 달리 현실에서 아빠는 여전히 엄마에게 많은 부 분을 의존했다. 그래서 아빠는 엄마가 계속해서 과잉기능을 하기 원하고 있다. 그러나 엄마가 외동딸로 자란 배경을 보면, 과잉기능을 하는 것은 절대로 어울리지 않는 옷을 입고 있는 경우라고 할 수 있다.

외동딸은 성격특성 중에 관심과 돌봄, 배려에 대한 끝없는 욕구가 있다. 그래서 주는 것보다는 받는 것이 익숙하기 때문에 결혼을 해서도 남편에 대한 애정을 끊임없이 요구하고 확인하려고 한다. 심지어 자녀들 하고도 남편의 애정을 놓고 경쟁할 수 있다. 그런데 제시된 상담사례에 서 엄마는 남편으로부터 그러한 기대를 전혀 충족 받지 못하고 있는 상 황이었다. 그러므로 그렇게 충족되지 못한 욕구에 대한 실망과 분노가 남편에게 부정적 언어로 전달되고 있는 상황처럼 보인다.

또 앞에서 잠깐 언급한 삼각관계에 대해 살펴보자. 아빠는 가족이기

는 하지만 가족과는 분리된 따로 떨어진 섬과 같다. 이것은 이 가족에게 있는 삼각관계의 심각성을 그대로 보여주고 있다. 가계도 그림에서 더욱 이해하기 쉽게 아빠를 제외한 나머지 식구들을 포함한 커다란 삼각형을 표시해 두었다. 이것을 보면, 엄마는 큰딸과 작은 아들과 깊은 밀착관계로 영향을 미치고 있었다. 그 중에 막내아들은 엄마의 감정과 느낌에 가장 많은 영향을 받고 있었다. 그래서 상담을 하면서 엄마의 편을 들어서 아빠한테 반박하든지, 엄마의 감정에 심하게 영향을 받아서 엄마의 감정과 자기의 감정을 분리해서 생각할 수 없었다.

성인이 된 큰딸은 상담을 하면서 비교적 중립적 입장을 취하려고 노력하는 것 같았다. 그렇지만 자기 가족들의 겪고 있는 불행의 상당 부분이 아빠로부터 왔다는 것에 대해서는 엄마의 생각과 같았다. 그래서 아빠가 근본적으로 변하지 않으면 자기 가족들의 문제가 해결되지 않을 것이라고 믿고 있었다. 또한 모든 다른 가족들과 마찬가지로 상담을 통해서 아빠가 변했으면 좋겠다는 의견을 직접적이거나 간접적으로 표현했다. 가족 안에 이 삼각관계는 아이들이 어릴 적부터 형성된 굉장히 오랜 역사처럼 보였다. 결국 가족 안에서 아빠가 "내 편은 하나도 없구나, 가족 안에서 믿을 사람이 아무도 없다" 라는 감정이 생기도록 하는 것 같았다.

부부습관

1) 비난적 책임 전가

이 사례를 읽으면서 대충 예상을 할 수 있겠지만 이 부부는 사실 서로에 대한 기대가 전혀 없는 것처럼 보였다. 이 부부들과 같이 부부관계를 해치는 여러 가지 잘못된 습관들은 갈등을 겪고 있는 부부들에게 복합적으로 얽혀 나타나는 경향이 있다. 여러 문제가 한꺼번에 복합적으로 복잡하게 얽혀서 어떤 것이 먼저랄 것도 없고 서로가 서로에게 영향을 미친다. 그 중에 한가지를 딱 집어서 정의하기는 어렵다. 하지만 이 부부 관계 중에서 하나를 문제행동으로 지적한다면, '비난적 책임 전가'가 가장 먼저 눈에 띈다.

아빠와 같이 상담을 시작하게 되면서 엄마는 가족 문제의 원인을 무능력한 남편 때문에 발생한 일이라고 했다. 모든 것이 가족들의 이야기를 전혀 듣지 않는 고지식한 남편 때문에 벌어진 일이라는 것을 거듭 강조했다. 그러면서 결혼하면서 한 번도 제대로 가장의 역할을 하지 못했던 남편에 비해서 얼마나 힘들게 자기가 가족을 지켜왔는지 강조했다.

아빠는 그러한 엄마의 비난에 대해서 자기 방어적 태도로 왜 자기가 그렇게 할 수 밖에 없었는지 이야기를 했다. 그러나 결국 남편이 그렇다고 해도 아내가 아이들에게는 남편을 잘 감싸고 아빠의 권위를 세워주어야 된다고 말했다. 남편은 아내가 오히려 아이들하고 편을 짜서 남편을 무시하며, 매사에 다그치듯이 자기를 몰아세워서 상황이 더 나빠지고 대화가 될 수 없었다는 식으로 반응했다. 결국 두 사람은 현재 자기들이 경험하고 있는 가족의 문제가 자기의 잘못이 아니고 상대편이 먼저 시작해서 상황이 이렇게 왔다고 결론을 내리고 있었다. 그리고 대화를 하면서 사용하는 에너지의 대부분을 서로에게 원인이 있다고 확인시키는 것에 썼다.

2) 자동적 반응

두 번째 이 부부의 습관 중에 상대편의 행동이나 말투에 대해 자동적으로 반응하는 것이 눈에 띄었다. 특별히 남편의 경우가 더 심했다. 부인이 하는 행동 중에 남편이 강하게 반응하는 특정한 행동이나 말투가 있었다. 그것은 마치 선생님이 아이들을 다그치듯이 남편을 몰아세우는 듯한 부인의 태도였다. 남편이 무슨 말을 할 때, 부인이 자기 생각과 틀린 내용을 말하는 것 같은 느낌을 받게 되면, 부인은 눈을 크게 뜨고 남편을 향해 몸을 앞으로 숙이고 따져 묻듯이 말을 했다. 그렇게 부인이 굉장히 공격적인 태도와 말투로 따져 묻듯이 나오면, 남편은 더는 말을 하지 않고 입을 다물어 버리거나, 앞뒤가 전혀 맞지 않는 자기 변명을 해대기 바빴다. 남편의 이런 태도가 부인을 더 화나게 했고, 그 화 때문에 대화를 더 지속할 수 없었다. 한가지 특이한 것은 성인이고 경험도 있는 어른인 남편이 전혀 앞뒤가 맞지 않는 변명을 해대는 태도였다. 조금 있으면 상담자인 내가 봐도 전혀 논리가 맞지 않는 자기 변명이라는 것이 드러나는데도, 남편은 그것이 맞는 것인 양 극구 우겨댔다. 마치 엄한 부모 앞에서 잠깐의 위기를 모면하려고 애쓰는 가엾은 아이 같았다.

아마도 부인의 이러한 태도는 남편에게 자기를 닦달하며 세우던 엄마를 연상시키는 것 같았다. 그래서 상담 중에 어떤 문제로 또 다시 대화가 심하게 격해 졌을 때, 말을 끊고 아빠가 느끼는 감정이 어떤 것인지 물었다. 그렇게 부인의 모습에서 누구의 이미지를 발견하게 되는지를 묻게 되었을 때 이러한 생각들을 확인할 수 있었다. 그러자 부인도 그런 사실을 조금은 받아들이게 되었다. 아빠가 기억하고 있는 엄마는 너무 무서워서 어릴 적 조금만 실수를 해도 용서하지 않았다. 그래서 엄마에게 함부로 무슨 말을 한다는 것은 생각할 수 없었다. 닦달하는 엄마의 분노를 잠재우는 가장 확실한 방법은 그 자리를 피하든지, 조용히 그 화가 지나가기를 기다리든지, 절대 자기 잘못이 아니라고 그럴듯한 거짓말을 해서 그 자리를 모면하는 것이었다. 그래서 결혼 후 만난 부인과도 과거 자기 엄마와 가졌던 똑같은 방법으로 그냥 자동적으로 말을 하지 않거나, 그 자리를 피하거나, 어떻게든지 걸리지 않게 그럴싸하게 거짓말을 해서 넘어가는 것이었다. 그래서 지금도 부인이 옛날에 자기 엄마처럼 자기를 닦달하면, 남편은 마치 아이처럼 자동적으로 자기 방어적 행동을 했다. 하지만 오히려 이것들이 부인을 더 화나게 하며 분노하게 했다.

또 하나 자동적 반응으로 아빠가 가족들 전체에게 있는 감정은 가족들이 자기를 따돌린다고 믿는 것이다. 만약 가족들이 같이 모여 있으면 자기 욕을 하고 있다는 생각을 하거나, 자기 없이 가족들이 앉아서 TV를 보거나 이야기를 하고 있으면 은근히 화가 났다. 특히 그 가운데서 아이들을 조정하고 있는 것 같은 부인이 죽이고 싶도록 미워졌다. 그러면서도 아빠는 가족들이 서로 앉아서 말하고 웃는 것을 보면, 자기는 거기에 낄 수가 없다고 느끼고 다가가기도 어색해 했다. 하지만 자기를 힐끗 힐끗 쳐다보면서 의식하지 않는 것 같으면서도 의식하고 있는 부인이 자기를 쳐다보는 눈빛만 봐도 화가 나서 견딜 수 없었다.

3) 부정적 언어

부부 사이에 또 하나의 문제가 되는 습관은 서로에 대한 부정적 언어였다. 남편은 특히 부인에게 심하게 욕을 했다. 그리고 절대로 상대편에게 감사하거나 칭찬하지 않았다. 또한 부인은 거기에 대한 대응으로 남편의 말투나 행동을 비웃는 것 같은 반응을 했다. 예를 들면, "아이고 말은 잘해" 라든가 "그럼 그렇게 한번이라도 애들한테 해줘 봤어?" 라는 식으로 애들 앞에서 아빠를 무안하게 했다. 그렇게 부인이 반응할 때마다 남편은 "이 사람은 매사에 이런 식이예요, 무슨 말을 하면 저러니까 말을 할 수가 없어요." 라고 반응했다. 그러면 부인은 바로 "아니, 나만 그래? 당신은 당신이 하는 짓은 생각 안 해봤어? 사람들 앞에서 욕하고, 나이가 어린 사람도 아니고! 그럴 때마다 얼마나 무안한지 알아?" 라는 식으로 대응하며 끝이 없는 비난 섞인 부정적 언어를 서로에게 쏟아 부었다.

특별히 서로에게 부정적 언어를 쓰는 습관 때문에, 상담을 하면서 과제를 내주거나 어떤 문제를 위해서 해결점을 찾아갈 때도, 서로에 대한 부정적 언어를 사용해서 상담에 대한 기대감이나 신뢰감을 떨어뜨리기도 했다. 예를 들어, 한 주간 집에 돌아가서 서로 해야 할 숙제를 내주면 부인은 이렇게 반응했다. "저는 하겠지만 이 사람은 할지 몰라요, 워낙에 자기가 한 말도 기억 못한다고 하는 사람이니까!" 라든가 "이 사람은 한다고 말하고서 절대로 한 적이 없어요, 한번도 그렇게 한 걸 본적이 없으니까!" 라는 식이었다. 물론 부인은 그간 오랫동안 쌓여온 실망스러운 남편의 모습 때문에 남편에게 이러한 부정적 언어들을 쓴다는 것을 이해할 수 있다. 그래도 분명히 그러한 식의 반응은 부부관계를 새롭게 세워나가고 건설적인 방향으로 나아가게 하는데 상당히 걸림돌이 되었다.

또 한가지 부정적 언어로 분리될 수 있는 이 부부의 습관이 있었다. 그것은 사실 갈등이 있는 부부들에게 대부분 있는 문제이기도 하다. 그것은 서로의 수고를 긍정적으로 피드백 해 주지 않는다는 것이다. 다시 말해서 칭찬을 하지 않는다는 것이다. 부인의 말을 듣자면, 남편은 결혼하고서 지금까지 한 번도 부인에게 칭찬하지 않았다고 말했다.

두 번째 단계, 결정하기 (D-Deciding)

앞서 단계는 알아차리기 단계로 이 부부에게 있는 여러 가지 문제들이 무엇인지 알아보는 단계였다. 그러면 다음 단계는 상담을 통해서 드러난 많은 문제를 해결하기 위해 어떻게 해야 할지 알아보자. 이 단계에서 고려해야 할 것은 첫 번째로 어떤 문제를 택할 것인가, 실현 가능한 것이 무엇인가, 조그만 것부터 시작하기 라는 몇 가지 주의점이 있었다. 이것들을 고려하면서 이 부분을 시작해보도록 하자. 일단 드러난 문제들 부부관계 역동 중에 반항적인 남편과 독재자 형의 아내, 과잉기능을 하는 아내와 과소기능의 남편, 삼각관계 같은 것이 있다. 드러난 부부 습관 중에는 비난적 책임 전가, 자동적 반응, 부정적 언어 등이었다.

그런데 한가지 기억해야 할 것이 있다. 부부관계 역동은 앞서 언급한 대로 상대적으로 오랜 시간이 걸린다. 그리고 어떤 경우는 부부가 그 관계 역동이 주는 영향에 대해서 인식하지 못하거나, 심지어 결혼생활을 위해서 필요하다고 느끼는 경우가 많기 때문에 고치기도 힘들고 시간도 많이 걸린다. 따라서 주로 목적을 세우고 결정하는 단계에서 장기적 치료목적은 부부 관계 역동을 바꾸는 것으로 해야 한다. 그리고 단기적 목적으로 습관 바꾸기로 정하는 것이 훨씬 효과적이라고 할 수 있다. 그 중에서도 여기에서는 세 가지 원칙을 바탕으로 먼저 성취 가능하고 조그만 것부터 결정하도록 한다.

이런 점들을 고려해서 이 부부가 처음 시도하게 된 것은 상담이 끝나고 한 주간 집에 돌아가서 작업할 내용으로 실현가능한 것으로 정했다. 그리고 조그만 것의 원칙에 따라 부정적 언어 습관에 조금 변화를 주는 것으로 정했다. 그래서 조금만 노력하면 바로 그 차이를 볼 수 있는 상대편의 수고에 대한 긍정적 피드백 주기, 즉 칭찬하고 감사하다는 말을 하는 것으로 했다. 이 과정에서 어떤 변화를 가져오기 위해 무언가를 시도할 때는 상담자 스스로 임의로 정하는 것보다는 상담자와 내담자가 서로 합의하에 하겠다는 동의가 이루어지고 일치가 되는 문제에 대해서 작업을 하는 것이 효과적이라는 점이 중요하다. 그러나 이 책을 통해 상담자가 없이 자기 스스로 문제를 진단하고 결정하고 작업하는 분들을 위한 경우에는, 만약 지금 이 책을 읽고 있는 독자가 부부간의 문제를 알아내었다면, 그 다음은 어떤 문제를 결정해서 작업을 해야 하는지는 개인이 잘 판단해서 시도해야 한다.

이 상담사례에서 부부의 문제는 이해를 돕기 위해 간단히 기술했다. 그렇지만 그들은 상당히 심각한 수준에서 갈등을 겪고 있는 부부였다. 그러한 갈등에 비해서 작업하기로 결정한 문제가 너무 쉽고 간단해 보이는 것이라 의아해할 수 있다. 하지만 갈등이 심한 부부는 그렇지 않은 사람들에게 너무 간단해 보이는 그 문제도 사실 쉽지 않다. 갈등이 심하면 심할수록 하기 쉬운 문제로 시작해야 하고, 간단한 문제를 통해서 그것이 이루어지는 것을 보아야 한다. 그것을 통해서 부부는 "아 우리도 할 수 있구나, 희망이 있는 것 같다" 라는 자신감과 용기를 얻게 되는 긍정적인 장점이 있다. 거듭 말하지만 할 수 있는 만큼의 목표를 설정해야 한다.

세 번째 단계, 작업하기 (W-Working)

앞서 한 주간 시도해 보기로 결정한 내용은 "긍정적 피드백 주기, 칭찬하고 감사하기"였다. 작업하기에서 기억해야 할 단계는 단계 정하기, 검사하기, 다음 단계 시도하기이다.

단계 정하기

주어진 작업에 따라 가능한 목적을 다시 세분한다는 것은 단계를 정한다는 의미이다. 이 부부사례에서 "긍정적 피드백, 칭찬하고 감사하기"는 매일 일상에서 그냥 벌어지는 일들에 대해서 지금까지 지나쳐 왔던 일들에 대해서 구체적으로 칭찬하고 감사하는 활동을 말한다. 사실 이러한 활동들이 익숙하지 않은 부부들에게 서로가 칭찬하고 감사하는 행동을 한다는 것은 생각보다 쉽지 않은 일이다. 또 상담을 하고 한 주간 과제를 가지고 집에 돌아간다고 해서, 서로가 칭찬하고 감사할 행동들이 눈에 보일 정도로 확 생활이 바뀌는 것이 아니다. 그전과 똑같이 행동하기 때문에 더 쉬운 일이 아니다.

그러나 앞서 언급했지만 의식적이고 의지적 노력이 필요하다. 이전까지 칭찬과 감사가 없던 부부가 과제를 가지고 돌아가게 되면, 일부러 그 행동을 찾아야만 하기 때문에 좀 더 주의를 한다. 또한 자신 뿐 아니라 상대방의 행동이나 언어를 관심 있게 보게 되는데, 이러한 것들이 긍정적 부부관계에 상당한 효과가 있다. 언젠가 상담을 하던 중에 심각하게 싸우던 부부가 있었다. 같이 온 남편의 말이 부인이 상담할 때는 전혀 그렇지 않은 것처럼 하는데, 일단 집에 돌아가면 부인이 남편에게 지금과는 전혀 다른 모습으로 욕을 하고 과격한 행동을 한다고 했다. 그래서 부인이 그렇게 행동하기 때문에 자기도 화가 나서 거기에 반응하는 것이라고 했다. 그러면 돌아가서 남편이 해야 할 숙제겸 한 가지 방법으로, 부인이 그럴 때마다 녹음기를 가지고 녹음을 해서 한번 상담시간에 들을 수 있도록 가져오라고 했다. 그러면 남편이 말대로 부인이 그렇게 말하는 것이 사실인지 확인할 수 있겠다고 했다.[80] 그런데 다음 주에 왔을 때 결국 남편은 녹음을 하지 못했다. 한 번도 부인이 화를 낼 일을 남편이 만들지 못했기 때문이다. 녹음을 해야 한다는 것 때문에 싸움 자체가 생기지도 않았고, 남편이 자기의 말과 행동을 주의할 수 있었기 때문이다. 이처럼 칭찬과 감사가 없던 부부가 그렇게 하려고 노력하면, 그전까지는 알지 못하던 상대편의 수고와 노력을 알아차린다. 그것은 작지만 큰 변화를 가져올 수 있다.

이 부부들을 위해 그들이 잘 했는지 평가를 하기 위해서 구체적 방법으로 하루에 세 번씩 각각 서로에게 칭찬하는 말과 감사하는 말을 하도록 했다. 또한 그럴 때마다 상대편은 그것을 기록해서 일주일 후에 만났을 때 그 과제를 잘 했는지 결과를 상담자에게 보고하도록 했다.

검사하기

검사하기는 작업하기에서 하기로 한 내용들을 잘 했는지 점검하는 것을 말한다. 앞의 예에서 내준 한 주간에 해야 할 과제는 '칭찬하기'와 '감사하다'는 말하기였다. 그것을 매일 세 번씩 일주일 하고, 결과를 기록해서 보고하는 것이었다. 일주일 후 확인을 해 본 결과 부인은 상대적으로 꼼꼼히 잘해온 반면, 남편은 초반에는 간헐적으로 하다가 시간이 지날수록 점점 더 그 횟수가 증가했다. 나는 그것을 노력의 흔적이라고 생각했다. 그러나 부인이 그 횟수를 채웠지만, 남편은 노력은 했지만 그 횟수를 채우지 않았기 때문에 한 주간의 시간을 더 주기로 했다.

네 번째 단계, 보상하기 (R-Rewarding)

이번 단계는 보상하기의 단계이다. 사실 보상하기 단계는 매번 작업하기 과정에서 한주간의 과제를 잘 완수했을 때 그때마다 주어지고, 다음 단계로 나가기 위한 중간단계 과정이다. 하지만 여기서는 이 책을 읽는 독자들이 과정을 좀 이해하기 쉽게 보상하기를 맨 나중에 두었다. 보상하기는 쉽게 말하면 어려운 일들을 잘 완수한 상대편 배우자를 격려하고 다음 단계로 나가기 위한 격려와 용기를 주는 축제의 과정이다. 이 보상하기 단계에서 기억해야 할 것은 상대편이 원하는 것을 적절한 시기에 맞춰서 보상한다는 것이다.

이 부부가 서로에게 내준 칭찬과 감사하는 말하기 과제를 서로가 잘 완수했을 때 보상하기를 어떤 것으로 해야 할지 서로 이야기를 하게 했다. 즉 상대편으로부터 얻고 싶은 것이 무엇인지 알게 하는 과정이 중요하다. 왜냐하면 많은 부부들이 상대편이 어떤 것을 원하는지 잘 알고 있다고 믿는 경우가 많지만, 대부분 그렇지 않기 때문이다. 그래서 나는 서로 원하는 것이 무엇인지를 알게 하기 위해서 자기가 상대편으로부터 얻고 싶은 것이 무엇인지 가장 원하는 순서대로 열 가지 정도를 적어보라고 하곤 한다. 그러면 전혀 다른 순서로 적어서 내는 경우들이 많이 있다. 아마도 갈등이 있는 부부들이 겪는 잘못된 의도파악의 경우라고 할 수 있다. 상대편을 알고 있다고 하지만, 전혀 알지 못하고 오해하는 경우들이 종종 있기 때문이다.

또 서로 원하는 것을 직접적으로 이야기하는 것은 중요한 의미가 있다. 부부가 잘못된 기대로 그 기대가 충족되지 않으면 상대편에게 쓸데

없는 오해를 하므로, 대화를 통해서 직접 서로의 기대와 바람이 무엇인지를 확인하는 것이다. 갈등이 있는 부부들의 일반적 특징 중에 더 중요한 하나는 관계를 해치는 방법으로 서로 원하며 강요하고 요구하기만 한다는 것이다. 그래서 구체적으로 그것을 얻어내지 못하는 경우가 많다. 즉 서로가 성인으로서 말하고 합의하는 능력이 결여 되어 있는 경우가 많다. 오히려 전혀 모르는 사람이라면 상대편이 원하는 것을 주고 내가 원하는 것을 받아내는 합의과정을 수월하게 이루어질 수도 있다. 그렇지만 갈등이 심한 부부일수록 서로가 감정이 묻어 있기 때문에 이 과정이 쉽지 않다.

원하는 것을 상대편에게 이야기할 때 중요한 원칙이 있다. 이것도 앞에서 언급된 데로 상대편이 할 수 있는 것으로 성취 가능한 것으로 말해야 한다. 그래서 추상적이거나 모호한 언어를 사용해서 발생할 수 있는 오해가 없게 해야 한다. 따라서 서로가 원하는 것을 대화를 통해서 이야기하게 한다. 그것을 서로 해주는 이 보상하기의 과정은 또 하나의 중요한 치료과정이 될 수 있다.

앞의 부부에게 서로 원하는 것이 무엇인지 물었다. 그랬더니 남편의 처음 반응은 정확이 무엇을 말해야 할지 모르는 것 같았다. 결국 여러 가지를 말하다가 부인이 할 수 있는 것으로 자신이 좋아하는 음식 만들어 주는 것, 그 음식이 구체적으로 어떤 것인지를 물어서 그 음식을 해 주기로 했다. 부인이 원하는 것은 가게나 가정에서 잠시 벗어나 혼자 조용히 책을 읽을 수 있는 시간을 갖는 것이었다. 그래서 그 시간이 얼마큼 필요한지, 언제 원하는지, 구체적으로 이야기 한 후 보상하기를 결정했다.

이 후에 이 부부는 전체 가족 또는 개인상담, 부부 상담을 통해서 드러난 갈등과 문제들을 해결하기 위한 노력들을 계속했다. 초기 상담실에 들어와서 비난과 분한 감정 때문에 간단한 대화조차 할 수 없었는데, 상담이 마칠 때는 상황이 많이 개선되어 상담을 마칠 수 있었다. 또한 부부간의 감정이 격해질 때는 전처럼 서로에 대한 분노의 감정들을 상대방이 용납하기 힘든 방법으로 표현하는 일들이 현저하게 줄어들게 되었다. 이 외에도 내용들이 많이 있지만, 몇 가지 원칙들을 가지고 쉽게 적용해 볼 수 있도록 하기 위해서 간단히 정리해서 여기에 기록했다. 간단히 정리된 네 가지 해결 단계들을 잘 기억하고 적용해 본다면, 갈등이 있는 부부들은 말할 것도 없고, 더 나은 부부관계를 원하는 사람들도 좋은 결과를 기대할 수 있을 것이라고 믿는다.

Recipes for a Perfect Marriage

각주

1 이것과 관련해서 C. G. Jung. CivilizationInTransition:GoodandEvilinAnalytical Psy-chology, 2ed. Trans R. F. C. Hull, XX (New York: Princeton University Press, 1973), Lammers, Ann Conrad. InGod'sShadow:TheCollaborationOfVictorWhiteandC.G.Jun g (New York: Paulist Press, 1994), Moreno,Antonio,O.P.Jung,Gods,andModernMan (London: University of Notre Dame Press, 1970), Philipchalk, Ronald P. Psycholo-gyAnd Christianity: An Introduction to Controversial Issues (New York: University Press of America,1988)

2 허천회. "리더 리더 (Reader Leader)

3 Paul Tillich, SystematicTheology.Vol3(Chicago:TheUniversityofChicagoPre ss,1963),38-39.

4 이부영, 분석심리학: C. G. Jung의 인간심성론 (서울대학교 출판부, 1998), 81-82.

5 Harville Hendrix, Getting the Love You Want: AGuide For Couple (NewYork: An Owl Book Henry Holt And Company,1988),5-7.

6   Everett L. Worthington, Jr, Marriage Counseling: AChristian Approach to Counseling Couples (ILLINOIS: INTERVARSITY PRESS, 1989), 35.

7   M. Scott Peck, 아직도 가야 할 길,신승철. 이종만 옮김 (서울:열음사, 2009), 118.

8   Ibid., 126-129.

9   Gary Chapman, TheFourSeasonsofMarriage (ILLinois:TyndaleHousePublishers, Inc,2005),162-164.

10   가족치료적 관점에서 이런 상태를 이른 사람을 "개인화 (Individualization)"를 이룬 성숙한 사람으로 이야기 한다. 그런데 이 개인화가 되었다는 의미는 다른 사람의 감정이나 생각을 전혀 무시한다거나 중요한 것으로 여기지 않는 다는 말이 아니다. 오히려 다른 사람의 생각, 감정도 중요시 하면서 그러나 그 감정에 압도되어서 자신의 감정을 부인하는 것을 의미하는 것이 아니고 그럼에도 자기의 생각과 감정의 중심을 잃지 않는 상태를 의미한다. Michael E. Kerr는 그의 책에서 이런 상태를 Murray Bowen의 이론을 통해서 잘 설명하고 있다. Michael E. Kerr and Murray Bowen, Family Evaluation: AnApproach Based OnB owen Theory (NewYork,W.W.Norton & Company,1988), 98-111.

11   Kerr는 이런 과정을 분화(differentiation) 라는 말로 표현하고 있는데, 정서적으로 분화가 되는 척도를 0에서 100으로 그 단위를 네 단계로 나눠서 각 단계마다 특징들을 묘사하고 있다. Ibid., 100-107.

12   Monica McGoldrick, Randy Gerson and Sueli Perty, Genograms: Assesment and Intervention, 3ed (New York: W.W.Norton & Company, 2008),168-186. 앞서 소개된 Kerr의 책 "Family Evaluation"에서도 삼각관계의 의미와 원인에 대해서 아주 자세히 설명이 되어 있는데, McGoldric의 장점은 그 관계를 설명하는데 있어서 이해하기 쉽게 많은 예, 특히 그림을 들어서 설명하고 있다는 것인데, 참고하면 훨씬 이해하기 쉬울 거라고 믿는다.

13   유착이라는 말로 해석될 수 있는 이 이론은 심리학자 John Bowlby가 실제 유아들을

대상으로 임상실험을 통해서 아이들이 초기 부모와의 이별의 경험을 어떻게 경험하는가에 대한 중요한 연구결과를 발표했다. 여기서 유착은 아이가 초기에 자기에게 돌봄을 제공했던 외부의 인물과 깊은 유착관계가 형성된다는 이론인데, 이 유착의 역할과 영향에 대해서는 좀 더 많은 설명을 원한다면, John Bowlby, A Secure Base: Clinical Applications of Attachment Theory (New York: Routeldge, 2008), John Bowlby,Attachment, VolI (New York: Basic Books,Inc, 1969),를 참조하라. 그리고 John Bowlby의 개인적 삶에 대해서 그리고 그 이론의 심리치료적 접근방법을 알고 싶으면 Jeremy Holmes, John Bowlby & Attachment Theory (NewYork: Rout ledge, 2005)를 참조하라

14 여기에서 삼각관계와 그 역할에 대해서 이정도 만 이야기 하는게 나을 것 같다. 왜 그런 관계가 발생하는지, 그리고 삼각관계의 종류가 어떻게 되는지, 역할은 결과는 뭐가 되는지 등 다룰 부분이 많지만, 이 책의 범위를 벗어나는 것 같다. 뒤에서 이 부분에 대해서조금더다루고다음에기회가있으면더깊이다루어보도록하자.

15 Benedict J. Groeschel이 그의 책에서 이것을 잘 지적하고 있다. 영성발달 단계를 말하면서 일반 심리학자들이 절대 이해할 수 없는 신앙단계가 있는데, 그것을 심리학자들은 진짜 감정을 부정하는 병리적 현상으로 보는 실수를 범한다는 것이다. 그러나 신앙인으로써 우리는 인간 이해로는 도저히 설명할 수 없는 하나님과 그분의 특별한 제자들 만이 공유하는 다른 영역이 있다는 것을 안다. 우리는 이것을 신앙으로만 이해할 수 있다. Benedict J. Groeschel, Spritual Passages: The Psycholgy of Spiritual Development (New York: The Crossroad Publishing Company, 2003)를 참조하라.

16 이무석 "정신분석에로의 초대" (서울: 도서출판 이유, 2006)를 참조.

17 Leroy Aden, David G. Benner and J. Harold Elliens, Christian Perspectives on Human Development (Michigan: Baker Book House, 1992), 201-208.

18 Charles Taylor는 그의 책에서 현대인들을 병들게 하는 세가지 흐름중에 한가지로 개

인주의를 뽑고 있다. 모더니즘의 최대 발명품으로 여겨지던 이 개인주의가 사실은 민주주의를 파괴하는 가장 무서운, 질병중의 하나로 모든 사람들이 자기 자신을 넘어 뭔가 좀 더 큰 뜻을 품고 이상적인 사회를 건설하는데 가장 방해가 되는 것으로 지적하고 있다. Charles Taylor, The Malaise Of Modernity (Canada: HarperCollins Canada Ltd, 1991), pp.10.

19 P. H. Miller, TheoriesofDevelopmentalPsychology(NewYork:W.H.FreemanandCompany,1993),129-140.

20 Ibid, 51-56.

21 이와 관련해서 Stephen Pattison, Shame: Theory, Therapy, Theology (United Kingdom: Cambridge University Press, 2000), John Bradshaw, Healing The Shame That Binds You. (Florida: Health Communications, Inc, 1988)를 참조하라.

22 여기에 관한 내용은 다음의 자료들을 살펴보면 도움을 얻을 수 있다. Kirkpatrick, Lee A. Attachment, Evolution, and the Psychology of Religion (The Guilford Press, New York, 2005). Kirkpartick, Lee A. and Shaver, Phillip R. Attachement Theory and Religion: Childhood Attachment, Religious Beliefs, and Conversion, Journal for the Scientific Study of Religion, 1990, 20(3). Kirkpatrick, L. A, Hood, R. W. Intrinsic-Extrinsic Religious Orientation: The Boon or Bane of Contemporary Psychology of Religion, Journal for the Scientific Study of Religion, 1990, 442-466. Kirkpatrick, Lee A. Attachment, Evolution, and the Psychology of Religion, 134-135. Granqvist, Pehrand Birgegard, And reas. The Correspondence Between Attachment to Parent and God: Three Experiments Using Subliminal Separation Cues. The Society for Personality and Social Psychology, 2004, Vol 3. No 9, 1122-1135. Kirkpatrick, Lee A, Rowatt, Wade. C. Two dimentions of attachment to God and their relations to affect and religiosity and personality constructs, Journal for the Scientific Study of Religion, 2002, 41, No 4, 637-651. Kirkpatrick,

Lee. A., An Attachment-Theory Approach to the Psychology of Religion, The International Journal for The Psychology of Religion, 1992,2(1), 3-28. Kirkpatrick, Lee. A. A Longtitudinal study of changes in religious belief and behavior as a function of Individual Differences in Adult Attachment Style. Journal for the Scientific Study of Religion, 1997, 36,207-217. Kirkpatrick, Lee and Shaver, Phillip R., An Attachment-Theoretical Approach to Romantic Love and Religious Belief, The Society for Personality and Social Psychology, 1992, Vol. 18, (3), 266-275. Kirkpatrick, Lee. A., and Shaver, PhillipR. Attachment Theory and Religion: Childhood Attachments, Religious Beliefs, and Conversion, Journal fort he Scientific of Religion, 1990, 29(3), 315-334. Kirkpatrick, L. A. A Longtitudinal study of changes in religious belief and behavior as a function of Individual Differences in Adult Attachment Style. Journal for the Scientific Study of Religion, 1997, 36, 207-217 Karen, Robert. Ph.D. Becoming Attached: First Relationship and How They Shape our Capacity to Love (Oxford University Press, New York, 1998). Miner, Maureen. The Impact of Child-Parent Attachment, Attachment to God and Religious. Journal of Psychology and Theology, 2009; 37, 2, 114. Ganqvist, Pehr. Attachment and Religiosity in Adolescence: Crossectional and Longitudinal Evaluations. Personality and Social Psychology Bulletin, 2002b, 28, 260-270. Ganqvist, Pehr and Kirkpatrick, Lee A. Relious Conversion and Perceived Childhood Attachment: AMeta-Analysis, The International Journal For The Psychology o fReligion, 2004, 14(4), 223-250.

23 S. Freud. The dynamics of transference, In J. Stracheyed and Trans, The Standard edition of the complete psychological works of Sigmund Freud (Vol.12.99-108). (London: Hogarth,1920).

24 Michael Khan, Between The Therapist and Client: The New Relationship (New York:

A W. H. Freeman/ Owl Book,1997),23-30.

25 David Shaddock, From Impasse To Intimacy: How Understanding Unconscious Needs Can Transform Relationships (Toronto: Rowman & Little field Publishers, Inc, 2005),74-87.

26 John Patton & Brain H. Childs, Christian Marriage & Family Caring For Our Generation (Nashville: Abingdon Press, 1988), 164-165.

27 Richard L. Bednar, M. Gawain Wells, and Scott R. Peterson, Self esteem: Paradoxes and Innovationsin Clinical Theory and Practice. 이 책에서 그런 내용들을 심도있게 다루고 있다. 특별히 부모가 아이들을 관심을 가지고 적절하게 반응했음에도 불구하고 어떤 아이는 낮은 자존감을 가지고 자란 반면 여러가지 악조건에도 불구하고 높은 자존감을 가지고 자란 아이들의 경우도 있다.

28 Jean Vanier, Becoming Human (Toronto: House of Anansi Press Inc, 2003), 9. 이와 관련해서 아이들의 반응을 가장 잘 설명해 놓은 것이 유착이론이 아닌가 싶다. 더 자세한 내용들은 John Bowbly. Secure Base: Parent-Child Attachment and Healthy Human Developmen (Basic Books, New York,1998), Robert Karen. D. Becoming Attached: FirstRelationship and How They Shape our Capacity to Love (Oxford University Press, NewYork, 1998). 참고하라.

29 Stephen Pattison, Shame: Theroy, Therapy, Theology, 75-77.

30 Ibid., 113-120

31 John Bradshaw. Healing The Shame That Binds You,11-12. 여기서 말하는 반영은 Mirroring의 작업을 말한다. Heinz Kohut이 말하고 있는 self-object형성과정에서 Mirroring과 유사한 개념으로 보인다.

32 이런 경우의 예를 Nancy Cholorow는 Winnicott의 예를 들어서 설명하고 있다. 특별히 걱정되는 것은 아이가 부모로부터 그런 독립의 시기를 놓치고 여전히 부모의 control 아래 있게 되면 두가지 방법을 택하게 된다. 첫째가 독립을 포기하고 아예 완전히 퇴

행해서 엄마와 하나가 되는 방법, 또 하나는 엄마를 완전히 거부 (total reject) 하는 단계이다. Nancy Cholorow, The Reproduction of Mothering (London: University of California Press, Ltd, 1978), 84-85.

33 John Bradshaw. Healing The Shame That Binds You, 43-44.

34 뒤에 가서 우리 관계에 영향을 미치는 두가지 심리기제, 자기 존재감, 자기 신뢰감에서 설명되어 있다

35 Robert Fliess 이것을 엄마의 "외부 자아 (eternal ego)"라는 표현을 썼다. 이 상태에 있는 아이들은 "엄마가 나고 내가 엄마인" 상태를 경험하게 되는데, 이것은 심리적일 뿐 아니라 육체적 분리되지 못한 하나된 느낌을 의미한다. Robert Fliess, Ego and Body Ego: contributions to Their Psychoanalytic Psychology (New York: International Universities Press, 1970). 그 외에도 많은 사람들이 이와 관련된 글들을 소개하고 있다. 그 중에 Klaus Angel, 1967, "On Symbiosis and Psudosymbiosis," Journal of the American Psychoanalytic Associations, 15,#2 ,294-316, Enid Balint, 1963,"On Being Empty of Oneself,"International Journalof Psycho-Analysis ,44,#4, 470-478. C. Olden,1958,"Noteson Empathy"; and Dorothy Burlingham, 1967,"Emphthy Between Infant and Mother,"Journal of the American Psychoanalytic Association,15,764-780등이 있다.

36 M. Scott Peck, 아직도 가야 할 길, 161.

37 Charles Taylor, The Malaise Of Modernity Canada: HarperCollins Canada Ltd, 1991)참조

38 John Macmurray, Reason and Emotion, Intro, Jack Costello SJ, Tran (Highlands: Humanities Press, 1992), 53-57.

39 K. Bartholomew and L. M. Horowitz, Attachment Styles among young Adults: A Test of Four Category Model. Journal of Personality and Social Psychology,61,276-244.

40 E. Erikson, Childhood and Society (New York: W. W. Norton & Co,1950), 219.

41 아이들이 태어나서 최초로 경험하는 부모들은 압도적인 힘을 가진 전능한 존재이다. 부모들은 의식적이든 무의식적이든 사실 아이들에게 그렇게 받아들여지고, 그리고 그 힘을 자신도 모르게 사용할 수 있다. 만약 건강한 자녀, 부모 관계라면 이 힘을 자녀가 성숙한 성인으로 자라갈 수 있도록 건전하게 사용하게 될 것이다. 아마도 이 힘을 사용하는데 있어서 기준이 되는 자세라고 하면 아이를 중립적인 입장에서 바라보려고 하는 태도라고 할 수 있다. 분명히 아이도 그렇지만 부모도 자기가 가지고 있는 자기중심적 삶의 경험에서 나온 생각, 감정, 느낌들을 가지고 아이를 대하려고 할 것이다. 중립적인 태도라고 하는 것은 그것들을 객관적으로 바라보고 판단할 수 있는 능력을 가르치는것이다.

42 David A. Seamands, Healing From Damaged Emotions (U. S. A: David C. Cook, 1981), 92-93.

43 Groeschel 은 이점에 대해서 아주 분명하게 이야기 하고 있다. 심리학을 전공하고 영성가로 활동하고 있는 그가 지적하고 있는 것은 심리학자들이 종교를 이해하는데 있어서 주의해야 할 것은 심리학적 논리로는 전혀 설명할 수 없는 그 너머가 있다는 것이다. 심리학자들이 자주 범하는 실수중에 하나가 모든 종교 현상을 마치 정신적으로 성숙하지 못한 병적인 상태로 바라보는 경향이 있는데, 사람들의 종교형태나 방법이 그들 눈에는 그렇게 보일 수 있지만, 그러나 분명한 것은 신앙의 눈으로 바라보지 않으면 이해못하는 현상이 반드시 존재한다는 것을 말하고 있다. 그리고 나는 그런 부분들이 반드시 존재하고 그것은 느껴보고 경험해 본 사람만이 알 수 있는 것이라고 믿는다. 그리고 그는 그 책에서 그런 생생한 예들을 영성발달 측면에서 아주 생생하게 기록해놓고있다. Benedict J. Groeschel, Spiritual Passages: The Psychology of Spiritual Development (New York: A Crossroad Book, 2003) 참조.

44 J. E. Young, S. Klosko and M. E. Weishaar, Schema Therapy: A Practitiponer's Guide (New York: Guilford Press)를 참조하라

45 Michael E. Kerr and Murray Bowen, Family Evaluation: An Approach Based On Bowen Theory, 102-106.

46 임종렬. 대상중심이론 가족상담 (서울: 한국가족복지 연구소, 1999) 참조.

47 Peter Scazzero, The Emotionally Healthy Church: A Strategy for Discipleship That actually Changes Lives (Michigan:Zondervan,2003),17.

48 Jay R. Greenberg and Stephen A. Mitchell, Object Relations in Psychoanalytic Theory (Cambrigdge: Harvard University Press, 1983), 274-275.

49 Ibid., 194.

50 Harville Hendrix, Getting the Love You Want: A Guide for Couples, 21. Herndrix는 말하는 유형에는 고립형과 혼합형이 있다고 말한다. 혼합형은 이 고립형과는 다른 유형으로 유기의 경험이 강해서 항상 다른 누군가를 그리워하는사람으로모든것을같이 하려는형이다.

51 Richard L. Bednar, M. Gawain Wells, and Scott R. Peterson, Self esteem: Paradoxes and Innovations in Clinical Theory and Practice (Washington. D. C. American Psychological Association, 1993), 270-271.

52 Michael E. Kerr and Murray Bowen, Family Evaluation: An Approach Based On Bowen Theory, 98-100.

53 Stephanie Brown. Safe Passage: Recovery For Adult Children of Alchoolics (New York: John Wiley & Sons, Inc,1992), 55.

54 Ibid., 55-56.

55 Harville Hendrix, Getting the Love You Want: A Guide for Couples, 98-99.

56 David E. Scharff and Neil J. Skolnick, ed., Fairbairn, Then & Now (New Jersey: The Analytic Press, Inc, 1998),120.

57 Ibid., 122.

58 Fairbairn 이 분열 (Splitting)이라는 개념을 통해서 말하는 자아는 세 구조, 이상적 자

아 (Ideal Ego), 거절자아 (Rejected Ego), 흥분자아 (Exciting Ego)로 구성된다. 이 중에 분노, 죄책감, 수치심 같은 것을 일으키는 자아는 거절자아와 관련이 있다. David E. Scharff and Jill Savege Scharff, Object Relations Family Therapy (New Jersey: Jason Aronson Inc, 1987), 47.

59 Christopher Bryant SsJe, Jung and The Christian Way (London: Darton ,Longman and Todd, 1971), 74.

60 융은 투사의 개념을 프로이드로부터 빌려오기는 했는데 투사는 심리적 원인을 가진 현상으로 모든 일상생활에서 누군가 경험하고 있다고 본 것이 프로이드와의 차이점이다. 융은 우리는 투사를 통해서 사람들을 보고, 자기의 판단이 맞다고 생각한다. 사실 많은 경우 그것이 얼마나 잘못된 판단인가를 깨닫게 된다고 말한다. 그의 말처럼 우리는 첫인상을 보고 누군가를 판단하기 쉽다. 그러나 그 첫인상이 그 사람과 시간을 두고 관계를 맺게 될 때 얼마나 틀렸는지를 종종 깨닫게 되는 경우가 있다. Marie-Louise von Franz, Projection and Re-Collectionin Jungian Psychology: Reflection of the Soul, trans. William H. Kennedy (London: Open Court, 1980), 1-2.

61 Christopher Bryant SsJe, Jung and The Christian Way, 75.

62 Michael E. Kerr and Murray Bowen, Family Evaluation: An Approach Based On Bowen Theory, 134-135.

63 Ronal W. Richardson, Family Ties That Bind: A self-help Guide to Change throught Family of Origin Therapy (Canada: Self-Counsel Press, 1995), 66-67.

64 Everet L. Worthington, Marriage Counseling: A Christian Approach to Counseling Couples, 53.

65 H. I. Markman, S. Stanley and S. L. Blumberg, Fighting For Your Marriage (SanFrancisco: Jossey-Bass).

66 A. Ellis, Rational-Emotive Family Therapy. In A. M. Home & M. M. Ohlsen (Eds.) Handbook of Rational-EmotiveTherapy (New York: Springer),170-176.

67 P. H. Miller, Theories of Developmental Psychology, 185.

68 Pamela Cooper-White, Shared Wisdom: Use of the Self in Pastoral Care and Counseling (Minneapolis: Fortress Press,2004), 41.

69 Donald Meichenbaum, Cognitive-Behavior Modification: AnIntegrative Approach (New York: Plenum Press,1977), 17-23.

70 Jurgen Ruesch and Gregory Bateson, Communication: The Social Matrix of Psychiatry (New York: Norton, 1951).

71 Michael P. Nichols, The Lost Art of Listening: How Learning to Listen Can Improve Relationships (New York: The Guilford Press, 1995),38-39.

72 Ibid., 49.

73 Ibid., 37-38.

74 Irene Goldenberg & Herbert Goldenberg, Family Therapy Overview (New York: Books/ Cole Publishing Company, 214-216.

75 C. G. Jung, Psychology and Religion: Trans formation Symbolism In the Mass, 2ed. Trans R. F. C. Hull, XX (New York: Princeton University Press, 1973), 273.

76 C. G. Jung, Aion: Researches Into The Phenomenology of The Self, 2ed. trans R. F. Hull, XX (New York: Princeton University Press, 1973), 22.

77 인지행동치료 훈련을 받았던 센터에서 강사에게 장기치료를 선호하는 사람들의 주장에, 단기치료는 문제의 근본을 건드리지 않기 때문에 장기적으로 볼 때 그 문제가 다시 재발할 가능성이 있다. 많은 임상자료가 보여주는 것처럼 그것은 터무니 없는 일축했던 경험이 있다. 그리고 실제로 많은 자료들이 그런 증거를 보여주고 있다.

78 가족 치료에서 질병이 관계변화를 지연시키는 증상의 한 방법으로 쓰여진다는 수많은 예를 들고 있다. 특히 Kerr를 그의 책에서 암마저도 이 변화를 지연시키는 병의 일종으로 이야기하고 있다. 개인적으로 이 부분을 다 신뢰하지는 않지만, 어느 정도 설득력은 있는것 같다. Freud 이후의 정신분석에서 지적하고 있는 것처럼 심리적 상태

가 신체적 상태에 영향을 주는 것이 사실로 받아들여지고 있기 때문이다.

79 1960년대 초에 가족치료에 형제 순위에 따라 성격특성이 정해진다고 하는 출생순서
를 연구한 이론들이 포함되기 시작했다. 이 이론들에 따르면 어떤 형제 순위에 태어
났느냐에 따라 우리는 각기 다른 성격특성을 발달시킨다는 것이다. 이 이론은 Walter
Toman, Family constellation: Its Effectson Personality and Social Behavior, 4ed (New
Jersey: Jason Aronson Inc,1994)의 책을 참조하면 굉장히 많은 정보를 얻을 수 있다.

80 이것은 Worthington이 그의 책에서 소개했던 몇가지 상담기법 중에서 나오는 것이다.
내가 인도했던, 실제 상담에 적용해 본 경우이다.